CLAUDIA SEIDEL

Die
Tierforscherin

AF203743

atb aufbau taschenbuch

Claudia Seidel hat nach einer Bankausbildung die Richtung gewechselt und Soziologie und Komparatistik in Hamburg und Berlin studiert. Nach vielen Jahren in Führungspositionen im Verlagswesen ist sie jetzt als Autorin und Autorencoach selbstständig. Für das Buch »Die Tierforscherin« ist sie nach Ruanda gereist, um die Schauplätze des Romans hautnah selbst erleben zu können. Sie lebt mit ihrer Tochter in Hamburg.

Eigentlich soll Ava als amerikanischer Filmstar Karriere machen. So hat es sich zumindest ihre Mutter immer gewünscht. Doch Ava hält nicht viel vom Glamour, und schon seit Kindertagen fühlt sie sich den Tieren weitaus verbundener als den Menschen. Als sie 1960 von den bedrohten Berggorillas im Kongo hört, ist das Feuer in ihr entfacht. Unermüdlich arbeitet Ava darauf hin, die Tiere eines Tages selbst aus nächster Nähe zu sehen – und sie vor Wilderei zu schützen. Schließlich fährt für ein Forschungsprojekt ganz allein in das Virgua-Gebirge. Ava schließt innige Freundschaften zu den sanften Gorillas, während ihr die Menschen vor Ort eher misstrauisch bis feindselig begegnen. Einzig von dem Tierfotografen Jake fühlt Ava sich verstanden. Doch nicht nur das – sie entwickelt auch Gefühle, die sie gegenüber einem verheirateten Mann auf keinen Fall haben sollte.

CLAUDIA SEIDEL

Die Tierforscherin

Sie sucht das Abenteuer
und rettet die
Tiere der Wildnis

Roman

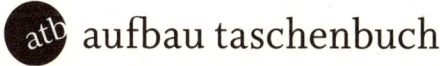
aufbau taschenbuch

MIX
Papier | Fördert
gute Waldnutzung
FSC **FSC® C083411**
www.fsc.org

ISBN 978-3-7466-3959-8

Aufbau Taschenbuch ist eine Marke der Aufbau Verlage GmbH & Co. KG

1. Auflage 2024
© Aufbau Verlage GmbH & Co. KG, Berlin 2024
www.aufbau-verlage.de
10969 Berlin, Prinzenstraße 85
© Claudia Wuttke 2024
Der Verlag behält sich das Text- und Data-Mining nach § 44b UrhG vor,
was hiermit Dritten ohne Zustimmung des Verlages untersagt ist.
Umschlaggestaltung www.buerosued.de, München
unter Verwendung eines Motivs von © Joanna Czogala / Arcangel
Satz LVD GmbH, Berlin
Druck und Binden CPI books GmbH, Leck, Germany

Printed in Germany

To all the fantastic people in Ruanda,
especially Egide, Edgar, Benina and Innocent.
I admire you in devotion!

Und für Annett

Dieses Werk wurde gefördert durch ein Hamburger Zukunftsstipendium der Behörde für Kultur und Medien in Zusammenarbeit mit der Hamburgischen Kulturstiftung.

PROLOG

Cambridge, England,
September 1969

»Verehrte Damen, werte Herren,

ich habe heute die Ehre, meine Doktorarbeit über das Sozialverhalten und die genetischen Strukturen der frei lebenden Berggorillas des Virunga-Gebirges vor Ihnen verteidigen zu dürfen. Mehr als zwei Jahre lang habe ich diese Feldforschung auf dreitausendsechshundert Meter Höhe betrieben. Tage und Nächte habe ich diese Tiere unter schwersten und herausforderndsten klimatischen Bedingungen beobachten, ›Freundschaften‹ schließen, Babys auf die Welt kommen, Tiere sterben sehen dürfen, Letzteres oft durch Menschenhand.

Je intensiver Sie die Würde dieser sensiblen, zärtlichen, tiefgründigen Tiere erleben, desto mehr möchten Sie den Kontakt zu Menschen vermeiden. Aber wie Sie sehen: Ich stehe vor Ihnen.«

An diesem Punkt erntete Ava Lacher. Das hatte sie einkalkuliert. Der Hörsaal war bis auf den letzten Platz gefüllt. Sie hatte sogar gehört, dass ihr Vortrag per Lautsprecher auch in das Foyer übertragen wurde. Im Gegenlicht der Scheinwerfer konnte sie die Gesichter der Zuhörer nicht erkennen, sie wusste aber, dass Henry Winter, der Mann, der ihr all dies ermöglicht hatte, und auch ihr Doktorvater am Fachbereich Zoologie der University of Cambridge, Professor Dr. Robert Hinde, in der ersten Reihe saßen.

Sie hatte lange überlegt, welche Garderobe sie zu diesem Anlass wählen sollte – am Schluss hatten eine hochgeschlossene hellblaue Bluse und eine cremefarbene Bundfaltenhose sowie das türkis-rote Kitenge-Kleid, das sie vor einem Jahr mit Jake auf dem Markt in Kigali gekauft hatte, auf dem Bett ihres Hotelzimmers gelegen. Nun stand sie in dem traditionellen Gewand hier am Pult. Eine Verneigung vor Ruanda, nicht unbedingt vor seinen Menschen.

»Wir haben schwierige Zeiten gemeistert in Karisoke, einem Camp, das wir mit wenig mehr als dem, was Menschen mit ihren Händen leisten können, errichtet wurde. Angesiedelt auf dreitausendzweihundert Meter Höhe auf dem Sattel zwischen den Vulkanbergen Mount Visoke und Mount Karisimbi, wurde mir dieses feuchte und oft nebelverhangene Fleckchen Erde zur zweiten Heimat.

Wenig wusste man seinerzeit über die Big Apes, die größten unter den Menschenaffen. Mythen rankten sich um die Spezies, die angeblich weiße Frauen entführte und halb New York in Schutt und Asche legen könnte. Nichts, wirklich nichts, läge diesen friedlichen, vegetarisch lebenden Tieren ferner. Noch einmal: Sie sehen, ich stehe vor Ihnen!

Berggorillas leben in Familien, wie wir sie kennen. Die Mütter tragen ihre Babys vor der Brust, bis sie sechs Monate alt sind. Dann geht es auf dem Rücken weiter. Sie spielen, toben, tollen, groomen – säubern – sich gegenseitig das Fell. Ein Silberrücken wacht über seine Familie, beschützt sie und folgt dem Weg der saftigsten Blätter und Pflanzen. Aggressivität oder blutige Auseinandersetzungen, wie wir sie kennen, gibt es bei den Berggorillas nicht. Weswegen ich bestreiten möchte, dass der Mensch, in welcher Linie auch immer, von ihnen abstammen könnte ... Das, was den Menschen oft ausmacht und ihn zu den finstersten Taten antreibt – Gier, Neid, Rache, Hochmut –, all das ist den Gorillas fremd.

Ich habe unter ihnen gelebt. Mit ihnen. Nicht umsonst eilt mir der Ruf der *Nyiramacibily*, der Frau, die allein in den Wäldern lebt, voraus. Aber so allein war ich nicht. Da waren die Gorillas, Mister. Strong, Major, Clark und seine Familien. Und natürlich das wunderbare Team im Research Center.

Gemeinsam haben wir ein Wissen über diese Spezies in die Welt gebracht, das die Öffentlichkeit weltweit aufgerüttelt hat. Die Wilderei – ein wirklich drängendes Problem im Nationalpark – wird heute stärker bekämpft denn je, auch ohne meine nicht immer gern gesehenen eigenen Maßnahmen ...« Ava lächelte und vernahm zustimmendes Gemurmel. »Die Coverstory in der *National Geographic* vor einem Jahr konnte dank der wunderbaren Bilder des brillanten Fotografen Jake Evans ...« Ava stockte kurz, »Sponsoren anziehen, die uns helfen, die Bestände im Virunga-Gebirge weiter zu stabilisieren und sogar zu erweitern. Heute leben etwa sechshundertfünfzig Menschenaffen auf einer Fläche von rund dreihundert Quadratkilometern über drei Länder verteilt, und dass sie heute als Schutzgebiet gilt, haben wir auch Ihnen zu verdanken.«

Ava machte eine Pause und nahm einen Schluck Wasser. Was jetzt kam, kostete sie alle Kraft. Ihre Hand zitterte. Niemand, wirklich niemand rechnete mit dem, was sie nun sagen würde.

DER ANFANG

Louisville, Kentucky,
April 1966

»Doktor Winter!« Atemlos eilte Ava durch das Foyer der Universität von Louisville. »Doktor Winter!«

Als sie vor einigen Wochen in der Zeitung gelesen hatte, dass der berühmte Primatenforscher ausgerechnet hier in Louisville einen Vortrag zum Thema Menschenaffen halten würde, hatte sie ihr Glück kaum fassen können. Und kein Termin hatte dicker in ihrem Kalender gestanden als genau dieser Samstag, der 16. April 1966.

»Doktor Winter«, rief sie ein drittes Mal und näherte sich langsam der Traube, die sich so dicht um den Wissenschaftler gebildet hatte, dass man ihn kaum noch sah – was bei seiner gebückten Erscheinung allerdings auch nicht verwunderlich war. Da hatte sie mit ihren ein Meter zweiundachtzig klar einen Vorteil. »Haben Sie meine Briefe erhalten? Mein Name ist Ava Carter, und ich möchte die Gorillas erforschen. Ich habe eben Ihren Vortrag gehört. Brillant! Ich weiß, dass Sie noch jemanden suchen.« Einige der Journalisten und Wissenschaftler drehten sich bei diesen Worten zu ihr um, und Ava errötete, als sie die amüsiert abschätzigen Blicke bemerkte. Sie konnte sich schon vorstellen, was sie von ihr, einer schlanken, fast schon dürren weißen Amerikanerin mit blasser Haut und Sommersprossen, dachten, wenn es um das Thema Leben im Busch ging. Doch Ava

13

ignorierte die offensichtliche Skepsis. Stattdessen nutzte sie die Gelegenheit, die sich ihr heute eröffnet hatte. Sie wollte schließlich nicht ewig als Physiotherapeutin im Kosair-Kinderkrankenhaus bleiben. »Mister Winter, bitte ... Sie müssen mir kurz zuhören.« Ava war über die Entschlossenheit in ihrer Stimme selbst ein wenig überrascht, aber sie zeigte Wirkung. Die Menge machte ihr Platz. Über den Rand seiner Brille hinweg musterte Winter kurz die blonde Frau mit dem hochgesteckten Haar, die ihn um einen Kopf überragte.

»Wie sagten Sie, war Ihr Name?«

»Carter, Ava Carter ... Ich habe Ihnen geschrieben, und mein Freund George, George Sullivan, hat Ihnen von mir erzählt«, versuchte sie es.

»Waren Sie das, die mir in der Olduvai-Schlucht vor drei Jahren auf mein Giraffenfossil gekotzt hat?«

Ein paar der Journalisten lachten kurz auf, doch Ava schüttelte nur den Kopf. »Nein, Mister Winter. Das war ich nicht. Ich war noch nie in Afrika, geschweige denn in Tansania.«

Interessiert kam Winter einen Schritt näher. »Sie waren noch *nie* in Afrika und wollen ernsthaft die Gorillas erforschen? Nehmen Sie es mir nicht übel, junge Dame, aber das Leben im Dschungel ist nichts für ein verwöhntes Fräulein, das wilde Tiere bislang nur im Zoo bestaunt hat.«

Ava reckte ihr Kinn nach vorn. »Das ist eine höchst interessante Feststellung, Mister Winter. Sie zeigt mir, wie wichtig es ist, die Primaten besser zu studieren, sofern man dadurch auch den Menschen auf die Spur kommen will. Denn interessanterweise ist nichts von alldem, was Sie mir soeben unterstellt haben, korrekt: Ich bin keinesfalls verwöhnt. Das Gegenteil ist wohl der

Fall. Und ich war nur ein einziges Mal im Zoo und wurde dort Zeugin eines zutiefst barbarischen Aktes menschlicher Grausamkeit gegen wehrlose Tiere. Gorillas, im Übrigen. Auch bin ich mit dreiunddreißig Jahren wohl kein Fräulein mehr. Und wenn ich mich recht erinnere«, Ava machte eine Pause und genoss die staunenden Blicke ringsum, »war Miss deBreun sogar erst einunddreißig, als sie nach Tansania ging. Ihr Forschungsprojekt im Kongo täte also sehr gut daran, schleunigst Gestalt anzunehmen. Und schauen Sie ...« Ava öffnete ihre braune Ledertasche und holte ein Notizheft und ein abgegriffenes Buch heraus. Beides hielt sie Winter unter die Nase. »Ich lerne sogar schon Suaheli. Hier: *Habari ya Siku, Ninaitwa Ava Carter.*« Erwartungsvoll sah sie ihn an.

Winter nahm sich nun die Brille ab. Avas kleiner Vortrag hatte seine Wirkung nicht verfehlt. »Was sagten Sie ... Sie haben mir Briefe geschrieben?«

»Sechs an der Zahl, ja, Doktor Winter.«

Winter nickte. »Und was glauben Sie, zeichnet ausgerechnet jemanden wie Sie aus, auf dreitausend Meter Höhe isoliert vom Rest der Welt und umgeben von wilden Tieren und noch wilderen Menschen allein bei sechs Grad in einem feuchten Zelt zu schlafen, nicht wissend, was der nächste Tag bringen wird und ob sie ihn überhaupt überleben wird?«

Ava hielt seinem Blick stand und legte ihre ganze Überzeugungskraft, all ihr Wollen und Sehnen in die Antwort. »Ich vermute, dasselbe wie Sie, Doktor Winter, oder wie Cynthia deBreun: Ich will verstehen, wer ich bin.«

Winter wiegte den Kopf hin und her. »Soso ... Und was verstehen Sie von Ihren Vorfahren?«

Fragend sah Ava ihn an.

»Was wissen Sie über die Menschenaffen?«

Diese Frage hatte sie erwartet. Und ihre Antwort war die dünnste und ehrlichste, die sie ihm geben konnte: »Außer dass sie die prachtvollsten Geschöpfe dieser Erde sind, meinen Sie? Nun, ich denke, wenn ich schon alles über sie wüsste, würde ich nicht vor Ihnen stehen und alles dafür tun, um nach Zentralafrika zu reisen und es herauszufinden.«

Ava meinte ein leichtes Schmunzeln in Winters Gesicht erkannt zu haben. »Ich überlege es mir«, sagte er nur und setzte sich in Bewegung.

»Wann höre ich von Ihnen?«, rief Ava ihm nach.

»Schreiben Sie mir noch einen Brief«, sagte er im Gehen. »Und lassen Sie sich Ihren Blinddarm rausnehmen, falls Sie noch einen haben. Sie können sich da im Dschungel eine Menge Ärger ersparen.«

Der kleine Tross entfernte sich, und Ava blieb verblüfft zurück. Den Blinddarm rausnehmen? Sollte das ein Witz sein? Und wieso hatte er sie überhaupt nicht nach ihren Vorkenntnissen gefragt? Damit hatte sie fest gerechnet und war bereit gewesen, ihm ein nicht vollständig abgeschlossenes veterinärmedizinisches Studium vorzugaukeln. Zwei Semester waren es ja immerhin gewesen, bis sie in Physik und Chemie durch die Prüfungen gerasselt war. Und ihre Arbeit mit behinderten Kindern hier in Louisville könnte man im weitesten Sinne auch als Verhaltensforschung werten. Aber nichts von alledem hatte ihn interessiert. Je klarer ihr das wurde, desto lauter frohlockte Ava innerlich. Also, wenn es weiter nichts war, als sich den Blinddarm rausnehmen zu lassen und wetterfeste Kleidung einzupacken, dann sollte es daran wohl nicht scheitern. Mit einem Lächeln verließ sie das Gebäude, setzte sich auf die Stufen vor der Fakultät und zündete sich eine Zigarette an. Die Luft war trotz der frühen Jahreszeit noch immer angenehm warm, und auch die Steine strahlten die Wärme des Tages ab. Hier und da kreuzte ein Dozent oder ein später Besucher der Bibliothek den kleinen Campus der Universität. Würde sie all das bald hinter sich lassen? Vermissen würde sie es nicht. Das wusste sie schon jetzt. Ihr Job machte ihr Spaß, keine Frage. Aber Erfüllung fand sie darin nicht. Und für Shep und Brownie, ihre beiden Pflegehunde, mit denen sie etwas außerhalb der Stadt in einem kleinen Haus am Waldrand lebte, würde sie schon ein anständiges Zuhause finden.

Einen Moment überlegte sie, ob sie Lester anrufen und ihn auf ein Bier treffen sollte. Doch sie verwarf diesen Gedanken sofort wieder. Mit Lester war es ... kompliziert. Und speziell heute war er sowieso sauer auf sie.

»Ava, meine Mutter hat dich explizit persönlich eingeladen. Das ist doch eine bedeutsame Geste«, hatte er vor einer Woche zu ihr gesagt.

»Ja, lieber Lester, und ich habe mich explizit persönlich bedankt und ihr gesagt, dass ich an diesem Tag leider keine Zeit habe«, hatte sie erwidert.

»Weil du zu einem Vortrag von irgend so einem Anthropologen willst. Das konnte ich ihr wohl schlecht erklären. Mein Onkel ist nach vier Jahren endlich mal wieder aus Südafrika zu Besuch, und meine Verlobte hat keine Zeit.«

Ava verdrehte die Augen. »Er ist Paläoanthropologe, das ist ein Unterschied. Und weißt du, wenn du deine südafrikanischen Wurzeln nicht immer verleugnen würdest und dich nicht amerikanischer geben würdest als der letzte texanische Viehtreiber, hättest du deinen geliebten Onkel ja längst mal in Südafrika besuchen können. Da wäre ich sicher gern dabei gewesen. Aber davor hast du ja Schiss! Nur habe ich keine Lust, bei eurem Theater mitzumachen und der stolzen Mama zuliebe die Vorzeigebegleitung zu spielen!« Die Sache mit der Verlobten hatte sie unkommentiert gelassen. Sie hätten sowieso einfach nur gute alte Freunde bleiben sollen.

Ava schüttelte den Kopf. Dieses Bier würde sie heute Abend allein trinken. Und morgen einen Brief an Professor Winter schreiben. Den siebten.

Sie stand auf und ging hinaus in die milde Nacht, aus der in der Ferne das Rattern einer dieser schier endlos langen Güterzüge zu hören war.

—

Ava stand auf der Veranda ihres gelb gestrichenen Holzhauses und fächelte sich mit einem Strohhut Luft zu. Schon um sieben Uhr früh war es an diesem Augustsamstag so heiß, dass sie beschloss, jetzt sofort mit den Hunden eine Runde zu drehen. Sie würde nicht, wie die letzten drei Monate über, erst auf Callie, die Postbotin, warten in der Hoffnung, endlich Nachricht von Dr. Winter zu erhalten.

Der zehn Jahre alten Shep machte die Hitze ohnehin zu schaffen, da war ein früher Gang besser. Sie schnippte nach den beiden Hunden und marschierte über die nahe gelegenen, bereits von emsig surrenden Bienen bevölkerten Wiesen zu dem kleinen Buchenwäldchen, das sich hinter einem Hügel anschloss. Von hier aus sah man nur einzelne Häuser in der Ferne, wie weiße

Tupfen, und Menschen traf man hier so gut wie nie. Auch deswegen beschwerte sich Ava nie über die beinahe einstündige Fahrt nach Louisville zu ihrem Arbeitsplatz im Krankenhaus. Die Weite und die saftige Natur waren das, was ihr hier in Kentucky am besten gefiel.

Sie waren gerade im kühlen Schatten der Bäume angekommen, wo Brownie es sich schon gemütlich machte, als Shep, der eigentlich zu alt und zu träge zum Jagen war, Witterung aufgenommen hatte und wie ein Blitz durchs Dickicht schoss. Eine halbe Stunde musste Ava ihn rufen und suchen, bis er schließlich hinkend und mit blutiger Vorderpfote angehumpelt kam. Offensichtlich war er in einen dicken Akaziendorn oder einen rostigen Nagel getreten. Ava sah sich die Wunde kurz an und wusste, dass sie genäht werden musste und eine Tetanusspritze fällig war.

Pünktlich um neun Uhr stand sie bei Dr. Morrisson vor der Praxis. Es war zum Glück nichts Schlimmes, aber Shep, der früher über Jahre in einem viel zu kleinen Zwinger mit anderen Hunden gehalten wurde und panische Angst vor Enge hatte, gebärdete sich wie ein Verrückter und musste sediert werden, damit der Doc überhaupt an die Wunde herankam.

So war es fast zwölf Uhr, als sie, ohne Kaffee oder Sandwich im Magen, mit dem noch halb benommenen Hund wieder zu Hause war. Genervt betrat sie die Veranda, und wäre da nicht der leuchtend pinke Notizzettel gewesen, wer weiß, ob sie den Brief überhaupt gesehen hätte. Aber da lag er, mit einer Nachricht von Callie: *Is it this you are waiting for?*

Noch bevor sie das Haus betrat, riss sie den Luftpostumschlag mit den Marken aus Kenia auf.

Liebe Miss Carter,

ich hoffe, Sie sind wohlauf und noch im Vollbesitz Ihres Blind-darms. Eine Arbeitskollegin wäre hier neulich fast an einer Ent-zündung gestorben, denn, Sie müssen wissen, Penicillin finden Sie im Kongo nicht so einfach um die Ecke wie bei Ihnen in Louisville. Dennoch war es meine Art des Eignungstests. Eigenwillig, ich weiß. Aber auf meine alten Tage bin ich ja auch ein Fossil, nicht wahr? Ich musste einfach wissen, wie weit Sie bereit sind zu gehen, um sich dem mit Sicherheit faszinierendsten, aber auch entbehrungsreichsten Abenteuer zu stellen, das Ihnen das Leben bieten wird. Und auch wenn Sie sich noch keine Vorstellung ma-chen können, so habe ich doch beschlossen, Sie, Miss Carter, dazu einzuladen ... Ihr Biss ist bewundernswert, Ihre Halsstarrigkeit fast anstrengend, aber ich sehe etwas in Ihren Augen, das mich überzeugt.

Ava zitterten so die Hände, dass sie kaum weiterlesen konnte. Sofort dachte sie an die Hepatitis- und Gelbfieberimpfungen, die sie sich vorsichtshalber schon mal hatte verabreichen lassen. Drei Tage lang war ihr danach elend zumute gewesen. Sie ließ sich in die Hollywoodschaukel sinken. Stand hier wirklich ge-schrieben, was sie zu lesen glaubte? Würde Winter tatsächlich sie, die ewige Außenseiterin, in die Regenwälder Zentralafrikas schicken, um dort eine Spezies zu erforschen, der bislang noch kaum ein Mensch wirklich nahe gekommen war?

Avas Augen huschten über die restlichen Zeilen: *... Finanzie-rung durch National Geographic gesichert ... zwei Jahre ... Abreise frühestmöglich ... Treffen in Nairobi ... Hochachtungsvoll, Ihr Henry Winter*

Mit einem spitzen Schrei, der die Hunde zusammenzucken ließ, sprang Ava von der Schaukel und drehte sich dreimal trommelnd im Kreis. »Wraaaagh«, brüllte sie den hügeligen Weideflächen Kentuckys entgegen. »Ich fahre«, rief sie, »ich fahre!« Und dann, ein wenig ruhiger: »Ich komme! Ich komme! Und die Welt wird es zur Kenntnis nehmen.«

Mit diesem Versprechen an sich selbst lief sie ins Haus und hob den Hörer vom Telefon im Flur ab.

Es klingelte dreimal, bis sie die vertraut rauchige Stimme hörte.

»Hi Mom, ich bin's, Ava.« Sie räusperte sich. »Wie geht es dir?«

»Wie soll's mir schon gehen? Wie immer«, war die gelangweilte Antwort. Ava meinte, ein leichtes Lallen zu hören. Mittags um eins. Ihr Elan, ihrer Mutter die Neuigkeit zu überbringen, verflog sofort wieder. Was für eine blöde Idee.

»Also ... ich«, fuhr sie etwas sachlicher fort, »ich habe ein Forschungsprojekt im Kongo angenommen und werde Amerika noch in diesem Jahr verlassen. Vielleicht für immer.« Am anderen Ende der Leitung, in Kalifornien, vernahm sie das Geräusch klirrender Eiswürfel.

»Bist du jetzt völlig verrückt geworden?«, blaffte ihre Mutter. »Hundertmal habe ich dir die Chance geboten, hier in Hollywood ein paar der besten Regisseure und Produzenten der Welt kennenzulernen, aber meine stolze Tochter war sich ja immer zu fein dazu. Und jetzt willst du auch noch durch die Weltgeschichte reisen? Du bist ja echt völlig verrückt!«

Es knackte in der Leitung, und Ava war klar, dass ihre Mutter, die ewig verkannte Glenn Carter, einfach aufgelegt hatte. Ava schloss für einen Moment die Augen und atmete tief aus. Was hatte sie auch erwartet?

Wie gern hätte sie auch ihren Vater angerufen. Sie war sich sicher, dass er sich am ehesten mit ihr gefreut hätte. Von ihm hatte sie wohl einen Teil ihrer Abenteuerlust und ihrer Freiheitsliebe geerbt. Zumindest erinnerte sie sich, wie sie gemeinsam mit Captain Ahab auf Walfang gegangen waren oder zusammen den isländischen Vulkan Snæfellsjökull bestiegen hatten, um von dort aus zum Mittelpunkt der Erde zu reisen. Der Tag, als ihre Mutter ihr sagte, nun würde »Vadder« nie mehr aus dem Krankenhaus nach Hause kommen, war ein Donnerstag gewesen. Es hatte geregnet. Ava war damals gerade vierzehn Jahre alt gewesen, und unter einer »seltenen Muskelkrankheit« hatte sie sich nicht viel vorstellen können. Unter dem Begriff »nie mehr nach Hause« schon. Heute dachte sie, dass ihr Fernweh auch mit seinem Tod zusammenhängen könnte. Als könnte sie den Vater an einem anderen Ort wiederfinden, nachdem sie ihn hier verloren hatte.

Sie ging in die Küche, schenkte sich drei Fingerbreit Whiskey in ein Glas, setzte sich erneut in die Hollywoodschaukel auf der Veranda und überlegte, ob es sonst jemanden gab, dem sie von der Nachricht erzählen konnte. Jemanden, der sich aufrichtig mit ihr freuen würde. Lester sicher nicht. Ihm würde sie es später berichten müssen. Mary fiel ihr ein, die Sekretärin im Kosair Charity's Hospital, mit der sie sich nach der Arbeit gern auf einen Tee traf. George wäre auch gut, aber der war gerade in Peru unterwegs.

Ava seufzte und tippte mit dem Fuß auf den Boden, um sich etwas Anschwung zu geben. Eine warme Welle des Glücks durchströmte sie, und sie dachte, dass sie später den Gorillas davon erzählen könnte, wie lange sie auf diesen Moment gewartet hatte. Sie würden es verstehen. Auf ihre Art. Da war sie sich sicher.

DER FERNE KONTINENT

Kenia,
Dezember 1966

Ava erwachte aus ihrem Dämmerschlaf, als sich das Flugzeug unter leichtem Rütteln langsam zu senken begann. Sie sah hinunter auf ein Meer aus roten und braunen Dächern, die wie Inseln aus den üppigen grünen Landschaften herausragten. Seit sie das amerikanische Festland verlassen hatten, war der Himmel wolkenlos gewesen. Sie hatte Glück. Von Dezember bis Februar war das Klima trotz der tropischen Einflüsse in diesen Breitengraden gemäßigt.

Die Morgensonne spiegelte sich auf der Tragfläche der Boeing, als sich das Flugzeug sanft seinem Ziel zubewegte. Ava erkannte erste Menschen, Radfahrer und einige wenige Autos, die sich ameisengleich auf den Straßen fortbewegten. Bunt sah es aus. Und staubig. Auffallend staubig.

Irgendwo da unten würde auch Henry Winter stehen und auf sie warten. Er hatte versprochen, sie vom Flughafen abzuholen, um mit ihr die nächsten Schritte und vor allem die ersten Aufgaben zu besprechen. Immerhin hatte sie auch noch zweitausendfünfhundert Kilometer vor sich bis in den Kongo. Etwas gewundert hatte sie sich schon, dass Winter ihr Nairobi als Ziel genannt hatte. Aber solange Winter und Richard Smith, der Tierfilmer von *National Geographic*, bei ihr waren, sollte das nicht ihre Sorge sein.

Mit einem leichten Schlag setzte die Maschine auf und verlor mit aufgestellten Bremsklappen auf dem Rollfeld sofort an Geschwindigkeit. Ein paar Marabus staksten mit ihren greis wirkenden Köpfen über die Rasenflächen des Airports, bevor die Maschine langsam links abbog, auf das Gate 24C zu. *Landed* würde das Display in der Ankunftshalle jetzt anzeigen. Aber für Ava war es viel mehr. Sie war *angekommen*.

—

Die Pass- und Zollkontrolle verlief erstaunlich geschmeidig, und sie musste keine ihrer vielen vorbereiteten Antworten geben. Im Gegenteil, die Beamten waren ausnehmend freundlich, und nur wenig später hielt sie ihren Reisepass mit dem kostbaren Stempel in den Händen. Das nachfolgende Ehepaar musste sie beinahe zur Seite drängen, so gebannt sah sie auf den Stempel mit der in blauer Tinte gedruckten Flagge. Die Farben, Schwarz, Rot, Grün, konnte man nicht erkennen, aber allein das Schild und die Speere im Zentrum des Motivs signalisierten ihr, dass sie wirklich da war. Angekommen an einem Ort, den sie bislang nur aus Erzählungen oder Magazinen kannte. Wie es wohl sein würde, die Luft nun zu atmen, das Licht zu sehen, die Geräusche wirklich zu hören?

Aufgeregt wartete Ava am Gepäckband auf ihre Koffer, passierte ohne Zwischenfall den Zoll und betrat die Ankunftshalle. Kurz schaute sie sich um, und als sie Winter neben einem Coffeeshop erblickte, winkte sie ihm mit weit in die Höhe gestrecktem Arm zu. Nötig gewesen wäre das nicht, denn als große weiße Frau war sie ohnehin kaum zu übersehen.

Winter kam auf sie zu, lüpfte kurz seinen Safarihut und wollte den Trolley übernehmen, worauf Ava mit einer heftigen Abwehrbewegung reagierte. In diesen drei Koffern steckte die Essenz ihres Lebens; die würde sie sicher nicht aus der Hand geben. Der Container mit weniger wichtigen Habseligkeiten war bereits vor zwei Monaten nach Nairobi verschifft worden, und Ava hoffte, diesen direkt am Gütergepäckschalter abholen zu können.

»Miss Carter, willkommen in Kenia«, sagte Winter und überging ihre vielleicht etwas rüde Geste. »Hatten Sie eine angenehme Reise?«

»Ja. Ja, unbedingt. Ich danke Ihnen«, erwiderte Ava etwas unbeholfen und klammerte sich an den Griff ihres Gepäckwagens. Ein paar Kinder hatten sich lachend auf ihre Koffer gesetzt, als wollten sie gefahren werden, aus unterschiedlichen Richtungen streckten sich ihr Hände entgegen. »Dollar! Dollar!«

Ava fuhr sich nervös durchs Haar und Winter fasste ihren Ellbogen, um sie aus dem Getümmel nach draußen zu geleiten. »Keine Angst. Sie sind eine Exotin! Die Leute bewundern Sie«, sagte er nur, und Ava beruhigte das verschmitzte Funkeln in seinen Augen, nicht aber seine Wortwahl. Weder wollte sie als Exotin gelten noch bewundert werden.

Als sie mit Winter den Vorplatz des Flughafengebäudes betrat, blieb Ava kurz stehen und atmete tief ein. Die Luft war warm und schwer, gesättigt von einer würzigen Süße. Es war anders, als sie es sich vorgestellt hatte. Auch dass sie nach nur fünf Minuten draußen in der Wärme bereits zu schwitzen begann, hatte sie so nicht erwartet. Diese feuchte Schwüle kannte sie aus Amerika nicht. Mit dem Ärmel wischte sie sich über die

Stirn. Eine kleine Wolke schob sich vor die Sonne, was jedoch keine Abkühlung brachte. Auch wehte kein Lüftchen. Wie anders sich selbst Windstille anfühlen konnte, dachte Ava, wurde aber von Winter in ihren Beobachtungen unterbrochen, der sie zu einem mit blühenden Oleander bepflanzten Parkplatz manövrierte. Dort standen drei zerbeulte Jeeps, außerdem etwa ein halbes Dutzend Schwarzer Männer. Ava schluckte. Beschämt dachte sie an Lesters Worte zurück. »Du bist doch total naiv, Ava. Was glaubst du denn, was dich dort erwartet? Trommelschläge zum Sonnenuntergang und tanzende Frauen in bunten Kostümen, die dich willkommen heißen?« Verständnislos hatte Lester den Kopf geschüttelt. »Ganz Ostafrika war von den Europäern besetzt und kolonialisiert worden. Die Weißen sind die Ausbeuter. Hinzu kommen Bürgerkriege in den einzelnen Ländern, Armut, fehlende Bildung. Und dann du als weiße Frau, die sich um Affen kümmern will. Wach auf, Ava!«

Doch Ava hatte damals nur das Kinn stolz nach oben gereckt und Lester vorgeworfen, dass er selbst ja auch nicht wisse, wovon er spreche, er habe schließlich noch nie einen Fuß auf afrikanischen Boden gesetzt.

Wenn sie sich jetzt aber so umsah, in die Gesichter von Menschen, deren Ausdruck sie nicht deuten konnte, fragte sie sich, ob in Lesters Worten vielleicht doch ein Fünkchen Wahrheit steckte.

Als sie an den drei Wagen ankamen, blieb Winter stehen und nickte den Männern kurz zu. Einer von ihnen, ein untersetzter Mann mit einem Schlapphut, trat hervor. Auf seinem Gesicht erstrahlte ein breites Grinsen, das tiefe Lachfältchen um seine Augen herum sichtbar machte.

»Darf ich vorstellen: Das ist Sanwekwe. In ganz Ostafrika der vermutlich beste Tracker und Fährtenleser. Sie sollten ihn sich zum Freund machen, Miss Carter, denn ohne ihn sind Sie ziemlich aufgeschmissen ...«

Ava schluckte trocken und hielt dem Mann die Hand hin. Das waren ja rosige Aussichten. »Ich freue mich, Sie kennenzulernen«, sagte sie fast fließend auf Suaheli, woraufhin sich der Mann kurz verbeugte, ihre Hand jedoch nicht ergriff.

Fragend schaute sie zu Winter hinüber, der kaum merklich den Kopf schüttelte.

»Es ist mir eine große Ehre, Miss Carter«, erwiderte Sanwekwe. »Meine Männer und ich werden gut auf Sie aufpassen.« Damit gab er den Blick frei auf fünf weitere Männer, deren Alter Ava schwer einschätzen konnte. Ein recht junger Bursche war dabei, knapp über zwanzig, schätzte Ava, wenn überhaupt. Er hielt den Kopf gesenkt und sah sie nicht an. Die anderen musterten sie jedoch unverhohlen. Einer von ihnen sagte etwas zu den anderen, worauf sie auf sie zeigten und lachten. Ava konnte es aber nicht verstehen. Es musste ein Dialekt sein, den sie nicht kannte. Mit einem strengen Blick brachte Sanwekwe sie zum Schweigen.

»Und dann wäre da noch Lily«, sagte Winter schließlich und klopfte dem Jeep auf das Stoffdach.

»Lily?«, fragte Ava.

»Ja, Lily, der Land Rover, der Sie in den Kongo fahren wird.« Ohne Avas Reaktion abzuwarten, schickte er sich an, die Fahrertür zu öffnen. »Nun, dann wollen wir mal«, fuhr er fort. »Ich habe mir erlaubt, zu veranlassen, dass Ihr Container direkt an den Mount Mikeno geschickt wird. Ich denke, bis Sie dort ankommen, sollte das Gepäck auch dort sein.«

Ava aber war wie angewurzelt stehen geblieben. »Sie meinen das doch nicht ernst, Mister Winter?«

»Was?«, fragte er beinahe unbekümmert. »Und nennen Sie mich doch endlich Henry, jetzt, wo wir immerhin so eng zusammenarbeiten, wenn man so will ...«

»Sie wollen mich ernsthaft in dieser ...«, Ava zeigte auf den staubigen, zerkratzten und an manchen Stellen auch verbeulten Range Rover, »... Rostlaube allein durch halb Afrika schicken?«

Als wäre er beleidigt, strich er mit dem Finger über den Lack des Geländewagens und hinterließ dabei einen dunkle Spur. Um den Schmutz loszuwerden, rieb er sich Daumen und Zeigefinger. »Also, so würde ich Lily niemals nennen. Sie hat erst sechzigtausend Kilometer runter. Und glauben Sie mir, in einem nagelneuen Mercedes würden Sie gefährlicher reisen. Aus vielen Gründen ... Nun kommen Sie schon. Richard Smith und Susan warten auf uns. Sie erholen sich jetzt erst mal ein paar Tage und machen sich dann auf den Weg. Sanwekwe und seine Männer werden Sie begleiten. Von allein kann also keine Rede sein. Sie haben doch keine Angst?« Erwartungsvoll sah er sie an. »Noch ist Zeit. Wir können Ihnen direkt einen Rückflug buchen.«

Ava spürte, wie ihr trotz der Wärme kalte Schauer über den Rücken liefen. Wenn es eine Option für sie *nicht* gab, dann die, unverrichteter Dinge wieder nach Hause zu fahren. Ein Zuhause, das ohnehin nicht mehr existierte.

»Von Angst kann keine Rede sein, Mister Winter ... Henry ...«, erwiderte sie entschlossener, als sie sich fühlte, denn trotz der Sonne und des blauen Himmels konnte sie ein gewisses Gefühl der Beklommenheit nicht verhehlen. Davon aber musste Winter nichts merken. »Ich dachte nur, ich dachte, dass Sie mich begleiten und am Anfang mit im Lager sein würden.« Jetzt, wo sie es aussprach, wurde ihr klar, wie absurd dieser Gedanke war. Winter würde keine Gorillaforscherin anheuern, wenn er die Arbeit letztlich selbst erledigen würde. Er war ja auch nicht bei Cynthia deBreun oder Birutė Galdikas. Kurz sah sie zu Sanwekwe, der seelenruhig seine Pfeife stopfte. Ihn schien das Ganze nicht weiter anzufechten. Und wenn der versierte Fährtenleser so unbesorgt war, dann konnte sie es ja wohl auch sein. Er kannte sein Land und würde sicher nicht in den Wagen steigen, wenn er fürchtete, es könnte das Letzte sein, was er tat.

»Nun gut«, sagte sie kurzerhand und drängte sich an Winter vorbei. »Aber dann fahre ich! Und zwar von Anfang an.« Herausfordernd hielt sie ihm die Hand hin, und er legte bereitwillig den Schlüssel hinein. »Haben wir das also auch geklärt«, sagte er zufrieden. »Sehr schön.«

⁓

Es dauerte eine Weile, bis sich die Blechlawine, in der sie sich im Schritttempo und begleitet von Hupkonzerten durch das nicht enden wollende Nairobi Richtung Südosten quälten, endlich aufgelöst hatte. Über eine schmale, aber asphaltierte Bundesstraße und vorbei an einigen aus Wellblech gezimmerten Häusern erreichten sie schließlich eine grüne, hügelige Zone. Spätestens da bereute es Ava, selbst am Steuer zu sitzen. Ständig glitt ihr Blick rechts und links von der Fahrbahn. Sie besah sich knorrige Eukalyptusbäume, Papyrusfelder in den feuchten Ebenen, Frauen, die lachend und mit ihren Kindern vor und hinter sich ganze Ernten oder Matratzenlager auf dem Rücken trugen, und staunte über spektakuläre Ausblicke von den Erhöhungen hinab in die Täler. Eine Gruppe Grüner Meerkatzen kreuzte unbehelligt die Fahrbahn, so dass Ava, deren Aufmerksamkeit gerade bei den Baumkronen lag, eine Vollbremsung hinlegen musste.

Nach dreistündiger Fahrt hatten sie ihr Ziel in Narok, einer selten hässlichen Stadt an der östlichen Seite des Masai-Mara-Nationalparks, erreicht. Die Unterkunft der Smiths war einfach, aber heimelig, ein kastenförmiges, alleinstehendes Haus über zwei Etagen mit Gittern vor den Fenstern, an denen Bougainvillen emporrankten. Ein kleiner Garten, umgeben von einer mit Glasscherben gesicherten weißen Mauer.

»Henry, alter Freund, wie schön, dich endlich mal wieder begrüßen zu dürfen, und dich erst, Sanwekwe.« Mit diesen Worten kam Richard freudestrahlend auf die beiden Männer zu, um sich dann ihr zuzuwenden. »Und Sie sind das Wunderkind aus den USA, nicht wahr? Willkommen in Kenia«, sagte er überaus herzlich.

Ava sagte gar nichts. Sie merkte, wie der Flug, die Fahrt hierher, all die neuen Eindrücke sich wie ein bleierner Schleier über sie legten. Sie wurde plötzlich unendlich müde, was wiederum Susan, die Frau des Hauses, zu merken schien. Sie war groß gewachsen, fast so groß wie Ava, nahm sie an den Schultern und führte sie zu der Sofa-Ecke im hinteren Wohnbereich. »Meine Liebe, Sie schlafen ja beinahe im Stehen ein. Möchten Sie noch eine Erfrischung oder lieber direkt nach oben ins Bett?«

»Ein Wasser wäre nett, danke.«

Dankbar nahm Ava das Zitronenwasser, serviert in einem geschnitzten Holzbecher, entgegen und lehnte sich in dem tiefen

Sitz zurück. Es war schön, den warmen Stimmen und dem Gelächter folgen zu dürfen, ohne selbst etwas sagen zu müssen. Sie lauschte Richards Schilderungen über die Gnu-Wanderung in der Masai Mara, die offenbar spektakulärer zu sein schien, als Ava vermutet hätte. Er reichte ein Foto herum, das eine Gnu-Herde beim Durchqueren eines schlammigen braunes Flusses zeigte. Erst auf den zweiten Blick erkannte man, wie eines von ihnen am Hinterteil von einem Krokodil ins Wasser gezogen wurde. »Die *National Geographic* war völlig aus dem Häuschen!«, meinte Richard begeistert und erntete einen strafenden Blick von seiner Frau, die offenbar Schonzeit für Ava angeordnet hatte.

Ava bekam jedoch ohnehin nur die Hälfte mit. Immer wieder fielen ihr die Augen zu, und als die Rede dann auf die diversen Stammeskämpfe und Flüchtlinge kam, die vor allem aus dem Kongo und Ruanda kommend nach Kenia oder Uganda strömten, da schaltete ihr Gehirn förmlich in den Autopiloten. Sie hätte sonst beschämt zugeben müssen, wie wenig sie überhaupt von dem Land wusste, in dem sie großspurig die Big Apes erforschen wollte.

Um kurz nach neun löste sich die Gruppe auf, und Ava war auf ihr Zimmer gegangen. Der Raum war sauber und einfach, mit einem Holzschrank, einem Bett und einem Nachttisch, aber er verfügte über ein Waschbecken mit fließend kaltem Wasser. Das schien Ava schon jetzt ein echter Luxus zu sein, denn auf dem Weg vom Flughafen hierher hatte sie alle paar Kilometer Wasserstellen gesehen, an denen die Menschen, Frauen, junge Männer, Kinder, mit großen gelben Kanistern Schlange standen, um sich ihre zwanzig Liter abzufüllen.

Ava wollte das Gefühl zwar nicht aufkommen lassen, aber so ganz konnte sie eine gewisse Bedrücktheit nicht leugnen. Alles hier war fremd und neu, und wenn sie jetzt an die Bilder von Sonnenuntergang und Savanne dachte, musste sie zugeben, dass sie sich von einer gewissen Romantik hatte einfangen lassen, mit der man in Amerika dieses Land nun einmal verklärte. Mit der Realität hatte das zunächst wenig zu tun. Würde sie einen Zugang finden? Würde sie in alldem noch ihre eigene persönliche Schönheit entdecken? Seufzend drehte Ava sich auf die Seite und zog ihre Beine an den Bauch. Jetzt bloß nicht zaghaft werden, sagte sie sich in Gedanken. Die erste Nacht ist immer schwierig, aber man kann ja nicht mit der zweiten anfangen. Und mit diesem Gedanken glitt sie doch langsam in das Reich der Träume.

BEI DEN SCHIMPANSEN

Es dauerte ganze sechs Tage, bis Ava, Sanwekwe und Richard, der sich sehr zu Avas Freude bereit erklärt hatte, sie bis nach Gombe zu begleiten, an der Forschungsstation von Cynthia und Albert deBreun angekommen waren. Nach den ersten vier Tagen hatte Ava das Gefühl, ihren Hintern nicht mehr zu spüren, so dermaßen wurden sie Kilometer für Kilometer auf einer Straße, die man noch nicht mal Schotterpiste nennen konnte, durchgeschüttelt. Steinbrocken, gefühlt so groß wie ein halber Block zum Bau einer Pyramide, und Schlaglöcher, die ähnlich tief waren, hatten die Fahrt nicht nur sehr langsam, sondern eben auch extrem holprig gemacht. Konnte Ava sich zu Beginn an der roten Erde, auf der sich immer wieder Baboons, Zebras und auch Warzenschweine tummelten, gar nicht sattsehen, nahm sie sie schon bald kaum mehr wahr und musste aufpassen, dass ihr nicht total übel wurde.

Kaum hatten sie die Grenze zu Tansania überschritten, wurden die Straßen schlagartig besser. Sie waren nicht gut, aber wenigstens aus festem Sand oder Kies, teilweise sogar aus Asphalt.

»Ja, das ist das Erbe der Deutschen. Die sind ja bekanntlich sehr gründlich«, hatte Richard gescherzt, dabei aber nicht gelächelt. Auf Avas fragenden Blick hin hatte er ihr erklärt, dass

Tansania eine ehemals deutsche Kolonie war, bevor erst die Belgier und dann die Engländer »Deutsch-Ostafrika« übernahmen. 1961 erkämpfte sich das Land die Unabhängigkeit zurück.

Wieder einmal musste Ava sich mit einem Anflug von Scham eingestehen, wie arglos sie sich auf diese weltumspannende Reise begeben hatte, und gelobte innerlich Besserung.

—

»Miss Carter. Wie schön, dass Sie den Abstecher in unser bescheidenes Reich gewagt haben. Herzlich willkommen in Gombe. Mein Freund Henry hat mir schon so viel von Ihnen erzählt.« Cynthia deBreun reichte ihr lächelnd die Hand, ihr Blick blieb aber merkwürdig taxierend.

»Vielen Dank, Miss deBreun. Aber ich glaube, die Ehre liegt eher auf meiner Seite. Ich habe ja noch nichts bewirken können. Ihr Name hingegen steht bereits heute für eine große Forscherin und Friedensbotschafterin.« Ava sah ihr fest in die Augen. Cynthia war etwas genauso groß wie sie selbst. Hochgewachsen und schlank, mit einer langen hervorstechenden Nase und einem leichten Überbiss. Ava erinnerte sie an eine Krähe.

»Papperlapapp, nun kommen Sie erst mal rein. Sie müssen entsetzlich erschöpft sein.« Sanwekwe und seine Männer waren noch draußen bei den Wagen gewesen, um sie auf mögliche Schäden zu untersuchen. Richard hingegen war bereits in den behaglichen Wohnraum gegangen, der ganz mit hellem Holz ausgekleidet war – der Boden, die Wände, die Säulen, die das Dach hielten –, und hatte sich einen Drink eingegossen, als würde er hier ein und aus gehen. Ava machte ein paar zaghafte

Schritte. Es roch gut, nach Holz und Erde, und das Feuer im Kamin knisterte behaglich. Auf dem Boden lagen bunte, handgeknüpfte Teppiche, die Couch war mit hellem Leinen bezogen. Die Masken an den Wänden und die Fotos von Schimpansen signalisierten deutlich, wo sie hier war. Dazu passte, dass von draußen kein Sonnenlicht hereindrang, nur der sattgrüne Ton großer Dattelpalmen und mannshoher Kaffeebüsche. Es hätte Ava nicht gewundert, wenn eine Horde Affen direkt durch Cynthias Wohnzimmer spaziert wäre. Trotzdem gab es etwas, das Ava missfiel, sie konnte aber nicht sagen, was es war.

Wie auf Kommando tauchte plötzlich eine kleine drahtige Frau mit weißer Schürze im Salon auf. Ihre Haare hatte sie zu kleinen, eng am Kopf liegenden Zöpfen geflochten, und ihre Haut war so dunkel, dass Ava die Augen kaum sehen konnte.

»Tee?«, fragte Cynthia nur, und ohne eine Antwort abzuwarten, nickte sie der Bediensteten kurz zu, die mit einem Knicks sofort lautlos verschwand. »Mein Mann ist ja Belgier«, fuhr Cynthia fort, »aber ich gebe zu, dass ich meine englischen Wurzeln nicht gut verbergen kann. Richard, möchtest du auch eine Tasse oder bleibst du beim Whiskey?«

Lächelnd hob Richard Smith sein Glas.

»Na dann«, sagte Cynthia nur und bot Ava einen Platz an. »Sind wir wohl nur zu zweit. Edward kommt erst zum Dinner. Er ist noch im Dorf.«

In Ermangelung einer passenden Erwiderung nickte Ava nur und setzte sich auf einen der großen ausladenden Sessel, die zum Sofa passten.

»Aber nun erzählen Sie doch mal. Was bringt eine so junge Frau dazu, sich einem solchen Abenteuer auszusetzen?«, fragte

Cynthia, nachdem die Hausangestellte, die Cynthia mit Lala ansprach, den Tee serviert hatte.

Ava versuchte, ein Stirnrunzeln zu unterdrücken. Von welcher jungen Frau war hier die Rede? Ava wusste, dass Cynthia ein knappes Jahr jünger war als sie selbst und bereits seit fünf Jahren hier lebte.

»Nun, ich vermute, dasselbe wie Sie, oder? Ich möchte eine unbekannte Spezies erforschen, die mehr mit uns gemein hat, als wir denken. Die uns in vielerlei Hinsicht vielleicht sogar überlegen ist.«

Cynthia zog die Augenbrauen hoch. »Überlegen? Das müssen Sie mir näher erklären. Wir sprechen doch beide von den Primaten, oder?«, erwiderte Cynthia und nahm seelenruhig einen Schluck aus der feinen Porzellantasse.

Ava spürte, wie ihr langsam die Hitze in den Kopf stieg. Sie konnte nicht behaupten, dass Cynthia ihr sympathischer wurde.

»Von nichts Geringerem. Und mit überlegen meine ich ganz offenkundig nicht, dass ein Gorilla eine Eisenbahn bauen oder das Penicillin erfinden könnte. Aber es gibt ja durchaus andere Arten von Intelligenz, und, soweit ich weiß, würde ein Silberrücken nicht einfach zu einer anderen Familie marschieren und einem anderen Anführer den Kopf abschlagen, nur um sein Revier zu vergrößern. Und ein Gorillaweibchen würde einer anderen auch keine Augen auskratzen, weil ihr Fell hübscher glänzt. Das empfinde ich als sehr weise«, sagte Ava.

Cynthia nickt. »Wissen Sie das schon, oder möchten Sie es gern herausfinden?«

Ava spürte, wie sie rot wurde. »Ich habe zumindest noch nichts dergleichen gelesen.«

Cynthia lachte auf. »Das liegt vermutlich daran, dass niemand diese Tiere bislang erforscht hat, oder?«

»Wissen Sie, als ich vor ein paar Jahren das erste Mal ins Gombe-Tal kam und Bekanntschaft mit den Schimps machte, da war ich ähnlich idealistisch. Ich dachte, wenn ich diese Tiere, die uns so ähnlich sind, besser verstehe, dann verstehe ich vielleicht auch die Menschen besser. Ich dachte, vielleicht finde ich Ansatzpunkte, die mich lehren, wie auch wir Menschen Konflikte gewaltfreier lösen, wie wir uns mithilfe unseres Verstandes und unserer Instinkte und vielleicht sogar unseres schöpferischen Glaubens darüber hinwegsetzen können, willkürlich, brutal und menschenverachtend zu agieren. Das dachte ich lange. Bis ich zwei Weibchen dabei beobachtete, wie sie kreischend und lachend auf ein drittes losgingen, das gerade ein Baby geboren hatte. Sie nahmen ihr das Baby weg und warfen es durch die Luft, wie ein Wal eine Robbe durch die Luft wirft, bevor er sie tötet. Ich sah, wie sie das Neugeborene gegen einen Baumstamm donnerten, einmal, zweimal. Die Mutter, die ihr Kleines natürlich verteidigen wollte, wurde von einem dritten Weibchen zurückgehalten, in den Kopf und die Schulter gebissen, bis ihr das Blut das Gesicht und den Körper hinabbrann. Glauben Sie mir, dieses Erlebnis, auf das noch viele ähnliche folgten, hat mein Bild vom guten Primaten ein wenig korrigiert.«

Schockiert sah Ava Cynthia an. Sie konnte nicht glauben, was die Wissenschaftlerin ihr da weismachen wollte. Seit wann waren Affen so grundlos brutal und sinnlos gemein? Und genau diese Frage stellte sie auch. »Aber es muss doch einen Grund geben für ein derart irrationales und abweichendes Verhalten«, hob sie an. »Vielleicht fühlten sie sich bedroht. Vielleicht gab es eine Baumrodung, die ihr Revier kürzlich eingeschränkt hatte ...«

»Ja«, bestätigte Cynthia. »Das wäre eine Möglichkeit, die ich jedoch mit Sicherheit ausschließen kann. Wissen Sie, im Grunde waren diese Akte der Gewalt ein enormer Durchbruch in meinen Forschungen. Ich kann heute belegen, dass die Schimps den Menschen noch ähnlicher sind als vermutet. Sie quälen und töten aus niederen Motiven ... Neid, Eifersucht oder einfach, weil ihnen danach ist ...«

»Cynthia, nun lass doch die arme Ava in Ruhe. Sie ist grade seit sechs Tagen im Land und das Erste, was du ihr erzählst, sind deine blutigen Geschichten«, mischte Richard sich ein.

»Richard, mein Bester, wer hierherkommt, um die Primaten im Dschungel auf dreitausendsechshundert Meter Höhe zu erforschen, dem tue ich einen großen Gefallen, wenn ich ihn schnellstmöglich mit den Realitäten vertraut mache. Wenn es drauf ankommt, habe ich unserer Ava hier gerade das Leben gerettet. Wer weiß das schon ...« Cynthia nahm ein Glöckchen und läutete. Sofort betrat Lala den Raum und räumte das Geschirr ab.

»Danke, Cynthia«, erwiderte Ava, »und ich weiß Ihre Offenheit sehr zu schätzen. Aber wenn es wirklich so ist, wie Sie sagen, belegt diese Beobachtung nicht die Überlegenheit des Menschen, wie eingangs angerissen. Im Gegenteil, es belegt, dass ein Mensch, der einen freien Willen und eine einmalige Reflexionskraft hat, noch dümmer ist als ein Affe, wenn er sie nicht nutzen kann, um zum Wohle aller zu handeln und Selbstkontrolle walten zu lassen. Wenn ich ehrlich bin, argumentieren Sie gerade erstaunlich naturalistisch, und ich hoffe, Sie haben noch andere wertvolle Erkenntnisse gewonnen als nur die, dass die Affen genau wie die Menschen sinnlos und aus Spaß andere Wesen quälen.« Ava hatte sich in Rage geredet. Das hatte sie ganz sicher nicht gewollt. Aber diese Frau, diese anerkannte Primatenforscherin, die ihre Schwarze Bedienstete mit dem Glöckchen herbeibimmelte und in ihrer behaglichen Edelholzlodge englischen Tee schlürfte, kam ihr entsetzlich blasiert und selbstgerecht vor. Und das hatte sie wohl gerade auch auf unfeine Art zum Ausdruck gebracht.

Bevor sie die Situation selbst ein wenig entschärfen konnte, hörte sie aus dem Hintergrund ein langsames Klatschen. Dreimal. Klatsch – klatsch – klatsch. »*Chapeau*, Madam, da haben Sie es meiner Frau aber ordentlich gegeben. Das hat sich schon länger niemand mehr getraut.«

Ava drehte sich um und sah einen hochgewachsenen, etwas korpulenten und rotgesichtigen Mann im Türrahmen stehen. Sie erkannte Edward von den Fotos, die sie von den deBreuns gesehen hatte, wenngleich Cynthias Mann ihr jetzt ein wenig verlebter erschien als auf den Bildern, nicht so »stattlich«.

Der Mann betrat den Salon, ging zu seiner Frau, um sie wortlos mit einem Kuss auf die Stirn zu begrüßen, und hob dann die Hand. »Wie schön, mein Freund«, sagte er in Richards Richtung, »dass Sie uns heute mit der Gesellschaft dieser jungen, intelligenten Dame beglücken.« Er trat einen Schritt auf Ava zu und verbeugte sich knapp. »Edward deBreun, sehr angenehm.«

Ava machte Anstalten, aufzustehen, aber Edward wiegelte ab und bedeutete ihr, sitzen zu bleiben. Dann ging er zur Bar, an der sich zuvor schon Richard bedient hatte, schenkte sich ebenfalls zwei Fingerbreit Whiskey ein und nahm sich aus einem verchromten Behälter drei Eiswürfel. »*On the rocks*«, meinte er. »Cheers!« Für einen Moment war nur das Klirren der Eiswürfel zu hören. Ava sah kurz zu Cynthia hinüber, die den Auftritt ihres Mannes mit keiner Miene kommentierte. Entweder war sie an seine theatralische Art bereits gewöhnt, oder sie bewahrte schlicht die Contenance.

»Nun gut«, sagte sie dann und erhob sich. »Das Abendessen wird erst in einer Stunde serviert. Was halten Sie davon, Ava, wenn wir beide uns draußen ein wenig umsehen? Der Tag ist herrlich, kein Regen heute, und ich könnte mir vorstellen, dass Ihnen ein Rundgang gefallen würde, gewissermaßen als kleiner Vorgeschmack. Was meinen Sie?«

Tatsächlich hatte Ava gehofft, sich draußen ein wenig umsehen zu dürfen. Während der Fahrt hatte sie bereits den ein oder anderen fantastischen Blick über nebelverhangene dichte Wälder oder in der Sonne glitzernde Seen erhaschen können, aber sie war noch nicht, wie man es nannte, im Busch gewesen.

»Na dann los«, sagte Cynthia und erhob sich. »Sie haben hoffentlich auch etwas festeres Schuhwerk im Gepäck, oder?«, fragte sie mit einem Blick auf Avas Füße. »Die Sneaker kann ich Ihnen nicht empfehlen, da kriechen Ihnen die Ameisen direkt die Beine hoch. Und mit Pech verlieren Sie sie ohnehin im Modder.« Cynthia lachte, während Ava an sich hinabschaute. Ameisen? Modder? Hatte Cynthia nicht gesagt, der Tag sei herrlich?

»Ja, natürlich«, antwortete Ava. »Ich kann sie holen.«

»Machen Sie das«, erwiderte die Forscherin. »Und wenn Sie einen Hut haben, nehmen Sie den am besten auch gleich mit. Wir treffen uns in zehn Minuten vor der Tür. Richard, möchtest du uns begleiten?«

Der Fotograf schüttelte den Kopf. »Ich leiste deinem Mann ein wenig Gesellschaft und genieße euer flüssiges Gold, wenn es recht ist.«

»Also dann, auf geht's.«

— ⁓ —

Gut zwanzig Minuten hatten sich die beiden Frauen schweigend ihren Weg durch das Dickicht gekämpft. Ava schlug das Herz bis zum Hals. Das lag zum einen an dem beschwerlichen Weg. Ständig stolperte sie über Steine oder Wurzeln der riesigen Kapokbäume oder sich über den Boden schlängelnden Lianen. Mehr als einmal musste Cynthia ihnen mit der Machete den Weg regelrecht freischlagen, und Ava wurde klar, dass dieses ihr wohl unverzichtbarstes Werkzeug würde. Zum anderen aber raubten ihr der Anblick, der Geruch, die Geräusche und die Wahrhaftigkeit ihres reinen Daseins hier regelrecht den Atem. Überall raschelte, zwitscherte, pfiff, rief, sang, kauzte es. Ava hatte sich ihr schmales Halstuch um die Stirn gebunden, um so den Schweiß aufzuhalten, der ihr sonst in die Augen rinnen würde. An das feuchtwarme tropische Klima würde sie sich erst noch gewöhnen müssen. Immer wieder blieb sie stehen, betastete die Rinden der Bäume, rieb die schmalen Blätter eines Eukalyptus. Erst als sie die Hand nach einem pelzigen Blatt ausstreckte, brach Cynthia die Stille. »Das würde ich an deiner Stelle nicht tun«, sagte sie trocken. »Das ist eine Girardinia, wenn du so willst eine Art Brennnessel. Es passiert nicht viel, wenn du sie anfasst, es juckt eben eine Weile. Wie ein Mückenstich. Aber es gibt andere Pflanzen hier, den bizarrerweise Wunderbaum genannten Rizinus etwa, da kann dann schon mal jede Hilfe zu spät kommen.«

Ava schluckte. Das waren ja herrliche Aussichten! Und so gut erklärt. Sie ärgerte sich schon wieder ein wenig über Cynthia. Diese aber lächelte sie nun doch einmal freundlich an. »Ich will dir keine Angst machen, Ava, aber ich glaube, du machst dir keinen Begriff, wo genau du gelandet bist. Du siehst die möglichen Gefahren nicht. Das ist ganz normal. Ich selbst bin dem Tod vor drei Jahren auch nur knapp von der Schippe gesprungen. Wegen eines Oleanders. Kaum zu fassen, oder?« Lachend schüttelte Cynthia den Kopf. »Aber sag mal, es ist doch in Ordnung, wenn wir uns duzen, oder? Wie bist du wirklich darauf gekommen, ausgerechnet die Berggorillas im Kongo erforschen zu wollen? Das macht man ja nicht aus einer Laune heraus. Oder weil man nicht weiß, wie man einen Verehrer sonst loswerden könnte ...« Cynthia schmunzelte und sah Ava erwartungsvoll an.

Ava hätte diese Frage gern vermieden, aber es war ja klar, dass sie früher oder später kommen würde. Und auch in Amerika schon häufig gestellt worden war. Zu Hause aber waren die Menschen so mit dem eigenen Kopfschütteln und Unverständnis beschäftigt gewesen, dass sie eigentlich keine echte Antwort verlangt hatten.

Cynthia aber wollte eine aufrichtige Antwort. Eine, die sie mit ihrer eigenen Leidenschaft abgleichen konnte. Sie würde sofort merken, wenn sie versuchte, auszuweichen. Das Problem war aber, dass sie die Frage selbst nicht mit einem Satz beantworten konnte. Ihr unbesiegbarer Drang, sich den wilden Tieren und ihrem Schutz zu verschreiben, war langsam und stetig in ihr gewachsen, wie ein Baum, dessen Samen sich irgendwann in ihr verfangen hatte und in ihr reifte, wurzelte und Jahr für Jahr weiter in ihr austrieb. Nur dass die Sonne, der Regen, die Nacht und der Wind, die einen Baum stark machten, bei ihr durch menschliche Ignoranz, Gemeinheit, Oberflächlichkeit und Berechnung genährt wurden. So schlug sie sich beständig auf die Seite der Opfer, der Schutzbedürftigen, der Unschuldigen und derjenigen, die nicht für sich sprechen konnten – die Tiere.

Sie wollte gerade anheben und von dem für sie vielleicht dramatischsten Auslöser erzählen, einem Erlebnis, das sie als sechsjähriges Mädchen im Zoo von Los Angeles hatte – ihrem ersten und letzten Besuch in einer solchen Anstalt –, als Cynthia beschwörend die Hand hob. Sofort legte auch Ava den Kopf schief und lauschte in den Wald. Da spitzte Cynthia plötzlich die Lippen und stieß einen merkwürdig gutturalen Laut aus, der wie ein kehliges Uhhhh-Huuuuuhuuu klang. Und da nahm Ava es auch wahr: ein Rascheln in den Baumkronen etwa zehn Meter von ihnen entfernt und so laut, als würde eine Sturmbö durch das Blätterdach fahren. Und dann sah sie ihn, einen ausgewachsenen Schimpansen, der dabei war, sich von seinem Ast auf den nächsten Baum zu schwingen. Drei weitere Tiere folgten ihm, eines davon mit einem Baby auf dem Rücken. »Uhhhh-Huuu« machte Cynthia erneut und tatsächlich erklang aus der Höhe auf einmal so etwas wie das hohe Bellen eines kleinen Hundes, gefolgt von dem lautstarken »Huhahaha«, das man gemeinhin von diesen Affen kannte. Der erste der Affen sprang nun auf dem Ast auf und ab, dass dieser beängstigend wippte.

»Das ist Jimmy«, sagte Cynthia. »Er hat sich erst kürzlich mit zwei Weibchen und einem jüngeren Männchen von seiner Stammgruppe abgespalten«, erklärte sie. »Ich habe ihn so getauft, weil er immer am Hopsen oder Tanzen ist, ein echter Spaßmacher«, meinte sie.

»Du *kennst* diese Tiere?«

Erstaunt sah Cynthia zu Ava. »Na, was denkst du denn, was ich hier die ganze Zeit mache? Den Affen, den ich *nicht* kenne, musst du mir hier erst mal zeigen«, meinte sie fröhlich. »Na komm, lassen wie sie in Ruhe Nahrung sammeln. Du wirst sicher noch genug Gelegenheit haben, deine Affen zu beobachten. Ich wollte noch schnell einmal mit dir runter zum See, bevor es dunkel wird. Der Tanganjikasee ist der tiefste Afrikas, und egal, wann du kommst, er hat immer eine andere Farbe. Faszinierend. Mal so klar und helltürkis wie ein Gebirgssee, und dann wieder dunkel und schwer mit ein Höllenschlund. Komm!«

Ava sah noch einmal hoch in die Bäume, wo die Schimpansen sich nun ein paar Blätter von den Ästen zupften. Gern wäre sie noch einen Moment geblieben, wollte aber nicht fragen. Immerhin hatte der Zwischenfall ihr die Antwort auf die Frage erspart. Warum sie hier war. Sie wusste es im Herzen. Die richtigen Worte würden schon noch folgen.

ANKUNFT

Der Abend bei den deBreuns war harmonisch und relativ früh zu Ende gegangen. Nach einem fantastischen Dinner – es gab Tilapia mit gestampften Kochbananen und Avocadomousse, dazu erstaunlicherweise eine delikate scharfe Erdnusssoße – saß man noch ein Stündchen beieinander, tauschte Erfahrungen zu dem Leben im jeweiligen Heimatland aus, besprach ein wenig die politische Situation, und Cynthia erzählte ein paar Anekdoten, die sie mit »ihren Schimps« erlebt hatte.

»Habt ihr eine Idee, was Affenzuckerwatte sein könnte?«, fragte sie etwa verschmitzt in die Runde, woraufhin Edward gespielt genervt mit den Augen rollte. Er kannte den Witz offenbar schon. Ava dache ernsthaft darüber nach. Die letzte Zuckerwatte hatte sie bei ebenjenem Zoobesuch gegessen, der ihr den Appetit darauf für immer genommen und gleichzeitig den Wunsch hervorgebracht hatte, die Gorillas vor Menschenhand zu schützen. Trotzdem sah sie zwischen beidem keinen direkten Zusammenhang.

»Ganz einfach«, meinte Cynthia. »Ich habe kürzlich entdeckt, dass die Schimps Werkzeuge fertigen können. Stellt euch das vor! Sie nehmen sich einen dünnen Ast, ähnlich dem Stäbchen vom Cotton Candy, ziehen die Blätter ab und stecken ihn vorsichtig in einen Termitenhügel. Wenn sie ihn rausziehen, kleben

da ein paar Termiten dran, die die Affen dann genüsslich ab-
ziehen. Als ich das das erste Mal sah, musste ich an Zuckerwatte
denken. Ist das nicht erstaunlich?«

»Sie können wirklich Werkzeuge bauen?«, fragte Ava sichtlich beeindruckt.

»Ja. Ich war auch völlig fasziniert. Sie benutzen sie sogar als
Zahnstocher.«

Als Ava dann um halb zehn auf ihr Zimmer ging, schrieb sie sich
diese Beobachtungen noch auf, versehen mit der Frage, was sie
wohl an ihren Gorillas entdecken könnte und ob sie ebenfalls
geschickte Werkzeugmacher wären.

Darunter schrieb sie einen weiteren Satz, den sie doppelt
unterstrich: *Warum bin ich so streng mit Cynthia? Sie leistet fantastische Arbeit. Bin ich ungerecht?*

Am nächsten Morgen hatte sich das Team bei Tagesanbruch
auf den Weg gemacht. Ava konnte es überhaupt nicht abwar-
ten, diese letzte Etappe zu nehmen, um endlich im Virunga-
Gebirge anzukommen und ihre eigenen Forschungen aufzuneh-
men. Gut zehn Stunden Fahrt trennten sie noch von dem
Camp, das sie in Kabara, auf der westlichen, also kongolesischen Seite des Mount Visoke, errichten würde. Sie war heilfroh, dass Susan, Richards Frau, sie in Nairobi noch einmal zur
Seite genommen und erklärt hatte, was sie an Ausrüstung alles
benötigen würde. Nichts davon, außer den Wanderschuhen und
Trekkingklamotten, hatte sie in ihrem umfangreichen Gepäck
gehabt. Also waren die beiden Frauen losgegangen, um Zelte,
Lampen, Kerosin, Seile und Schnüre, Schlafsack, Geschirr, eine

kleine Petroleumheizung und was es sonst noch so brauchte, einzukaufen.

Auch darauf war Ava gespannt, nervös gespannt, konnte man sagen: Sie würde nicht, jedenfalls vorerst nicht, wie Cynthia kommod in einer wohligen Holzlodge residieren und einen blühenden Garten pflegen. Ihr Zuhause würde ein Zelt werden, das hoffentlich robust genug war, um mögliche wilde Tiere ab- und den teilweise sintflutartigen Regenfällen standzuhalten. Wie sie in dem etwa zwei mal drei Meter großen und etwa ein Meter achtzig hohen Zelt arbeiten, also vor allem ihre Berichte verfassen sollte, war ihr noch nicht so ganz klar. Aber irgendwie musste es ja gehen. Vielleicht konnten sie auch zügig eine Hütte bauen.

Da Richard in Gombe geblieben war, führte Ava nun die kleine Kolonne an. Sanwekwe neben ihr hatte die Augen geschlossen, so dass Ava sich ganz auf die Route konzentrieren konnte. Immer wieder erhaschte sie atemberaubende Ausblicke auf die wahrlich betörend schöne Landschaft. Nie hätte sie vermutet, wie hügelig es hier überall war und wie wahnsinnig grün. Regelmäßig schraubten sich die Wagen hoch bis auf zweitausendzweihundert oder zweitausendvierhundert Meter. Von da aus sahen sie hinab auf den Tanganjikasee und später auf den Lake Kivu, der seinerseits etwa neunzig Kilometer lang war und mit einer Vielzahl an kleinen Inseln, die wie grüne Farbtupfer aus dem Blauschwarz des Wassers hervorstachen, gesprenkelt war. Ging es den Berg wieder runter, sah man vor lauter Bäumen dann gar nichts außer dem Rot der Straße. Zum Glück gab es nur die eine, denn Ava hatte wenig Lust, sich hier mitten im Nirgendwo zu verfahren. In Goma, der Grenzstadt, die den

Kongo von Ruanda trennte, machten sie eine letzte Pause, bis es dann noch zwei Stunden weiter in nördlicher Richtung ging.

Es war bereits dunkel, als sie in Kibumba ankamen, dem kleinen Dorf am Fuß des Mount Visoke. Dort mieteten sie sich in einer kleinen Pension ein, um dann am frühen Morgen gen Kabara aufzubrechen, der Hochebene, auf der sie ihr Lager aufschlagen würden. Als Ava in dieser Nacht die Augen schloss, glaubte sie ein lautes »Wraaagh!« zu hören. Doch wahrscheinlich war sie da bereits im Reich der Träume.

⁓

Der Aufbau des Camps am nächsten Tag war mühsamer, als Ava gehofft hatte. Das Plateau, das sie sich als Standort ausgesucht hatten, war dasjenige, das bereits George Schaller – der amerikanische Zoologe, der 1960 mit seiner Dissertation *Mountain Gorilla* einen weiteren Funken bei Ava entzündet hatte – als Ausgangspunkt für seine 10-monatige Forschung bestimmt hatte. Auf den ersten Blick wirkte der Ort geradezu paradiesisch: eine sanftgrüne Lichtung, von der aus man fast bis ins Tal und Richtung Horizont zu drei weiteren Vulkanbergen, einschließlich dem beruhigend vor sich hin schmauchenden Nyiragongo, schauen konnte. Doch der erste Eindruck täuschte. Das Gras war so durchfeuchtet, dass man an manchen Stellen fast bis zu den Knöcheln darin versank. Dadurch fanden die Heringe kaum Halt, und die Männer mussten dreimal von vorne anfangen und Steine suchen, um die Haken im Boden zu beschweren. Zudem war es auf dreitausend Meter Höhe empfindlich kühl, und es pfiff ein frischer Wind; nach dem Mittag hatte es auch noch angefangen zu regnen. Bevor sie alle Sachen in Sicherheit bringen konnten, war die Hälfte davon durchnässt. Ava, der aufgrund der Malaria-Tabletten, die sie seit drei Tagen nahm, ohnehin nicht ganz wohl war, half zwischen Übelkeitsschüben und Schweißausbrüchen, so gut sie konnte. Gleichzeitig war sie genervt, mit welcher – gelinde gesagt – Seelenruhe die Männer ihre Arbeit verrichteten. Satt zwei Steine auf einmal zu sammeln, suchten sie einen und trugen ihn zu einem Haufen. Von dem Haufen dann zum Hering. Bis die Latrinenlöcher gebuddelt und mit Kartoffelsäcken ausgelegt waren, vergingen weitere drei Stunden. Avas Suaheli war nicht gut genug, um präzise Anweisungen zu geben; gleichzeitig fühlte sie sich aber auch unsicher, ob das überhaupt gut wäre. Sie konnte die Reaktionen nicht einschätzen. Dabei wurde ihr auch schmerzhaft bewusst, dass sie mutterseelenallein mit sechs Männern ein Camp errichtete und keine Idee hatte, was das für sie als Frau hieß. Sie spürte plötzlich eine ungeahnte Sehnsucht, dieses Abenteuer mit jemandem zu teilen, ein wenig Verantwortung abgeben zu können. So wie Cynthia und ihr Mann. Aber da war niemand. Das Einzige, was sie beruhigte, war Sanwekwes unerschütterliche Gelassenheit, mit der er lächelnd sein Pfeifchen rauchte und den Eindruck vermittelte, dass sich hier alles genau so abspielte, wie es sollte.

Sie würde ohnehin noch Mitarbeiter brauchen, und im Geiste entschied Ava, dass sie mindestens zwei Frauen einstellen würde. Wann die ersten Studenten ihr im Camp zur Hand gehen würden, stand ja ohnehin noch völlig in den Sternen.

Gegen vier Uhr am Nachmittag waren wenigstens die grundlegenden Dinge erledigt. Die Drainage, die um die Zelte gelegt werden sollte, konnte noch bis morgen warten. Am liebsten wäre Ava direkt losgelaufen, hätte die Umgebung erkundet, wäre hoch bis auf dreitausendsechshundert Meter, um vielleicht schon am ersten Tag Glück zu haben mit ihren Gorillas. Aber auf ihren Wunsch hin hatte Sanwekwe nur milde gelächelt. »Miss Carter, zu den Gorillas muss man frühmorgens aufbrechen, wenn sie ihre Lager verlassen. Der Berg ist groß, wir wissen ja gar nicht, wo sie gerade sind. Allein um das herauszufinden, brauchen wir gut und gern vier Stunden. In zwei Stunden geht die Sonne, unter und glauben Sie mir, dann wollen Sie nicht da draußen sein ...«

Ava bedrängte ihren Tracker nicht weiter, denn wenn sie ehrlich war, spürte sie auch die Erschöpfung. Die Reise war anstrengend gewesen, und ihr Körper signalisierte ihr deutlich, dass er eine Pause brauchte. Nicht dass sie grundsätzlich auf ihn hörte, aber an diesem Tag hatte sie sowieso nichts Wichtigeres vor. Ein heißer Grog und ein bisschen Chet Baker waren jetzt vermutlich die bessere Wahl. Wann ihr Container bei ihr eintrudeln würde, wusste sie noch nicht. Aber sie hatte in ihrem Koffer sehr zielsicher auf so einiges verzichtet, um das für sie Wesentliche griffbereit zu haben, und dazu zählten neben ihrer heiß geliebten Olympia-Schreibmaschine auch ihr tragbarer Plattenspieler und fünf ihrer Lieblingsplatten. Das Stromaggregat hatten sie ja in Nairobi besorgt.

Also breitete Ava ihren Daunenschlafsack auf dem harten Zeltboden aus, den sie notdürftig mit etwas Blätterwerk ausstaffiert hatte, schloss das Gerät an und nahm den knisternden Lauf der Nadel wahr, bevor die ersten Töne erklangen. Ava legte sich ihre Jacke um die Schultern, lauschte den melancholischen

Takten von »My funny Valentine« und zog ihr Notizbuch aus dem Rucksack. Sie schlug die erste Seite auf, strich darüber, hielt inne, strich erneut darüber. An wen wende ich mich hier eigentlich?, dachte Ava, als sie von draußen merkwürdige Geräusche hörte. Ein Schlagen und Klopfen, laut und rhythmisch, hölzern und metallisch. Vorsichtig öffnete sie das Zelt und spähte hinaus. Der Himmel über ihr kündigte bereits die blaue Stunde an. Draußen prasselte ein Feuer, und die sechs Männer, die sie von Kenia bis hierher begleitet hatten und von denen ihr mindestens drei auch weiter als Packer und Handwerker zur Seite stehen würden, saßen oder standen um das Feuer herum, schlugen mit Löffeln auf Topfböden oder mit Hölzern gegen Baumstämme. Dabei grinsten sie sie breit an. Ava zuckte zusammen. Als einer der Männer mit ausgebreiteten Armen auf sie zulief und dabei immer wieder die zwei Worte wiederholte – »*kucheza dansi, kucheza dansi*« –, gab Ava einen spitzen Schrei von sich, strauchelte, als sie rückwärts in ihr Zelt flüchten wollte, und fiel hart ins nasse Gras.

In dem Moment erstarben die Trommelklänge und Sanwekwe kam besorgt auf sie zugeeilt. »Miss, ist alles in Ordnung, Miss?«

Ava rieb sich die schmerzende Hüfte und traute sich nicht, aufzusehen. Tränen traten ihr in die Augen. Nichts, aber auch gar nichts verstand sie in dieser Welt. Und verhielt sich dabei unhöflich und feindlich. Was hatte sie sich bloß dabei gedacht, so hysterisch und abweisend zu reagieren.

»Ich habe mich erschrocken«, sagte sie schließlich kläglich und ließ sich von Sanwekwe aufhelfen. »Ich habe nicht verstanden, was der Mann wollte. Ich habe seine Worte nicht verstanden ...«

Sanwekwe lächelte sie an und legte ihr sachte die Hand auf die Schulter. »Sie wollten tanzen, Miss Carter. Sie haben die Musik aus Ihrem Zelt gehört, und unser Jaboah wollte Sie willkommen heißen.«

Jetzt musste Ava erst recht schluchzen. »Sie wollten *tanzen*? ... O mein Gott, und ich war so rüde, ich war ...« Mit entschuldigendem Blick sah sie zu dem Mann hinüber, der auf sie zugelaufen war.

»Nun hören Sie aber auf, Miss. Sie konnten das nicht wissen. Soll ich Ihnen mal was erzählen? Aber Sie dürfen es nicht weitersagen.« Sanwekwe schmunzelte.

»Hm?«, gab Ava kraftlos von sich.

»Sie werden es nicht glauben, aber ich war einmal zu einem Empfang mit George Schaller bei der Queen eingeladen. Sie wissen schon, die Königin von England und ich, der Mann aus dem Busch, ein Spezialist im Deuten von Affenkacka ...« Er lachte kurz auf. »Wir warteten also vor der Salontür im Buckingham Palace, und als diese geöffnet wurde, stürmte ich vor und wollte der Queen mit vier Küssen rechts und links um den Hals fallen. So machen wir es nun mal, und ich war schrecklich aufgeregt ...« Er gluckste. »Da hat die Königin etwa genauso aufgeschrien wie Sie jetzt gerade.«

Auch Ava verzog ihren Mund zu einem Grinsen. »Sanwekwe, Sie wollten doch nicht ernsthaft Queen Elizabeth die Zweite umarmen?«

»Na, wenn ich es Ihnen doch sage«, erwiderte er heiter. »Und jetzt gehen Sie schlafen. Wir werden morgen früh aufbrechen und haben einen anstrengenden Tag vor uns. Ich rede mit den Männern, machen Sie sich keine Sorgen.«

Damit wandte ihr Tracker sich ab, und auch Ava humpelte etwas ruhiger in ihr Zelt zurück. Chat Baker hatte aufgehört zu spielen.

Wie angekündigt, hatte Sanwekwe morgens um sechs vor ihrem Zelt gestanden. Als sie sein leises Rufen hörte, war sie sofort aufgesprungen, um zunächst einmal vor Schmerz zusammenzuzucken und sich dann Jacke und Schuhe überzuziehen. Tief und fest hatte sie geschlafen, nichts um sich herum wahrgenommen, und auch, wenn sie sich noch nicht richtig fit fühlte, so war sie doch erfrischt. Ihre Hüfte war im Moment das größte Problem, und sie ärgerte sich maßlos über ihr dummes Missgeschick vom Vorabend. Ein Blick auf die schmerzende Stelle hatte eine dunkelblau-violette Verfärbung offenbart.

Drei Stunden waren sie nun bereits unterwegs. Die Sonne stand längst, wie in den Tropen üblich, hoch am Himmel, doch das Licht wurde vom dichten Blätterwerk der Kosobäume verschluckt. Geschmeidig und vollkommen mühelos marschierte Sanwekwe voran, und Ava hatte Not, den Anschluss nicht zu verpassen. Immer wieder musste er stehen bleiben und auf sie warten. Keuchend bahnte sie sich ihren Weg durch das Dickicht, immer steil bergauf, wobei sie über Steine stolperte und Zweige ihr ins Gesicht peitschten. Drei Flaschen Wasser hatte sie schon ausgetrunken, was ihren Durst aber nicht hatte löschen können. Ob sie sich jemals an die Anstrengung gewöhnen würde?

Sanwekwe war wieder einmal zehn Meter vor ihr, als Ava links von sich ein Rascheln im Unterholz wahrnahm. Langsam ging sie in die Hocke und kauerte sich zusammen. Mit zusammengekniffenen Augen spähte sie durch das Unterholz: da, da war doch etwas? Ein riesiger schwarzer Körper, der sich ein wenig bewegte, etwa fünfzehn Meter entfernt. Sollte sie endlich ihren ersten Affen entdeckt haben? Ein Silberrücken war es nicht, aber der Größe nach zu urteilen bestimmt ein Männchen. War es gerade am Fressen? Pflückte es sich ein paar Eukalyptusblätter vom Baum oder Bambusstangen? Und wo war der Rest der Familie?

»Sanwekwe«, rief sie leise, um das Tier nicht zu verscheuchen, aber ihr Tracker hörte sie deshalb ebenso wenig. Dann hob sie langsam den Arm in die Höhe und versuchte so, Sanwekwes Aufmerksamkeit auf sich zu ziehen. Mit der Hand wedelte sie in ihre Richtung und starrte weiter auf das Tier im Gebüsch. Ihr Herz schlug ihr bis zum Hals.

Beinahe unbemerkt war Sanwekwe zu ihr gekommen und hatte sich nun auch hingehockt, um besser sehen zu können.

»Da, siehst du es, auf ein Uhr?«, flüsterte Ava und zeigte vorsichtig in die Richtung. Sanwekwe verengte seine Augen ebenfalls zu Schlitzen und holte sein Fernglas aus der Tasche. Damit wandte er seinen Kopf nach rechts und links, bis er ein Objekt zu fixieren schien. Gespannt hielt Ava den Atem an, bis Sanwekwe sich aufstellte und in schallendes Gelächter ausbrach. Ava erschrak, und das Tier verschwand sofort im Unterholz.

»Sanwekwe, was sollte das, was …?«

Sanwekwe musste so lachen, dass er sich fast den Bauch hielt und kaum sprechen konnte.

»Liebe Miss Carter«, sagte er dann schließlich. »Sie können von Glück sagen, dass es Sie nicht entdeckt hat. Diese Riesenwaldschweine können unangenehm werden, wenn sie sich bedroht fühlen.«

»*Riesen* ... was?«, fragte Ava kleinlaut.

»Sie haben ein ausgewachsenes Riesenwaldschwein aufge-spürt, liebe Miss Carter. Nicht gerade der Primat, nach dem Sie suchen, aber immerhin, oder?«, meinte Sanwekwe amüsiert.

Ava war wahrlich nicht zum Lachen. Deprimiert nahm sie ihren Rucksack und richtete sich ebenfalls auf. Nach der Glanz-leistung von gestern die nächste Heldentat, dachte sie missmu-tig. Wenn das so weiterging, sollte sie vielleicht doch wieder ihre Koffer packen. Wahrscheinlich würde sie demnächst eine Schwarze Mamba mit einem Stock verwechseln. Schweigsam folgte sie Sanwekwe, bis er zur Umkehr gemahnte. Ein weiterer überaus erfolgloser Tag neigte sich dem Ende zu.

HERZKLOPFEN

Auch die nächsten Tage wurden nicht viel besser. Eine Woche waren sie nun schon täglich unterwegs, doch von den Berggorillas weit und breit keine Spur. Insgeheim fragte sich Ava zuweilen, ob Sanwekwe wirklich der geniale Fährtenleser war, für den Winter und Richard Smith ihn hielten. Jeden Morgen wollte Ava eine Viertelstunde früher aufbrechen, um auch wirklich nichts zu verpassen, und mit jeder glücklosen Rückkehr wurde sie mürrischer und schlechter gelaunt.

Die Märsche zehrten an ihren Kräften, und Avas Haut schmerzte von dem Sonnenbrand in Gesicht und Nacken. Hinzu kam, dass das Essen nicht eintöniger hätte sein können. Eine Köchin hatten sie noch nicht gefunden, und wenn sie nach Kibumba fuhren, erwartete sie immer das gleiche Angebot an Lebensmitteln: Süßkartoffeln, schwarze Bohnen und Bananen, ab und an eine frische Mango. Auch machte ihr das Straßenbild ein wenig Sorge. An jeder Ecke begegnete man Gruppen von patrouillierenden Soldaten mit grimmigen Gesichtern und Maschinengewehren. Am meisten beunruhigte Ava, dass es überwiegend Weiße waren. Was hatten diese Männer, die wohl nicht nur aussahen wie Söldner, hier zu suchen? Auf ihre Frage hin, zuckte Sanwekwe nur mit den Schultern. »Dieses Land ist wie der Nyiragongo. Immer am Köcheln.« Wenn sie Sanwekwes Gelassenheit in der Regel ja sehr tröstlich fand, war es in diesem Fall doch anders. Sicher, Sanwekwe war Kongolese und damit mit allen Unruhen, die das Land ständig erschütterten, gewissermaßen aufgewachsen. Sie selbst jedoch hatte nur wenig Lust, zwischen die Fronten eines Bürgerkrieges in Ostafrika zu geraten.

Zu gern hätte sie ihren Gedanken mit jemandem geteilt. Dreimal schon hatte sie einen Brief an ihren Verlobten begonnen. Aber immer wenn sie an die Stelle kam, ihm von ihren Misserfolgen zu berichten und sich über die harten Bedingungen im Land auszulassen, zerriss sie das Papier wieder. Er hatte sie ja schon vorher nicht verstanden. Warum also unnötig Öl in ein Feuer gießen, das sie auch so selbst kaum in Schach halten konnte? Auch an Cynthia hatte sie schon gedacht. Aber sie direkt mit ihren Peinlichkeiten zu konfrontieren, behagte ihr ebenso wenig. Und Angst wollte sie vor ihr auch nicht zeigen. Blieb ihre Mutter – und damit niemand.

Als sie am zehnten Tag ihrer Ankunft kurz vor dem Morgengrauen im Camp aufbrachen, herrschte bereits feiner Nieselregen. Bislang war es bis mittags immer trocken geblieben, aber nun spielte selbst das Wetter nicht mehr mit. Trotz ihres langen Regencapes war Ava bereits nach eineinhalb Stunden nass bis auf die Knochen. Sanwekwe war an diesem Tag außergewöhnlich schweigsam, fast etwas nervös, und Ava hoffte, dass es nichts mit den Soldaten zu tun hatte. Oder mit den Büffeln, die bereits mehrfach ihren Weg gekreuzt und sich sogar einmal gefährlich nah an ihr Lager herangewagt hatten. Aber das schien es nicht zu sein, denn immer wieder ging Sanwekwe in die Hocke, fuhr mit der Hand über den Boden, nahm die Erde zwischen die

Finger, um dann rasch weiterzumarschieren. Inzwischen befanden sie sich in dreitausendsechshundert Meter Höhe, und Ava strich sich eine feuchte Haarsträhne aus dem Gesicht. Schweiß mischte sich mit der Nässe des Waldes. »Sanwekwe, das wird hier nichts. Wir sollten es weiter im Osten versuchen. Sie sind nicht hier. Wir hätten sie ...«

Ihr Fährtenleser hob kurz die Hand, drehte sich zu ihr um und legte den Finger über die Lippen. Ava verharrte augenblicklich in der Bewegung. Sie reckte ihr Kinn nach vorn, angestrengt bemüht, irgendein fremdes Geräusch in dem grünen Dickicht auszumachen. Doch da war nichts.

»Vertrauen Sie mir, Miss Carter. Schauen Sie?« Er zeigte auf einen braunen Haufen. Er dampfte noch und roch entfernt nach Pferdemist. Moschusartiger Stallgeruch, fast wie zu Hause in Kentucky auf dem Gestüt, nur strenger, intensiver. Ava erlaubte sich kaum zu atmen. Das Herz schlug hart in ihrer Brust, und sie legte schützend eine Hand darüber, als würde sie sonst zu viel Lärm machen.

»Sie waren hier«, sagte ihr Führer. »Vor nicht länger als einer halben Stunde.«

Sanwekwe ging in die Hocke, und Ava tat es ihm nach. Im Entenmarsch bewegten sie sich vorsichtig durch den feuchten Busch.

Und dann hörte sie es, noch bevor sie es sah: das Rascheln des grünen Blätterdaches. Die einzelnen Rispen der Farne stoben auseinander, als würde eine riesige Schlange durch den Regenwald gleiten. Aber dann erkannte sie die ersten pelzigen schwarzen Rücken, die durch das Unterholz hindurchschimmerten. Ihr Atem stockte. Keine zwölf Meter entfernt stellte sich ein ausgewachsenes Gorillamännchen vor ihr auf. Neugierig reckte es seinen muskulösen Hals, schnaufte kraftvoll durch die Nüstern und blickte dann direkt in ihre Richtung. Avas Herz schlug schneller. In den schwarzen Augen des Gorillas spiegelte sich die schöpferische Kraft der Natur und eine Sanftmut, die sie in diesen riesigen Tieren nicht vermutet hätte. Nie zuvor hatte Ava etwas Schöneres, ja, Überwältigenderes gesehen. Und als das Männchen sich erhaben gegen die Brust trommelte, erzitterte sie nicht. Ava spürte keine Angst, keinen Impuls zu fliehen. Nur den Wunsch, für diese einzigartigen Tiere da zu sein ... Ihnen ihr Leben und Wirken zu widmen, ihre Botschafterin zu werden und die Frau, die die beeindruckendste Gattung der Menschenaffen erforschte: die der Berggorillas in Ostafrika.

Ava wurde fast schwindelig vor Glück, als sie neben dem Männchen plötzlich vier weitere Exemplare ausmachte, die sich friedlich an dem Bambus und den Selleriestangen gütlich taten. Am liebsten wäre sie aufgesprungen, hätte ein Tänzchen vollführt und wäre Sanwekwe in die Arme gefallen, aber sie wusste natürlich, dass das keine gute Idee war. Also blieb sie fasziniert und mit einem Kloß im Hals hinter ihrem Tracker und versuchte, jede Bewegung in sich aufzusaugen, die von diesen Tieren ausging. Sie hörte leises, beinahe verspieltes Bellen oder Hecheln, das jedoch von einem ernsten Knurren des Anführers übertönt wurde. Sanwekwe gemahnte sie, sich vollkommen ruhig zu verhalten, denn diese Tiere waren die Gegenwart von Menschen nicht gewöhnt und könnten sie schnell als Bedrohung erleben. Wenn sich dann also ein zweihundert Kilogramm schwerer Koloss mal in Bewegung setzte, waren zwölf Meter Abstand ziemlich wenig, um sich rechtzeitig aus dem Staub zu machen.

So unauffällig wie möglich und mit zittrigen Fingern holte Ava ihr kleines Notizbuch aus dem Rucksack. Mit wenigen Strichen versuchte sie, das Gesicht des Männchens einzufangen. Die kleinen Augen in dem großen Kopf mit der hervortretenden Stirn, die breiten Nüstern, die langsam nach unten hin in das Maul übergingen, die ledrige, gemaserte Haut, die das Gesicht zeichnete. Und sie versuchte, die Laute aufzuschreiben, die sie gehört hatte. »Hoa-Hoa-Hoa«, nach hinten ansteigend, höher werdend, notierte sie und formte dabei die Lippen, um zu überprüfen, ob es das wirklich war. Und »waah-ha-ha«, das fast wie ein Schimpanse klang. *Jungtier?*, kritzelte sie hastig. Längst hatte Ava sich bäuchlings auf die nasse Erde gelegt, um besser beobachten und schreiben zu können. Wie anders diese Tiere hier in ihrem natürlichen Umfeld wirkten, dachte sie. Majestätisch. Ruhig. In Freiheit eben, dachte sie bitter. Wenn es nach ihr gegangen wäre, hätte sie am liebsten die ganze Nacht an diesem Ort verbracht, aber die Gorillatruppe machte sich bereit, weiterzuziehen, bevor sie zur Dämmerung dann ihr abendliches Nest bauen würden. Und Sanwekwe hatte bereits vor einer halben Stunde zum Aufbruch gemahnt. Außerdem musste sie wirklich aus den nassen Klamotten raus, wollte sie nicht eine schwere Erkältung riskieren.

Also bewegten sich die beiden vorsichtig rückwärts, bis sie genügend Abstand zu der Familie hatten. Dann aber war für Ava kein Halten mehr. Vollkommen euphorisch tanzte sie um Sanwekwe herum und löcherte ihn mit den albernsten Fragen: »Hast du das gesehen, Sanwekwe. Es waren mindestens fünf, oder? Ob sie wirklich eine Familie sind? Wie dick muss ihre Zunge wohl sein, dass sie sich an den Disteln nicht verletzen?

Verstehst du das? So sag doch endlich was. Und hör doch bitte endlich auf, mich Miss Carter zu nennen. Ich bin Ava, einfach nur Ava. Meinst du, wir treffen sie morgen wieder? Und wie groß ist die Kohorte wohl? Mehr als diese fünf?«

Das ging etwa eine halbe Stunde so, bis Sanwekwe ohne einen Mucks seinen Schritt so sehr beschleunigte, dass Ava schließlich verstummte, weil sie ihren Atem nun für das erhöhte Gehtempo benötigte.

An diesem Abend machte Ava sich frenetisch Notizen, zehn Seiten lang schrieb sie ihre Beobachtungen auf und vor allem die vielen Fragen, die ihr durch den Kopf gingen. Immer wieder überkam sie dabei eine Welle des Glücks. Sie konnte es immer noch nicht fassen, dass sie endlich ans Ziel gekommen sein sollte. Oder an die erste Etappe auf dem Weg dahin.

Als sie mit ihren Aufzeichnungen fertig war, schrieb sie auch gleich noch drei Briefe. Einen an Lester, den sie in den glühendsten Farben von ihrer Begegnung schrieb, einen an ihre Mutter, in dem sie vor allem von der Einfachheit des Lebens hier schrieb und dass sie gern mal wieder ein richtig gutes Steak essen würde.

Und schließlich schrieb sie Winter, bei dem sie sich für die unglaubliche Chance bedankte und einmal mehr betonte, dass er es nicht bereuen würde, sie als sein »Gorillamädchen« auserkoren zu haben. Auch ihm erzählte sie von der wunderbaren Begegnung mit den Tieren, die sie nun als ihre Gruppe Alpha bezeichnete.

Sie steckte die Briefe in ein Kuvert, adressierte sie und legte dann ihren Füller beiseite. Einerseits erschöpft von den mannigfaltigen Eindrücken des Tages, andererseits aber deshalb auch zu aufgedreht, starrte sie einen Moment ins Leere. Sollte sie? Würde sie sich trauen, oder war die Idee einfach albern?

Kurzerhand nahm Ava die zwei Bambusstöcke, die sie immer zum Wandern benutzte, und trat damit vorsichtig vor das Zelt. Das Feuer in der Mitte des Platzes brannte noch, und aus den benachbarten Zelten hörte sie gedämpftes Lachen und Stimmengewirr. Langsam ging sie auf das Feuer zu und schlug mit klopfendem Herzen die Bambusstöcke aneinander. Klong, klong. Es war ein schönes Geräusch, dunkel, hohl und beruhigend. Sie versuchte es noch einmal und begann dabei, ihren Körper sanft zu wiegen, die Augen geschlossen, so fiel es ihr leichter. Dann klopfte sie erneut, nun schon etwas beherzter. Klong, klong, klong, klongklong. Zu dem Rhythmus machte sie die ersten Schritte, ließ Schultern und Arme in die Bewegung mit einfließen, ihren Kopf. Sie stellte sich vor, was für ein peinliches Bild sie abgeben musste, und doch konnte sie sich ein Lächeln nicht verkneifen. Es tat gut, sich einfach diesen Klopfgeräuschen hinzugeben, deren sanftes Vibrieren sie unter ihren Füßen wahrzunehmen glaubte. Sie machte noch eine Weile so weiter, als sie schließlich zusätzlich zu ihren Geräuschen ein anderes hörte, und dann noch eines. Bumm-bumm, kling, klongklong. Als würde eine klöppelnde Sinfonie ertönen, wurde die Luft erfüllt von den satten Tönen unterschiedlicher Holzstäbe. Und als sie die Augen öffnete, sah sie, dass die sechs Arbeiter sich vor ihr Zelt gestellt hatten und Avas Solo wie in einem Chor untermalten. Ava lächelte sie an, ohne in ihrem Tanz innezuhalten. Ja, sie durfte vertrauen. Diesen Männern, sich selbst und letztlich auch der ganzen Welt. Die Arme weit ausgebreitet legte sie ihren Kopf in den Nacken, vollführte eine Drehung und schaute dabei in den sternenklaren Himmel. Ihr war, als verschmölzen die einzelnen leuchtenden Punkte zu einer großen Sternschnuppe. Ava musste nicht lange überlegen, um ihren Wunsch an das Universum abzugeben.

EIN JÄHES ENDE, EIN NEUER ANFANG

Nach der ersten Begegnung vergingen die folgenden Wochen und Monate für Ava wie im Rausch. Einmal der Gruppe Alpha auf der Spur, begegneten sie ihr fast täglich, und Ava konnte sie in Ruhe beobachten, auch wenn es sie unendlich reizte, ihnen näher zu kommen. Im April hatte sie sich hier und da mal eine Pause gegönnt, weil es ohne Unterlass in Strömen goss – nie hätte Ava es für möglich gehalten, dass solche Wassermassen auf ein Land niedergehen können. Zum Teil war das Gelände so unwegsam, dass sie bis über die Waden im Matsch versanken. Da halfen dann auch die Chaps nichts mehr. Ab Juni wurde es wiederum so durchgängig sonnig, dass die Böden austrockneten, die Sturzbäche versiegten und die Märsche bedeutend weniger beschwerlich waren. Allerdings mussten sie nun auch nicht mehr so lange laufen, da sie die Gorillas ja geortet hatten.

»Ihre« Gruppe hatte eine mittlere Größe. Neun Tiere gehörten ihr an: ein kräftiger Silberrücken, den sie Mister Strong taufte, ein etwa sechzehn Jahre altes zeugungsfähiges Männchen, Bono, ein noch nicht sexuell aktives Männchen, das sie aufgrund seiner runzligen Nase Crisp nannte, ferner vier Weibchen, Lina, Mina, Dina und Tina sowie zwei etwa fünf- und sechsjähre Jungtiere, Ron und Rick genannt.

»Findest du nicht, du könntest ihnen etwas bedeutsamere

Namen geben?«, hatte Sanwekwe sie eines Tages verwundert gefragt – er hatte sich zwar an das Du gewöhnt, wechselte aber weiterhin munter zwischen dem Du und dem förmlichen Sie hin und her.

Aber Ava hatte nur lachend den Kopf geschüttelt, sich wieder auf alle viere begeben und sich mit leisen Grunzlauten, den Kopf zur Seite geneigt, der Familie genähert, deren Vertrauen sie tatsächlich langsam zu gewinnen schien. Ava fühlte sich wie neugeboren und hatte das Gefühl, endlich die große Liebe ihres Lebens gefunden zu haben. Und genau so verhielt sie sich auch: verliebt bis in die Haarspitzen.

Wenn sie sich morgens auf den Weg machte, um an den Ort zurückzukehren, an dem Mr. Strong und seine Familie am Vorabend das Nachtlager errichtet hatte, pfiff und trällerte sie vor sich hin. Sie ging meist sogar ein paar Meter vor Sanwekwe, dem Avas kindlich gute Laune langsam auf die Nerven zu gehen schien.

»Nun komm schon, Sanwekwe, mach mit: *If the dog says woof, and the cow says mooh, who on the farm says cocka-a-doodle-doo?*«

»Ava, du bist wirklich peinlich.«

»Nein, mein Lieber, ich bin glücklich. Das ist ein großer Unterschied.« Und sie marschierte schnurstracks weiter.

Ruhe kehrte erst wieder ein, wenn sie das Lager erreichten. Stundenlang konnte sie bäuchlings im Gras liegen, sich jeden Tag einen Meter näher an die Gruppe heranpirschen, wobei sie das Fernglas mit Blättern und Ästen abschirmte, um die Tiere durch die Reflexionen nicht gegen sich aufzubringen. Sie konnte sich nicht satt daran sehen, wie die beiden Kleinen einander unter beinahe übermütigem Gegacker jagten, Purzelbäume schlugen, sich schubsten, sich auf die Schenkel klopften, hintereinander her auf Bäume sprangen und dann johlend wieder auf dem Boden landeten. Ava war vollkommen ergriffen von dieser gut gelaunten Unschuld und Friedfertigkeit. Sie wusste manchmal nicht, ob sie vor Glück oder vor Rührung weinen sollte. Oder vor Wut, weil es den Menschen nicht gelang, ebenso freundlich zueinander zu sein. Denn das war das Faszinierendste an ihren Beobachtungen: Es gab keinerlei Anzeichen von feindlichem oder aggressivem Verhalten innerhalb der Gruppe. Mister Strong thronte als unangefochtener Boss oberhalb oder am Rand seiner Familie, kratzte sich entspannt die Schulter oder mümmelte die x-te Bambusstange. Genüsslich und zufrieden hockte er auf seinem Hintern und war doch sichtbar wachsam dabei. Ava bemerkte es, wenn er etwa abrupt den Kopf wandte, weil er vielleicht ein ungewöhnliches Geräusch gehört hatte. Oder sich auf einen Baum schwang, als wollte er schauen, ob wirklich alles in Ordnung sei. Manchmal ließ er ein kurzes Bellen hören, wenn ihn die beiden Kleinen zu rüpelig aus der Reserve locken wollten oder Bono einem Weibchen zu nahe kam, das Mister Strong noch nicht für ihn freigegeben hatte.

Die Weibchen wiederum saßen im Kreis beieinander, als hätten sie sich zum Bridge verabredet. Und so schnatterten sie auch, wie alte Damen, die bei einer guten Tasse Tee den neuesten Klatsch und Tratsch austauschten. Ava bemühte sich immer wieder, diese Vermenschlichungen bleiben zu lassen. Sie ermahnte sich ein ums andere Mal, daran zu denken, dass sie es hier immer noch mit gewaltigen wilden Tieren zu tun hatte, deren Eckzähne mit denen eines Tigers konkurrieren konnten. Allein, es gelang ihr nicht. Als Dina etwa einmal die Hand hob und dabei den Zeigefinger ausstreckte, als wollte sie ein besonderes Augenmerk auf etwas legen, musste Ava ihr Gesicht in den Boden drücken, um nicht laut aufzulachen.

»Hast du das gesehen, Sanwekwe?«, fragte sie glucksend. »Was glaubst du, welche Geschichte sie da grad erzählt?«

»Ich vermute, sie erläutert, wie es ihr gelang, beim Kartenspiel die ganzen Stiche zu machen«, erwiderte er schmunzelnd.

Mit einer wegwerfenden Handbewegung richtete sich Ava schließlich auf. Sie konnte ihr Bedürfnis, ein Teil dieser pelzigen und so amüsanten und gleichmütigen Affenfamilie zu werden, einfach nicht länger unterdrücken.

»Miss Carter, was soll das?«, zischte Sanwekwe. »Los, ducken Sie sich. Hören Sie auf damit. Sie wissen nicht, was Sie tun. Das ist gefährlich.«

Doch Ava hatte ihren Entschluss längst gefasst. »Entweder du hilfst mir, oder ich mache es alleine«, sagte sie energisch, und zeigte auf einen Kosobaum, in deren Schatten die Alpha-Gruppe rastete.

»Was machen Sie allein?«, fragte Sanwekwe, der nun auch aufgestanden war und Avas Plan noch nicht zu erfassen schien.

»Entweder du hilfst mir, oder ich klettere da allein rauf.«

Sanwekwe sah von Ava zu der Hagenia und wieder zurück zu Ava. Er schien fassungslos. »Mit Verlaub, aber sind Sie jetzt vollkommen irre geworden?«

Ava zuckte mit den Schultern. »Ich kann nicht anders«, sagte sie, und ihre gesamte Körperspannung verriet, wie bitterernst sie es meinte.

Mit einem Griff an den Hosengürtel prüfte Sanwekwe, ob er seine Pistole dabeihatte – eine Geste, die Ava nicht entging.

Dann schlichen die beiden zu dem ausladenden Baum. Mit einer einfachen Räuberleiter gelang es Ava, sich an dem untersten Ast festzuklammern, und dank eines beherzten Schubses von Sanwekwe konnte sie sich beinahe lautlos hochziehen. Womit Ava jedoch im Leben nicht gerechnet hätte, war die Morschheit dieses so kraftvoll wirkenden Astes. Vielleicht war er auch einfach zu dünn, um ihr Gewicht zu tragen. Jedenfalls machte es – noch bevor sie anderweitig Halt finden konnte – einen lauten Knacks, und Ava segelte mitsamt des Astes donnernd zu Boden. Sie kam direkt neben Crisp auf, der mit einem hektischen Schrei zur Seite sprang. Im selben Moment richtete sich auch Mister Strong auf und gab einen kämpferischen Warnruf von sich, der wie ein wütendes Bellen klang.

Kurz sah Ava sich um und merkte, dass die ganze Affenfamilie sie entdeckt hatte. Mit aufgerichtetem Fell und zu seiner ganzen Größe erhoben, kam Mister Strong mit gebleckten Zähnen auf Ava zu, gefolgt von Bono und Lina. Die anderen Weibchen hatten sich schützend um die Jungtiere versammelt.

Hektisch sah Ava zu Sanwekwe. Von den angriffslustigen Gorillas trennten sie kaum drei Meter – viel zu wenig, um davonzulaufen. Also tat Ava das Einzige, das ihr einfiel: Sie warf sich rücklings auf den Boden, Arme und Beine wie ein Baby von sich gestreckt, die Augen fest zusammengekniffen.

Für einen Moment blieb sie reglos liegen und wagte es weder zu atmen noch zu schlucken. Das Blut pochte hinter ihren Schläfen. Sie hörte, wie neben ihr Gras raschelte und kleine Äste knackten. Ohne Zweifel kam da etwas, jemand, näher. Und dann spürte sie ihn auch, den warmen feuchten Atem an ihrem Gesicht, das leise Schnaufen. War das Mister Strong? Sie traute sich noch immer nicht, die Augen zu öffnen, drehte nur den Kopf langsam zur Seite, weg von den Nüstern. Da spürte sie ein vorsichtiges Stupsen an der Schulter. Einmal, zweimal. Einer der Gorillas ditschte sie an, als wollte er prüfen, ob sie noch lebte. Es kam Ava keineswegs feindlich vor, eher fürsorglich. Da traute sie sich doch endlich, die Augen zu öffnen und den Kopf langsam wieder zu drehen. Sie unterdrückte einen Schrei, denn fast wie in Übergröße sah sie in das beinahe lächelnde – oder eher gütige? – Gesicht von Lina, hinter der sich ein etwas unruhiger Mister Strong aufgebaut hatte, jederzeit bereit zum Sprung. Ava schien es, als hätte sich Lina regelrecht schützend zwischen sie und das Familienoberhaupt gestellt. Ein mütterlicher Instinkt? War das wirklich möglich? Ava senkte den Blick und streckte vorsichtig ihre Hand aus. Sie ertastete die Spitzen von Linas Fell, das unglaublich seidig war, nicht so borstig, wie sie vermutet hatte. Lina stupste sie erneut an der Schulter, und nun hatte Ava das Gefühl, sie forderte sie regelrecht auf, sich hinzusetzen, was Ava auch ganz langsam tat. Inzwischen waren auch die beiden Kleinen etwas näher an sie herangekommen, hüpften aufgeregt nach rechts und links, und schließlich griff Rick blitzschnell nach dem Fernglas, das einen halben Meter entfernt auf dem Boden gelandet war. Juchzend tobte er damit davon, gefolgt von Ron. Ava musste fast grinsen. Wenn das heute ihr einziger Verlust war, hatte sie nicht nur Glück gehabt, sondern war auch mit ihrer Forschung zum Sozialverhalten von Gorillas einen Riesenschritt vorangekommen.

Vorsichtig versuchte sie Sanwekwe auszumachen, konnte ihn jedoch nicht entdecken.

Sie drehte sich auf alle viere und bewegte sich im Schneckentempo auf den Handrücken und mit geducktem Kopf – so wie sie es beobachtet hatte – behutsam weg von der Gruppe. Im Hintergrund hörte sie Mister Strongs leises Knurren, aber es klang schon bedeutend ruhiger und entspannter. Als sie hinter dem Baum, von dem sie eben heruntergekracht war, angekommen war, beschleunigte sie ihre Schritte, und plötzlich tauchte aus dem Dickicht Sanwekwes ausgestreckte Hand aus. Sie griff danach und ließ sich unsanft mit einem Ruck in die Büsche ziehen.

Dann ließ sie sich fallen und atmete hektisch und stoßweise. Das Herz schlug ihr bis zum Hals, Tränen kamen ihr in die Augen. Ihr war gar nicht zum Weinen, aber offenbar schüttete ihr Körper nun alle Stresshormone aus, die er in der Gefahrensituation zurückgehalten hatte. Das Blut sackte ihr in die Beine, und Ava begann nervös zu lachen, während Tränen ihr die Wangen hinabliefen und Arme und Beine zitterten wie Espenlaub.

»Hast du das gesehen, Sanwekwe?«

Streng sah er sie an. »Mir blieb ja kaum was anderes übrig.« Er wirkte aufgebracht. »Mach das nie wieder, Ava! Hörst du? Nie wieder bringst du dich in so eine Gefahr. Noch einmal eine so unüberlegte Aktion, und das war's hier für mich. Das meine ich ernst!«

Mit klappernden Zähnen strich Ava sich die Haare aus dem Gesicht. In ihrem Zopf hatten sich ein paar Blätter verfangen. »Sie hat mich beschützt, Sanwekwe. Sie hat mich wirklich beschützt. Ist dir klar, was das für eine Erkenntnis ist?« Ava legte den Kopf in den Nacken und atmete einmal tief aus. Noch immer hatte sie das Gefühl, den weichen Pelz unter ihren Fingerkuppen zu spüren.

»Für heute reicht es«, meinte Sanwekwe knapp. »Wir brechen auf.«

Langsam rappelte Ava sich auf. »Aber *hast* du es nun gesehen?«

»Hab ich«, grummelte ihr Tracker mürrisch. »Aber es hätte auch anders ausgehen können.«

»Ging es aber nicht«, erwiderte Ava heiter. »Und was sagt uns das?«

»Wie ich dich kenne: Affen sind die besseren Menschen.«

»Ganz genau«, sagte Ava, pflückte sich eine Buschrosenblüte und steckte sie sich ins Haar. »Heute wird gefeiert.«

—

Doch dazu kam es nicht. Bereits vor der letzten Wegbiegung, die dann den Blick auf die Lichtung und das Camp freigab, hörten Sanwekwe und Ava aufgeregte Stimmen, Brüllen, Schreie, das Scheppern von Metall und andere Geräusche, die nichts Gutes verhießen. Beide beschleunigten den Schritt, um die letzten Meter dann laufend zurückzulegen. Das Bild, das sich Ava bot, ließ ihr das Blut in den Adern gefrieren: acht Männer mit Maschinenpistolen, drei von ihnen Weiße, waren regelrecht durch das Camp getobt: Die Zelte waren niedergerissen, der Herd und die notdürftigen Regale mit Kochutensilien umgeworfen. Candide, die Wäscherin und Köchin, die sie vor drei Monaten angestellt hatten, jammerte und kreischte: »*Hapana! Hapana!*« Wie eine Furie rannte Ava zu den Männern: »*Stop this! Stop! What are you doing here?*«, aber die schubsten sie nur zur Seite, warfen Tische und Stühle um, öffneten das Hühnergatter.

Schließlich packte einer von ihnen Ava am Arm: »*You have to come with us. You are arrested!*«

Ava wollte sich losreißen, aber der Mann hielt sie mit eisernem Griff umklammert. »Was soll das? Lassen Sie mich los! Ich habe nichts getan. Ich bin amerikanische Wissenschaftlerin. Um ihren Reisepass zu holen, wollte sie hinüber zu ihrem Zelt rennen, das nun schlaff in sich zusammengefallen am Boden lag und noch die Konturen ihres spärlichen Mobiliars zeigte. Doch der Soldat hielt sie weiter fest umklammert.

Ein anderer kam plötzlich mit einem Stapel Papier in der Hand um die Ecke, den er grinsend in die Luft warf. »Nein«, schrie Ava verzweifelt auf. »Nein. Lassen Sie das!« Doch die Aufzeichnungen der letzten drei Monate – Skizzen, sämtliche Notizen zu Fressgewohnheiten, Körperpflege, Sozialverhalten, Tagesabläufen, Geschlechterverhältnis: alles, was sie bislang niedergeschrieben hatte – wirbelten und flatterten nun durch die Luft.

Verloren. Verloren.

AUF DER FLUCHT

»Hören Sie, das muss ein Missverständnis sein«, wiederholte Ava nun schon zum hundertsten Mal, seit man sie vor zwei Tagen einfach abgeführt und in »Schutzgewahrsam« des Militärgefängnisses von Rumangabo gebracht hatte!

Doch die Wärter hatten nur müde gegrinst. »Wir warten auf Mister Mburanumwe, dann sehen wir weiter.«

Der Name sagte Ava natürlich etwas. Anicet Mburanumwe war der Direktor des Virunga-Nationalparks auf kongolesischer Seite, aber sie konnte sich beim besten Willen nicht ausmalen, warum genau er sie sprechen wollte. Vielleicht hatte es doch mit den Aufständen zu tun, die das Land seit dem Abzug der Belgier einfach nicht zur Ruhe lassen kommen wollten. Sie hatte mitbekommen, dass ein Haufen Rebellen um den aus dem Exil agierenden Moïse Tschombé sich unbedingt wieder an die Macht putschen wollte. Von einem erneuten Regierungssturz war die Rede, und schon auf dem Weg hierher hatte sie mehr Soldaten als Zivilpersonen gesehen. War es möglich, dass auch Mburanumwe sie dazu drängen wollte, ihre Forschungen zu beenden? Ava schnaubte innerlich. Das würde sie ganz sicher *nicht* tun.

Zwei Tage später schloss ein Wärter dann endlich ihre Zellentür auf. »Sie haben Besuch, Miss Carter. Folgen Sie mir bitte.«

Noch immer in denselben Klamotten, in denen sie vier Tage

zuvor hierhergebracht worden war, fühlte sich Ava etwas unbehaglich, nun gleich dem vermutlich gepflegten Parkdirektor gegenüberzutreten. Aber das ließ sich nun auch nicht ändern, Hauptsache, sie käme endlich raus hier.

Als sich dann aber quietschend die abgeschabte Metalltür zu dem Besucherraum öffnete, sah Ava nicht etwa in die Augen eines Schwarzen in Anzug, sondern in das Gesicht eines weißen Mannes mit Kakihose und weißem Langarmshirt. Er war um die dreißig, und seine dunkelblonden Locken gingen ihm bis zum Kinn. Über dem Shirt trug er eine beige Weste mit vielen Taschen, unter der eine Kamera zu sehen war. Als er sie erblickte, stand er von dem einzigen Tisch im Raum auf.

»Miss Carter, sehr erfreut, Ihre Bekanntschaft zu machen«, meinte er mit einem amüsierten Lächeln, in dem Ava auch einen Hauch von Süffisanz zu erkennen glaubte. »Jake Evans, *National Geographic*«, fuhr er fort.

Unfähig zu reagieren, starrte Ava ihn mit offenem Mund verdattert an.

Der Mann legte den Kopf schief, wobei auf der rechten Seite ein Grübchen erschien. »Sie sind doch Miss Carter, oder?«

Ava schüttelte sich einmal kurz und erwachte aus ihrer Starre. »Ja ... Verzeihung ... ich ... ich habe jemand anderen erwartet.« Sie machte drei Schritte auf Evans zu und reichte ihm die Hand.

»Das höre ich nicht zum ersten Mal, muss ich gestehen, aber in diesem Fall können Sie dankbar sein, dass ich es bin und nicht jemand anderes«, erwiderte er mit einem gewinnenden Lächeln.

Ava wusste immer noch nicht, wie ihr geschah, wusste aber auch nicht recht, was sie von diesem auffällig selbstbewussten Mann ihr gegenüber halten sollte.

»Ich hatte gedacht, Mister Mburanumwe würde mich hier rausholen.«

Nun grinste Jake Evans ganz offen. »Wenn ich ehrlich bin, ist Mister Mburanumwe eher der Mann, der Sie hier *reingebracht* hat.«

Ava spürte, wie sie langsam ein wenig wütend wurde. »Mister Evans, könnten Sie mich bitte aufklären und mir sagen, was genau eigentlich los ist? Ich werde hier seit vier Tagen grundlos festgehalten. Man hat unser Camp zerstört und alle Aufzeichnungen vernichtet. Das ist wirklich nicht witzig.«

»Sie sind in einem unruhigen Land, Miss Carter ...« Als er bemerkte, dass Ava schon tief Luft holte, hob er beschwichtigend die Hand. »Schon gut, schon gut ... ich erkläre es Ihnen. Ich frage mal so: Wann haben Sie zuletzt Post bekommen?«

»Post?« Irritiert zog Ava die Stirn in Falten. »Ich habe ...« Ava stutzte. Jetzt, wo sie darüber nachdachte, bemerkte sie plötzlich, dass sie seit drei Monaten nicht mehr auf dem Telegrafenamt in Gombe gewesen war, um eventuell mal nach ihrem Postfach zu sehen. Sie hatte schlicht nicht mehr daran gedacht, weil es nichts gab, das sie wirklich erwarten würde. Mit leichter Röte im Gesicht sah sie Evans schuldbewusst an.

»Sehen Sie, das dachte ich mir!« Er machte eine Pause. »Denn hätten Sie es getan, wären Ihnen diverse Bußbescheide und Zahlungsaufforderungen nicht entgangen, die sich bis zum heutigen Tage auf siebenhundert Dollar aufsummiert haben.«

»Bußbescheide? Siebenhundert Dollar? Für was denn nur um Himmels willen? Ist ja nicht so, dass man hier falsch parken könnte«, versuchte sie es mit einem Scherz, musste in Wahrheit aber hektisch schlucken.

»Ich weiß nicht, ob es Ihnen bewusst ist, Miss Carter, aber Sie sind Ihren Gorillas offensichtlich in Gefilde gefolgt, zu denen Sie keinen Zutritt haben. Der Nationalpark ist eben Nationalpark, weil er die Tiere, und zwar vor allem die Berggorillas, schützen soll. Entsprechend sind bestimmte Gebiete schlicht und ergreifend auch für Sie nicht zugänglich. Das haben Sie offensichtlich komplett ignoriert, was jedoch nicht unbemerkt blieb. Und so kam es dann zu den Bußgeldern und zu den Gebühren für die nicht bezahlten Bußgelder – die, *by the way*, fünfmal so hoch sind wie die ursprüngliche Strafe. Wollen Sie mir sagen, dass Sie von alldem nichts bemerkt haben?«

Mit gespitzten Lippen wickelte Ava sich eine ihrer roten Locken um den Finger. *Jetzt, wo er das so sagte ...* »Nun ja, ein-, zweimal tauchte schon ein Ranger im Camp auf ...«, gab Ava zu. »Aber die Gorillas halten sich ja auch nicht an die Grenzen, und ich habe ein Arbeitsvisum als amerikanische Wissenschaftlerin. Ich kann meine Forschungen ja schwerlich tagelang unterbrechen, nur weil die Familie einen Kosobaum weiter gezogen ist. Affen wandern nun mal, und zwar etwa eine gute halbe Meile pro Tag. Soll ich dann einfach stehen bleiben?«, ergänzte sie trotzig.

»Fakt ist, Sie haben die Parkverwaltung mit Ihrem Starrsinn ein wenig verärgert, gelinde gesprochen, und Sie haben jetzt zwei Möglichkeiten: Sie kommen mit mir, und wir verlassen den Kongo Richtung Uganda, oder Sie schmoren hier noch ein paar Wochen, Monate, Jahre ... Ihre Entscheidung.«

»Den Kongo verlassen?«, rief Ava aufgebracht. »Sind Sie von allen guten Geistern verlassen? Ich habe einen Auftrag, und Doktor Winter ...«

»Doktor Winter war es, der freundlicherweise Ihre Schulden beglichen und mich geschickt hat, Sie hier rauszuholen«, unterbrach Jake sie.

»Doktor Winter hat Sie geschickt? Woher wusste er denn ...?« Doch so langsam schwante ihr, was sich hinter den Kulissen ereignet hatte. »Mburanumwe hat sich schließlich an ihn gewandt, richtig?«

Evans grinste. »Ganz genau.«

Ava nickte. »Aber trotzdem, deswegen muss man doch nicht gleich das ganze Camp verwüsten. Das ist doch Irrsinn!«

»Ich glaube auch nicht, dass das die Parkverwaltung war. Wir befinden uns mitten in einem Bürgerkrieg, Miss Carter. Alle paar Monate putscht sich hier gerade ein neuer selbst ernannter Machthaber nach oben, um dann doch wieder gestürzt zu werden. Der Kongo war und ist ein gefährliches Fleckchen. Und ich vermute mal, niemand hat etwas *dagegen* unternommen, als das Camp geräumt wurde.«

Die Worte von Jake Evans beruhigten Ava kein Stück. Im Gegenteil. Und doch dämmerte ihr, dass ihre beste Option offenbar die war, mit diesem schnöseligen Mann die Militärbasis schleunigst zu verlassen.

»Haben Sie etwas von Sanwekwe gehört? Und den Packern?«

»Sanwekwe ist bereits auf dem Weg nach Ruanda! Er ist wohlauf. Machen Sie sich um die Männer keine Sorgen.«

Entgeistert sah Ava ihn an. »Nach Ruanda? Sagten Sie nicht eben noch was von Uganda? Das wird ja immer schöner!«

Und schon wieder grinste dieser Mann, eine Hand lässig in die Tasche seiner Kakihose gesteckt. »Nun, wenn Sie mit der hiesigen Geographie etwas vertrauter wären, wüssten Sie, dass der Weg nach Ruanda über Uganda führt«, meinte Evans charmant.

Ava stieß den Atem aus. »Ph ... und da wollen wir genau was?«

»Da wollen wir dann auf der Ostseite des Mount Visoke weiter die Berggorillas erforschen ...«

Ava war durchaus bewusst, dass sie gerade munter von einem Fettnäpfchen ins nächste hüpfte, aber das war ihr nun auch schon egal. »Und was genau heißt hier ›wir‹?«

Jake Evans machte nun eine angedeutete Verbeugung und hielt Ava die Kamera hin, die ihm quer über der Brust baumelte. »Damit komme ich an den Anfang unserer erhellenden Unterhaltung zurück: Jake Evans, *National Geographic*, Fotograf und Tierfilmer. Sie dürfen mich ab jetzt Jake nennen.«

Sie waren bereits seit einer halben Stunde mit Lily unterwegs, aber abgeregt hatte Ava sich immer noch nicht. Einerseits war es ja nett von Winter, ihre Schulden zu begleichen, sie freundlicherweise aus dem Gefängnis zu kaufen und ihr darüber hinaus noch einen Fotografen an die Seite zu stellen, der ihre Arbeit dokumentieren und – wer weiß – sie auch einer breiteren Öffentlichkeit zur Verfügung stellen könnte. Andererseits wurde sie das ungute Gefühl nicht los, dass er ihr damit auch so etwas wie einen Anstandswauwau auf den Hals gehetzt hatte. Die Grenze nach Uganda war nicht weit. Ava hatte sie ein paar Mal überquert, um in Kisoro einmal im Monat etwas anderes einzukaufen als die lästigen Kartoffeln und Bohnen. Dort gab es nämlich einen Supermarkt mit Köstlichkeiten wie Milchpulver, Gemüse, Nudeln, Weizenmehl, Käse und vor allem Fleisch und Fisch! Gerade als ihr dieser Gedanke kam, fiel ihr noch etwas ein.

»Jake«, sagte sie vorsichtig, der darauf bestanden hatte zu fahren. »Ich glaube, wir haben noch ein anderes kleines Problem.«

Der Fotograf sah sie kurz von der Seite an. »Und das wäre welches? Du hast deine Tage und brauchst dringend Binden.«

»Oh, Gott sei Dank nicht. Es ist eher so, dass die temporäre Zulassung für Lily vor zwei Monaten abgelaufen ist.«

»Wer ist Lily?«, fragte Jake

»Das Auto, in dem wir sitzen«, antwortete Ava gleichmütig.

Jake bremste so abrupt, dass Ava fast mit der Stirn an die Frontscheibe geknallt wäre und sich um den Wagen herum eine riesige rote Staubwolke bildete.

»Du willst mir jetzt nicht sagen, dass wir keine gültige Zulassung für die Karre haben?«

»Für den Kongo haben wir keine. Für Kenia schon.«

»*Nicht für den Kongo*? Nicht für den Kongo sagt sie! Ja wo, bitte schön, sind wir denn und wollen über eine Grenze, die offiziell zu allem Überfluss ohnehin dicht ist?«

Ava sah demonstrativ aus dem Fenster.

»Hm?«, rief Jake, nun schon etwas lauter.

Ava gab es ungern zu, aber es erfüllte sie mit einer gewissen Genugtuung, diesen *National-Geographic*-Schnösel nun doch mal etwas nervös zu sehen.

Energisch stieß sie die Beifahrertür auf, lief vorne um das Auto herum und riss Jakes Tür auf.

Überrascht sah er sie an. »Und was soll das jetzt wieder?«

»Ich fahre«, sagte sie knapp. Wir haben noch zehn Minuten, und bis dahin wird mir was eingefallen sein.«

Als das kleine hellgelbe Grenzhäuschen mit dem Wellblechdach in Sicht kam, fuhr Ava im Schutz von ein paar auf die Straße ragenden Büschen an den Rand und hielt an.

»Hast du zufällig einen Flachmann dabei?«

Fassungslos schüttelte Jake den Kopf. »Willst du jetzt auch noch betrunken mit einem nicht zugelassenen Auto durch eine offiziell nicht geöffnete Grenze?«

»Hast du? Dann gib ihn mir«, erwiderte Ava trocken.

Widerwillig zog Jake tatsächlich eine kleine silberne Flasche aus seiner Westentasche und reichte sie Ava.

Die nahm einen kräftigen Schluck, gurgelte mit der scharfen braunen Flüssigkeit, spülte ihren Mund damit aus, zog sie vor und zurück durch die Zähne, um dann das Fenster herunterzukurbeln und auszuspucken. »Bah!«, machte sie und wischte sich mit dem Ärmel des Shirts den Mund ab.

»Jetzt gibst du mir bitte zehn Dollar und machst die Augen zu. Und egal, was gleich passiert und was du gleich hörst, du machst sie nicht auf, verstanden? Du tust, als würdest du fest schlafen. Kriegst du das hin?«

»Was hast du vor?«

»Kriegst du das hin?«, wiederholte Ava ihre Frage.

»Habe ich eine Wahl?«

»Außer die, dass wir beide zurück in den Knast wandern? Nein!«

»Und was hast du nun vor?«

»Es ist besser, wenn du es nicht weißt. Du schläfst einfach. Okay? Bereit?«

Jake nickte etwas unglücklich und gab ihr den Zehndollarschein.

»Dann los.« Sanft schaltete Ava in den ersten Gang und holperte die letzten einhundert Meter weiter über die unebene Piste auf die Grenzstation zu. Sie selbst schätzte ihre Chancen *fifty-fifty* ein, dass sie mit der Nummer durchkommen würde. Aber das war von allen möglichen Alternativen immer noch die höchste Quote. Innerlich betete sie, dass Edward heute Dienst hatte. Das würde die Sache erleichtern.

Bedauerlicherweise war es aber nicht Edward, der aus dem Häuschen trat, sondern ein finster dreinblickender Soldat, bei dem Ava nicht einschätzen konnte, welchem Herrn er diente.

Sie hatte angehalten, den Gang rausgenommen und die Handbremse angezogen und stieg nun – nach einem prüfenden Blick auf Jake, der tatsächlich schlaff an die Beifahrertür gelehnt und mit auf die Brust gesenktem Kopf wie im Tiefschlaf wirkte – bei laufendem Motor aus. Sie schloss einmal kurz die Augen. Na komm, Ava, sprach sie sich in Gedanken Mut zu. Your turn!

Leicht torkelnd machte sie nun zwei Schritte auf den Grenzer zu und ließ etwas tollpatschig die Hand auf seine linke Schulter fallen, um dabei kurz einen Blick auf sein Namensschild zu werfen.

»Amadou, mein Freund, was hast du mit Edward gemacht? Ich vermisse ihn heute hier.« Ava gelang es, ein ganz leichtes Lallen in ihre Stimme zu legen.

Der Mann zog seine Schulter unter der Hand weg. »Miss. Drehen Sie bitte um. Sie können das Land nur mit besonderer Genehmigung des Präsidenten verlassen.«

»Ach, kommen Sie, Amadou«, sagte Ava und holte schon wieder mit dem Arm aus, doch der Kongolese wich zurück. »Mein Freund da ist britischer Diplomat und ich bin amerikanische Wissenschaftlerin. Das ist doch genauso gut.«

»Ma'm, drehen Sie bitte sofort um«, erwiderte Amadou, ohne mit der Wimper zu zucken.

Ava trat dichter an den Soldaten heran und säuselte ihm ins Ohr. »Hören Sie, wir müssen dringend nach Kampala und Geld holen. Viiiel Geld.«

Der Beamte rümpfte die Nase. »Haben Sie getrunken?«

Ava machte eine theatralische Geste. »Wir haben nur ein bisschen gefeiert, mein Freund da und ich. Stellen Sie sich vor – sie haben mein ganzes Forschungscamp geräumt und uns nach Gombe gebracht. Gombe, Sie wissen, was ich meine ...?«

Nun wurde der Soldat ein wenig hellhöriger.

»Gaaanz genau«, sagte sie. »Und jetzt müssen wir ganz schnell nach Kampala in die britische Botschaft, um Geld zu holen. Tauend Dollar, mindestens, um meine Sachen auszulösen.« Eindringlich sah sie ihn an. »Es könnten aber auch tausendvierhundert Dollar sein, mein lieber Amadou. Hm?«

Der Soldat schwieg, hörte aber zu.

»Haben Sie Kinder, Amadou? Bestimmt haben Sie Kinder. So ein fescher junger Mann hat doch bestimmt eine wunderschöne Frau und einen ganzen Stall voller großartiger Kinder, oder?«

Der Mann schien nachzudenken.

»Und die möchten doch auch mal so ein richtig gutes Steak essen, oder? Was wäre das köstlich! Und für Ihre Frau eine schöne Kette. Was meinen Sie?«

»Woher soll ich wissen, ob Sie mir die Wahrheit sagen?«

Das war die Frage, auf die Ava gehofft hatte. »Ach, mein Freund. Ich wusste, dass Sie ein anständiger Mann sind. In Ihrer Gegenwart fühlt man sich sicher.« Sie hob den Zeigefinger. »Wenn ich kurz ins Auto zurückdarf, hole ich die Ausweise und beweise Ihnen, dass ich Ihr Vertrauen verdient habe. Darf ich? Oder möchten Sie lieber?« Ava schlug das Herz bis zum Hals.

Ohne auf die Frage einzugehen, fuhr Amadou fort: »Und warum sollten Sie zurückkommen?«

Auch damit hatte Ava gerechnet. »Sie glauben doch nicht, dass ich all meine Materialien und die Aufnahmen zurücklasse? Ich habe für mein Land einen Job zu erledigen. Berggorillas, wissen Sie? Würden Sie etwa Ihre Familie hier zurücklassen? Und jetzt, wo wir Freunde sind, da lassen Sie uns doch bestimmt einmal rein und einmal wieder raus. Für ein kleines Dankeschön ...« Lächelnd zwinkerte sie dem Soldaten zu und drückte ihm den Zehndollarschein in die Hand.

»Also gut, zeigen Sie mir die Papiere, aber lassen Sie die Tür auf.«

»Guter Mann«, sagte Ava und schritt langsam auf den Wagen zu, dicht gefolgt von Amadou. Sie krabbelte auf den Fahrersitz und beugte sich in den Fußraum von Jake. »Ich habe es gleich«, rief sie nach draußen, reckte sich noch weiter in den Wagen hinein, um sich dann im Bruchteil einer Sekunde aufzurichten, den Gang einzulegen und das Gaspedal komplett durchzudrücken. »Festhalten«, brüllte sie und hoffte, dass die durch die rasante Anfahrt automatisch zuschwingende Tür den armen Amadou nicht zu heftig ins Kreuz treffen würde. Sie schaltete zwei Gänge hoch, gab weiter Vollgas, durchbrach den Schlagbaum, dass es laut knallte, und in null Komma nichts sprang und rumpelte der Range Rover über die mit Schlaglöchern übersäte ugandische Piste. Aus dem Rückspiegel sah sie, wie der Grenzsoldat sich langsam aus dem Staub erhob und ihr mit gereckter Faust irgendwelche Flüche auf Suaheli hinterherrief.

»Hast du das gesehen? Jake, hast du das gesehen?« Lachend und johlend schlug Ava dreimal hart auf das Lenkrad. »Wir haben es geschafft! Jake, nun sag doch endlich was!«

»Ich habe es natürlich *nicht* gesehen«, antwortete Jake mürrisch. »Irgend so eine verrückte Amerikanerin hat mich gezwungen, dieses wahrlich beeindruckende Spektakel zu verpassen. Aber ja«, und jetzt zeichnete sich ein leichtes Grinsen auf seinem Gesicht ab. »Ich habe es gehört, und ich muss sagen: Du bist echt eine Granate, Ava Carter!«

Ava strahlte und legte Jake kurz ihre Hand auf das Knie, die jedoch mit dem nächsten Schlagloch direkt zur Seite hüpfte. »Du bist aber auch nicht ganz übel, Jake Evans.«

Für einen Moment sahen beide schweigend auf die Straße.

»Dann also auf nach Ruanda«, meinte Jake schließlich. »Ich denke, vom Kongo sollten wir uns jetzt wirklich fernhalten.«

»Jepp«, meinte Ava. »Und die Ausrüstung? Wo bekommen wir denn jetzt die Ausrüstung her? *Ich* habe kein Geld dafür, du?«

»Das lass mich mal machen!«, erwiderte er heiter.

»Ja, aber wie?«

Von der Seite sah er sie. »Es ist besser, wenn du das nicht weißt.«

NEUANFANG

»Sanwekwe! Sanwekwe!«, rief Ava glücklich und rannte auf ihren Tracker zu, der an einem roten Metalltisch vor in einem kleinen Café in Kinigi einen Tee trank und genüsslich sein Pfeifchen rauchte.

Zwei Tage waren seit der spektakulären Flucht aus dem Kongo vergangen, und Ava war überrascht, ihren Tracker bereits hier zu treffen. Allerdings hatte er wegen ihrer kleinen Gefängniseskapade vier Tage Vorsprung gehabt.

»Ava«, sagte er breit grinsend. »Die Freude ist ganz auf meiner Seite. Es gab Stunden, da hatte ich Sorge, dich überhaupt jemals wiederzusehen. Und die allerbeste Nachricht: Dein Container liegt in Kampala. Er hat es noch nicht bis in den Kongo geschafft, und wir sehen zu, ihn jetzt direkt dort abzuholen. Dann sollte er spätestens übermorgen hier sein.«

Ava nickte, und nun war auch Jake zu den beiden getreten. Er boxte Sanwekwe zur Begrüßung freundschaftlich an die Schulter.

»Ihr kennt euch?«, fragte Ava erstaunt.

»Wer kennt den großen Sanwekwe nicht, oder?«, erwiderte Jake. »Wir haben uns in Tansania bei Winter das erste Mal getroffen, und er hat mich auf eine große Kenia-Safari vor drei Jahren begleitet.«

In diesem Moment wurde Ava bewusst, dass sie wirklich rein gar nichts über Evans wusste. Sie waren so damit beschäftigt gewesen, heil hierherzukommen, dass es für privatere Unterhaltungen schlicht keinen Raum gegeben hatte.

Jake nickte: »Richard, Winters Sohn, hat uns vor vier Jahren nach Kenia geholt. Er leitet dort eine andere Ausgrabungsstätte. Und dann habe ich für *National Geographic* eine große Fotoreportage über die Tiere der Savanne im Masai-Mara-Park gemacht.«

»Euch?«, hakte Ava nach. »Du meinst Sanwekwe und dich?«

»Meine Frau und mich«, erwiderte Jake, und Ava spürte, wie sie rot wurde. Sie hatte nie darüber nachgedacht, dass Jake auch Familie haben könnte. Und wenn sie ehrlich war, gefiel ihr der Gedanke nicht besonders.

»Und wo wir schon bei dem Thema sind: Ich reise morgen nach Nairobi. Ich habe dort eh noch was zu erledigen und muss mit Winter klären, wie wir eine neue Ausrüstung für dich organisiert bekommen. Ich werde in circa zehn Tagen zurück sein.«

Fassungslos starrte Ava ihn an. Hieß das, sie war schon wieder auf sich gestellt, und dieses Mal mit noch weniger als auf ihrem Weg in den Kongo? Schon wieder ein fremdes Land? Und schon wieder niemand an ihrer Seite, der ihre Sprache sprach?

Ein altbekanntes Gefühl beschlich Ava, das sie schon seit Kindertagen kannte: Wieder wurde sie allein gelassen, wieder war sie es nicht wert, dass jemand sich um sie kümmerte. Eine Mischung aus Trauer und Wut stieg in ihr hoch, und sie kämpfte mit den Tränen.

Wie oft hatte ihre Mutter gesagt: »Später, Schätzchen, ich kann jetzt nicht«, wenn sie mit einer guten Note, einer gewonnenen Urkunde oder einem aufgeschlagenen Knie zu ihr kam. Kein Lob, kein Stolz, kein Trost. Und wie sie es vorgezogen hatte, einer Autogrammkarte hinterherzujagen, statt bei ihrer Schultheateraufführung in der ersten Reihe zu sitzen. Selbst auf die Beerdigung ihres Vaters wären sie fast zu spät gekommen, weil ihre Mutter bei einem Champagnerfrühstück mit ihren MGM-Freunden kein Ende finden wollte. Halb angetrunken und mit schief sitzendem Hütchen waren sie in die Kapelle gehastet. Was hatte Ava sich damals geschämt! All das ging ihr durch den Sinn, als sie auf die winzigen quadratischen und fensterlosen Einzimmerhäuser mit den schmutzigen türkisen oder gelben Fassaden blickte, davor webende Frauen, alte Männer und Kinder, die auf Zuckerrohrstangen herumkauten oder kaputte Fahrradreifen wie einen Hula-Hoop-Reifen vor sich her rollerten.

»Ich könnte doch mitkommen«, sagte sie zaghaft und schluckte.

Fragend sah Jake sie an. Ahnte er, was in ihr vorging? Ava hoffte, dass nicht.

»Nein, sieh du zu, dass du den richtigen Platz für dein Camp findest. Allein dafür wirst du ein paar Tage brauchen.«

Verständnislos sah Ava ihn an. »Warum?«

»Erklär du es ihr, Sanwekwe«, sagte Jake und wandte sich zum Gehen. »Ich sehe inzwischen zu, dass wir ein bisschen frisches Wasser und einen Kocher bekommen. Das brauchen wir im Moment wohl am dringendsten.«

»Obwohl nur durch eine Bergkuppe getrennt«, begann Sanwekwe, »ist Ruanda ganz anders als der Kongo. Das Land ist klein, aber dafür sehr dicht besiedelt. Die Viehwirte und Bauern sind mit ihren Herden und Feldern bis an die Grenze zum Nationalpark unterwegs. Es gibt hier diese natürliche Abgeschiedenheit nicht, wie du sie aus Kabara kennst. Wir müssen deshalb tiefer hinein in den Nebelwald, zugleich suchen wir einen halbwegs zugänglichen Bergsattel für das Camp. Und wir müssen unsere Suche täglich vom Tal aus starten, also von Kinigi.«

Ava nickte. *Das konnte ja heiter werden.* »Können wir uns denn wenigstens schon nach Packern und Trägern umhören?«

»Ich kann meine Fühler gern schon ausstrecken«, erwiderte Sanwekwe. »Aber sieh dich doch mal um.«

Das tat Ava, und tatsächlich fielen ihr erstaunlich viele junge Leute auf, Männer wie Frauen, die unterwegs waren, aber dennoch nicht besonders beschäftigt wirkten.

»Das zumindest sollte also unser kleinstes Problem sein, und im Moment haben wir ja noch nicht mal einen Koffer, den man tragen müsste.«

Frustriert schnaubte Ava auf. Diese ganze aberwitzige Unternehmung stand wahrlich unter keinem guten Stern. Das einzig Positive, was ihr in den Sinn kam, war die Erinnerung an ihre Gruppe Alpha, allem voran die fürsorgliche Lina. *Das* war mal eine Mutter!

—

Drei Schritte vor, mindestens einen zurück. Ava wischte sich den Schweiß von der Stirn und sog begierig an ihrer Wasserflasche. Leer. Mit der Hand versuchte sie, die sie umherschwirrenden Insekten zu vertreiben, aber je mehr sie wedelte, desto aggressiver summte es. Gefühlt hatte sie bereits Dutzende kleine Pusteln im Gesicht und an den Händen, an denen sie wild herumgekratzt hatte, aber nichts hörte auf: das Sirren und Jucken nicht, die lauten Vogelschreie, das unbezwingbare Dickicht und die steilen, fast unpassierbaren Wege hinauf auf den Mount Visoke oder den Karisimbi. Obwohl die Sonne hoch am Himmel auf die Erde niederbrannte und sie durch das Blätterdickicht immer wieder die vertrauten blauen Tupfen des Himmels wahrnahm, schienen die Wärme und das Licht nicht tröstlich. Im Gegenteil. Mehr als im Kongo hatte sie hier das Gefühl, ein Eindringling zu sein.

Selbst hier, auf immerhin dreitausend Meter Höhe und mindestens einen Kilometer tief im Innern des Nationalparks, schien die Erde verwundet. Überall bemerkte Ava von Menschenhand feldergroß gerodete Bambushaine, abgeschlagene Eukalyptuszweige, Fangseile von Springfallen und noch viel mehr. Übel, in einem Gebiet, das als Schutzareal für die Gorillas galt und den Bauern verboten war. Sie sammelte Müll auf, Servietten, Plastikverpackungen, Alufolie von Lunchpaketen. Sie wusste genau, wenn auch nur ein Gorilla davon probierte, würde es so gut wie sicher seinen Tod bedeuten. Gorillas waren Vegetarier. Sie fraßen pro Tag zwischen zwanzig und dreißig Kilo Blattwerk, Disteln, Sellerie, Ingwer, Bambus und ungefähr vierunddreißig weitere Pflanzenarten. Alufolie gehörte nicht dazu. Auch wenn sie noch so schön glitzerte. Allein eine falsche Waffelverpackung, die in der Sonne glänzte und nach Schokolade roch, könnte eine tödliche Kolik verursachen.

Zudem war sie hier im dichten Dschungel nicht wirklich allein. Immer wieder hörte sie Stimmengewirr von den Hirten, das Bimmeln der Ziegenglöckchen und Hundegebell. Wenn sie das schon als Getöse und latent bedrohlich empfand, wie sollte es dann erst den nicht an den Menschen gewöhnten Gorillas ergehen? Sie vermutete, dass sie die Tiere erst in dreitausendsechshundert Meter Höhe oder noch mehr aufspüren würde. Sanwekwe hatte recht. Wie anders war dieses Land als der Kongo!

Ganze zehn Tage wanderte sie so umher, und jeden Abend, wenn sie nach Kinigi kam, hoffte sie, Jake wäre zurückgekehrt. Wahrscheinlich aber nutzte auch er jeden Tag, um noch etwas Zeit mit seiner Frau zu verbringen, bevor er wieder losmusste. Ob sie hübsch war? Bestimmt war sie das. Und ob sie eine gebürtige Afrikanerin war? Sanwekwe traute sich nicht, danach zu fragen. Die Bilder, die ihr bei dem Gedanken an die beiden durch den Kopf gingen, versuchte sie schnellstmöglich zu verscheuchen, aber sie kamen immer wieder ...

Am elften Tag wählte Ava eine Route, die sie bisher noch nicht genommen hatte. Sie beschloss, sich genau zwischen den beiden Vulkanen eine Schneise zu schlagen, weil sie hoffte, dass hier die wenigstens Menschen lebten. An dieser Stelle war die Distanz zwischen den Dörfern am Fuß des Visoke und des Karisimbi am größten. Der Marsch war überaus beschwerlich, da bereits ab halber Höhe die Wucherblumenfelder aufhörten und es keine Trampelpfade mehr gab. Die Blüten dieser Pflanze, die im Aussehen der Kamille ähnlich war, wurden zu Pyrethrum verarbeitet. Das pflanzliche Insektizid war auf dem Weltmarkt höchstbegehrt und sicherte den Bauern ein gutes Einkommen. Deshalb musste für die Pflanze auch ein Gutteil des Nationalparks weichen.

Der Busch war nun so dicht, dass Ava sich trotz langer Hose die Beine aufkratzte und sich an den Nesselgewächsen verbrannte. Mühsam kämpfte sie sich mit der Machete durch das Dickicht, bis sie Blasen an den Fingern hatte und ihre Arme kaum noch spürte. Dann aber, am frühen Nachmittag und nachdem sie schon seit drei Stunden keinen Menschen gehört oder gesehen hatte, kam sie an eine Art Lichtung, die dennoch im Schutz der ausladenden Äste einiger prachtvoller Hagenia-Bäume lag. Beim Anblick dieses Platzes mit dem saftig grünen Gras und einer ebenen Fläche, die Ava auf bestimmt dreihundert Quadratmeter schätzte, stockte ihr förmlich der Atem. Die Luft hier oben war kühl und klar. Die Vögel sangen ihre Lieder, in der Ferne rauschte ein Bach oder ein kleiner Wasserfall, und sofort fühlte Ava den Frieden, den dieser Ort ausstrahlte. Wüsste sie es nicht besser, hätte sie vermutet, dass hier vor Jahrhunderten die Natur geehrt und die Götter angebetet wurden. Ava rammte ihren Bambusstock in die Erde und ließ sich auf den Boden nieder.

Im Schneidersitz schloss sie die Augen, hob den Kopf und atmete. Ihr Körper kribbelte. Ihre Beine zitterten von der Anstrengung des Marsches. Ihr Gesicht glühte vor Hitze. Und dennoch spürte sie dieses tiefe Glück, das ihr signalisierte, dass sie angekommen war. Noch einmal nahm sie einen tiefen Atemzug und hörte das Gezwitscher der Sperlinge, Spechte und Starweber. Sie konnte die einzelnen Geräusche den Vögeln noch nicht zuordnen, wusste aber, dass der Busch voll war mit Schildraben, Glanzstaren und Madenhackern.

Erschöpft ließ sie sich nach hinten ins Gras sinken, die Beine noch immer gekreuzt.

Karisoke, schoss es ihr durch den Kopf. *Ich werde hier das Ava Carter Karisoke Research Center begründen. Ich werde hier einen*

Grundstein legen für das erste Berggorilla-Forschungszentrum, dem die Welt schon in zwei Jahren staunend applaudieren wird.

Ich werde Forschungsgelder sammeln und diesen Tieren eine Stimme verleihen.

Niemals wieder, so schwor sich Ava in diesem Moment, würde es eine abgehackte Gorillahand geben, die als Souvenir auf dem Markt von Kinigi für fünfzig amerikanische Cent verkauft wurde. Niemals wieder sollte man diesen würdigen, ehrbaren Kreaturen unterstellen, sie seien wild und unberechenbar, wo es doch die Menschen sind, auf die dieses Urteil viel eher zutraf.

Ava griff in das Gras und knetete es zwischen ihren Fingern. Gorillas aßen ungefähr fünfzig Pflanzenarten. Moos und Gras jedoch blieben dem Nachtlager vorbehalten.

Die Sonne stand nun schon weit im Westen, und Ava war klar, dass sie sich beeilen müsste, wenn sie noch rechtzeitig zum Abend in Kinigi sein wollte. Doch das wollte sie nicht.

Sie drehte sich auf die Seite und legte sich ihre Jacke um die Schultern. Sie war angekommen. In Karisoke. Wenn es wirklich der heilige Platz war, an dem man Götter um Schutz anrufen durfte, dann war sie hier sicher.

Ob wegen der Kälte oder der Geräusche – als Ava mit steifen Gliedern und eiskalten Füßen aus dem Schlaf schreckte, war es bereits tiefe Nacht. Sie horchte kurz auf. Nichts. Außer dem vereinzelten Gezwitscher einiger Vögel, die auch nachts nicht zu schlafen schienen. Doch. Da war es wieder. Ava spitzte die Ohren. Das war Hundegebell. Nicht in unmittelbarer Nähe, aber doch auch nicht allzu weit entfernt. Und dann ein Klopfen und Trommeln, unterbrochen von lautem Stimmengewirr. Und dann ein wütendes angsterfülltes Brüllen – abgehackte, panische Laute, eine Art Bellen, bedrohlich und panisch zugleich, gefolgt von extrem lauten schrillen Schreien, die nur wenige Sekunden dauerten, aber in kurzen Abständen wiederholt wurden.

Ava gefror das Blut in den Adern. Was passierte hier? Die Rufe kamen ganz sicher von Gorillas, die sich hier lautstark zu Wort meldeten. Wurden sie angegriffen? Von wem? Bauern rodeten das Holz doch nicht mitten in der Nacht, um Kohle daraus zu gewinnen? Wieder hörte Ava ein Johlen und Hundegebell, das Schreien der Affen, Trommeln, Klopfen, wieder ein Schreien, diesmal anders, gequälter, ein lautstarkes Brüllen, sicher von einem Silberrücken, dann wieder diese spitzen Rufe. Ava spürte, wie sich ihr Magen verknotete und Übelkeit in ihr aufstieg. Sie musste würgen. Egal, was es war, es war nicht gut. Sie zog ihr Notizbuch aus der Tasche und versuchte, die Geräusche räumlich zu bestimmen. Im Virunga-Gebirge Entfernungen und Richtungen abzuschätzen, war extrem schwierig, da sich die Töne in den Bergschneisen verfingen und vervielfachten, zudem schluckte der dichte Wald einen Teil der Lautstärke. Im Kongo war Ava noch nie von solchen Lauten überrascht worden, insofern hatte sie keine Erfahrung. Dennoch schätzte sie, dass der wie auch immer geartete Kampf sich etwa einen knappen Kilometer entfernt in nordwestlicher Richtung abspielte, gefühlt dreihundert bis vierhundert Meter oberhalb ihrer Position.

Ava kauerte sich an einen Baum, zog die Knie an den Bauch, machte mit beiden Händen eine Faust und blies ihren warmen Atem hinein. Die Schreie der Affen hatten aufgehört, nicht aber das Bellen der Hunde und das Johlen der Menschen. Ava sah auf die Uhr. Es war kurz nach drei. Um sechs würde die Sonne aufgehen. Im Gepäck hatte sie noch zwei Kekse und eine halbe Flasche Wasser. Nicht üppig, aber es musste reichen. Sie würde diesen Berg nicht eher verlassen, als bis sie die Ursache dieser Schreie gefunden hätte. Angst kroch ihr den Rücken hoch wie eine kalte Schlange. *Es konnte nicht ... Es durfte einfach nicht ...* Natürlich hatte sie von dem Problem mit den Wilderern auf der ruandischen Seite des Virunga-Gebirges gehört. Aber die machten doch nur Jagd auf Antilopen. Oder Büffel vielleicht. Was ja schon schlimm genug war. Aber wer wollte sich denn an einem Gorilla vergreifen? Doch niemand, oder? Ava kniff die Augen zusammen.

Es durfte einfach nicht sein.

ERFOLGE UND NIEDERLAGEN

Ava war heilfroh, dass sie am Vortag nicht vergessen hatte, ihren Kompass einzustecken. Seit zwei Stunden irrte sie nun schon tief durch den Regenwald, und ohne diese Hilfe hätte sie gewiss längst die Orientierung verloren. Sie versuchte dorthin zu gelangen, woher die Geräusche letzte Nacht gekommen sein mussten. Bäume und Pflanzen auf ihrem Weg bildeten ein so undurchdringliches Netz aus Blättern und Ästen, dass hier beinahe Zwielicht herrschte. Die Sicht wurde zusätzlich erschwert durch Nebelschwaden, die ihr, wenn sie nach oben blickte und kleine Lücken blauen Himmels erspähte, vollkommen unwirklich erschienen. Wäre sie abergläubisch, hätte sie diesen Wald vielleicht als verhext bezeichnet. So glaubte sie lediglich an ein meteorologisches Phänomen. Wenn auch ein unwirtliches.

Den Blick starr auf den Boden gerichtet, suchte Ava die Erde nach Zeichen ab, die auf die kürzliche Anwesenheit von Mensch und Hund hindeuten könnten. Doch sie fand nichts und hatte um die Mittagszeit keine Ahnung, ob sie wirklich auch nur annähernd den richtigen Weg eingeschlagen hatte. Wie gesagt, das Echo konnte in den Bergen auch trügerisch sein. Vielleicht hatte sie die Schreie völlig falsch geortet. Die paar Kekse Wegzehrung hatte sie längst gegessen. Ihre Flasche hatte sie zum Glück an einem kleinen Bach auffüllen können. So hoch oben musste sie darauf vertrauen, dass das Wasser klar und frisch war. Sie dachte an Sanwekwe, der bestimmt schon umkam vor Sorge und vermutlich bereits nach ihr suchte. Dass er sie in dem dreizehntausend Hektar großen Gelände auch fand, war eher unwahrscheinlich. Zumal Ava inzwischen in großer Höhe unterwegs war. Gerade als sie erneut ihren Kompass justieren wollte, fiel ihr Blick auf einen kleinen Haufen Kot – frischer Kot, wie sie eindeutig erkennen konnte. Und er stammte ganz sicher nicht von einem Wildtier. Das hier – und da war Ava sich sicher – war von einem Hund. Sie bückte sich und suchte das Umfeld mit den Augen genauer ab. Und da, etwa zwei Meter entfernt, entdeckte sie platt getrampeltes Gras und mit der Machete abgeschlagene Pflanzen. Eine kleine Schneise, kaum breiter als dreißig Zentimeter, und gerade groß genug, dass ein Mensch hindurchpasste. Sie richtete sich auf und ging auf den Pfad zu, wandte sich nach rechts und folgte ihm höher den Berg hinauf. Wenn sie gekonnt hätte, wäre sie gerannt, aber die dicht hängenden Lianen und Pflanzenstiele verhinderten das. Dann entdeckte sie einen frischen Zigarettenstummel. Angewidert schüttelte sie den Kopf. Schließlich öffnete sich der Pfad zu einer kleinen Lichtung, und ihr Blick fiel auf ein Areal, das wie ein übergroßes Körbchen aus Moor wirkte. Genauso sahen auch im Kongo die Nester aus, die sich die Gorillas jeden Abend neu bauten. Dazu trampelten sie den weichen Untergrund ein wenig platt und drapierten Blattwerk, das zum Fressen nicht taugte, wie kleine Matratzen darüber, um es ein bisschen weicher zu haben. Mit klopfendem Herzen eilte Ava auf die Lichtung zu, hielt inne und stieß einen spitzen Schrei aus.

»Nein!«, rief sie. »Um Gottes willen. Nein!«

Sie bückte sich, strich über das feuchte Moos und schaute auf ihre Handinnenfläche. Sie war nass und rot. Hektisch sah sie sich um und erkannte die ganze Tragweite des Massakers: Haarbüschel, an denen zum Teil noch Hautfetzen hingen, eine breite rote Blutspur, die sich von dem Nest bis in das Dickicht im Osten zog, drei abgehackte Finger, als hätte das Tier versucht, sich an etwas festzuklammern und wäre auf diese Art davon getrennt worden. Ava traten Tränen in die Augen. Sie dachte an die panischen, angsterfüllten Schreie, das hohe hektische Schluchzen. Und schließlich sah sie es, am Rand des Nestes, etwas verdeckt von einem Farn: ein Baby, ein kleines schwarzes Gorillababy, keine vier Monate. Ava kroch darauf zu, die Tränen liefen ihr über das Gesicht. Sie rutschte zu dem Farn, sah den gespaltenen Schädel, das kleine, blutverschmierte Gesichtchen, zog das winzige Bündel auf ihren Schoß und stieß einen gellenden Schrei aus. »Warum?«, rief sie mit erstickter Stimme. »Warum?« Sie dachte an die Affenmutter, die ganz sicher in mutigem Kampf alles gegeben hatte, um ihr Kind zu beschützen, und die jetzt tot oder halb tot in irgendeinem Käfig lag. Sie hätte mehr gegeben als ihre drei Finger, um ihr Baby zu retten.

Warum?

Keuchend, schniefend, japsend machte Ava sich bereit für die Rückkehr zu ihrem Lagerplatz, den sie am Vortag entdeckt hatte. Das unschuldige Baby hielt sie fest im Arm. Nie hätte sie gedacht, dass ihr erster Spatenstich einem Grab gelten sollte.

Blutverschmiert, vollkommen entkräftet und verdreckt von Kopf bis Fuß erreichte Ava die kleine Pension *Auberge*, in der sie abgestiegen waren und ihr Abendessen einnahmen. Eine andere

Möglichkeit, zu essen oder zu schlafen, gab es in dem Fünfhundert-Seelen-Örtchen auch nicht. Brauchten sie etwas anderes als Wasser, Bananen oder Mango, mussten sie die rund eine Fahrstunde entfernte Provinzhauptstadt Ruhengeri besuchen. Dort gab es so ziemlich alles, sogar eine Universität. Auf den Wochenmarkt kamen die Menschen freitags mit ihren Waren – von Kleidern, Werkzeug und Seifen bis hin zu Ziegen, Hühnern und Schweinen – von so weit her, dass die Tiere nicht selten auf dem Gepäckträger der Räder oder dem Tragekorb festgeschnallt wurden, weil sie so lange Strecken einfach nicht laufen konnten. Ava hatte sich den ganzen Weg den Berg hinunter vorgestellt, wie das Fleisch der Affenmama dort feilgeboten wurde oder die abgehackten Hände als Souvenir an die Touristen verscherbelt wurden, die Hand ohne die Finger womöglich als »B-Ware« im Preis reduziert. Affenhände als Aschenbecher – sie hatte es bislang nur vom Hörensagen gekannt. Wieder einmal konnte Ava nur verzweifeln angesichts der grenzenlosen Brutalität und Gier der menschlichen Spezies. Welche genetische Fehlentwicklung hatte nur dazu geführt, dass aus den Enkeln der friedlichen Primaten solche Monster hervorgegangen waren?

Als Ava den kleinen Schankraum betrat, im Grunde ein beinahe fensterloser Raum aus Beton, der mehr an eine Zelle als eine Wirtschaft erinnerte und in dem ein paar Tische und wackelige Metallstühle standen, verstummten umgehend sämtliche Gespräche und das Gelächter. Es war sieben Uhr abends, und entsprechend voll war es drinnen. Alle Tische waren besetzt, und an manchen wurde bereits gegessen. Wie beinahe jeden Tag gab es auch heute Stampfkartoffeln mit einer braunen scharfen Soße aus Bohnen.

Ava wunderte die plötzliche Stille nicht. Sie musste aussehen wie der Tod persönlich, nur schlimmer, blass, blutverschmiert und verdreckt, wie sie war. Wie apathisch blieb sie im Türrahmen stehen und sah sich langsam um. An einem der Tische im hinteren Bereich entdeckte sie Sanwekwe, der stumm und fassungslos seine Gabel abgelegt hatte.

»Warum tun Menschen so etwas, Sanwekwe?«, frage Ava tonlos, ohne sich zu rühren. »Warum nur tun Menschen so bestialische Dinge?« Sie streckte ihre blutigen und erdverkrusteten Hände aus. Dann brach sie weinend zusammen.

Ava wusste nicht, wie sie in ihr Zimmer und das Bett gekommen war, und auch nicht, wer sie ausgezogen, halbwegs sauber gewaschen und mit zwei Decken zugedeckt hatte. Als sie die Augen wieder aufschlug, stand neben ihr ein dampfender Becher mit Pfefferminztee, und am Rand der Matratze saß – Jake.

Durch den Vorhang konnte man erkennen, dass draußen tiefschwarze Nacht war, aber Ava hatte kein Gefühl für die Uhrzeit.

»Wie la...?« Sie zuckte zusammen und räusperte sich. Ihr Mund fühlte sich staubtrocken, die Lippen rissig an. Es war, als hätte sie die Oakland Raiders über Stunden beim Super Bowl angefeuert. Football war, warum auch immer, so ziemlich das einzig typisch Amerikanische, dem sie etwas abgewinnen konnte. Vielleicht weil sie mit ihrem Vater – einem glühenden Anhänger der Los Angeles Rams – früher ab und an im Stadion gewesen war und er ihr mit einer solchen Engelsgeduld immer wieder die Regeln beizubringen versuchte, dass Ava sie schon genau deswegen gar nicht lernen *wollte*. »Wie lange habe ich geschlafen?«

»Sechs Stunden«, antwortete Jake und strich ihr eine sandige Strähne aus dem Gesicht.

»Und wie lange bist du schon ...?«

»Auch sechs Stunden«, antwortete Jake mit einem Lächeln. »Den großen Auftritt habe ich verpasst, aber ich kam rechtzeitig, um dich hierherzutragen.«

»Hast du etwa ...?« Wieder musste Ava husten.

»Nicht doch!«, erwiderte er spielerisch empört. »Die gute Mohosa hat das übernommen.« Jake nahm die Tasse und hielt sie Ava an den Mund. »Trink, das wird dir guttun. Was ist da oben eigentlich passiert? Sanwekwe hat sich furchtbare Sorgen gemacht. Er dachte schon, du wärst einem Büffel oder sonst wem zum Opfer gefallen ...«

Bei dem Gedanken an das Massaker kamen Ava erneut die Tränen.

»Schon gut«, sagte Jake, »du musst auch nicht ...«

»Doch«, meinte Ava. »Das ist in Ordnung. Du sollst es wissen ... Es war so furchtbar, Jake ...« Und Ava berichtete von der Lichtung, wo sie das neue Camp aufbauen wollte, von ihrer Nacht unter freiem Himmel und schließlich vom Bellen, den Rufen und diesen entsetzlichen Schreien, von ihrer morgendlichen Suche und ihrem grausigen Fund ... Mit erstickter Stimme erzählte sie, wie sie das Gorillababy beerdigt hatte. »Weißt du Jake, ein Grab sollte wirklich nicht den Grundstein für unser Camp bilden, aber ich konnte das Kleine doch nicht einfach den Aasfressern überlassen.«

»Und dann hast du mit deinen Händen ein Loch gebuddelt?«

Ava betrachtete ihre abgerissenen Fingernägel, die blutigen und noch erdverkrusteten Schrunden. »Mit meinen Händen und ein paar Stöckern, mit denen ich die Erde aufgelockert und aufgehebelt habe.«

Jake schüttelte den Kopf. »Ava Carter, was bist du doch für eine starrsinnige und eigenwillige Frau. Dein großes Herz macht es da auch nicht besser.«

Ava ließ sich in die Kissen zurücksinken. »Wie war es in Kenia?«, wechselte Ava das Thema.

Jake stand auf und begann, auf und ab zu gehen. Ava hatte das schon mehrfach beobachtet. Immer, wenn Jake sich auf eine Sache konzentrierte, wanderte er umher. Sie hoffte nur, dass er sich im Busch anders zu fokussieren verstand, denn Rastlosigkeit war das Letzte, dass sie beim Beobachter ihrer Gorillas gebrauchen konnte. Davon abgesehen, dass es einem Tierfilmer nicht gut zu Gesicht stand. Trotzdem amüsierte sie die Vorstellung, wie Jake nervös durch den Dschungel mäanderte und alles, was er vor die Linse bekommen wollte, verscheuchte.

»Erfolg auf ganzer Linie, würde ich sagen. *National Geographic* ist bereit, das neue Camp zu finanzieren. Sie hätten sich natürlich Belege für deine ersten Beobachtungen gewünscht, aber als ich ihnen erklärte, dass ich ja vorher nicht dabei war, um sie zu dokumentieren ...«

»Jetzt hör aber mal auf! Als wäre meine Arbeit nur etwas wert, wenn du ...«

»Nun reg dich nicht künstlich auf. Du musst dir deine Kräfte gut einteilen, denn jetzt, wo du eine gute Stelle für das Camp gefunden hast, brechen wir in spätestens drei Tagen auf. Sanwekwe ist schon dabei, die Männer anzuheuern ...«

»Und mindestens zwei Frauen.«

»Und zwei Frauen.« Jake verharrte in der Bewegung. »Warum

zwei Frauen? Egal. Also jedenfalls konnten Winter und ich die Leute von der *National Geographic* überzeugen, und außerdem überlegt die University of Cambridge, ebenfalls einzusteigen.«

»Waaas?«, rief Ava, die sich bei der Nachricht abrupt aufgerichtet hatte, um sich nach einem stechenden Kopfschmerz sofort wieder ins Bett fallen zu lassen.

Jake grinste. »*Not too bad*, oder? Deine Container aus Uganda kommen übermorgen hier an. Das hat also auch geklappt. Plus das ganze Zeug, das wir nun in Nairobi erneut besorgen mussten. Eines davon habe ich direkt mitgebracht.« Erwartungsvoll sah er Ava an.

Die aber macht mit den Händen nur eine Geste, die so viel heißen sollte wie: Na los, sag schon.

Ein wenig enttäuscht ging Jake zur Tür in den Flur hinaus, um mit einem großen Kasten zurückzukehren, auf dem in geschwungenen goldenen Lettern der Name *Olympia* stand. Ava musste nicht lange überlegen, was Jake da an ihr Fußende stellte.

»Jake!«, sagte sie nur und beugte sich nach vorne, etwas langsamer diesmal. »Jake! Du verrückter Kerl! Wie bist du denn darauf gekommen?«

Er lächelte verschmitzt. »Kunststück. Ohne deine Schreibmaschine keine Berichte. Ohne Berichte kein Cambridge und kein Geld. Mit irgendwas müssen wir ja anfangen.«

Schon wieder stiegen Ava Tränen in die Augen, doch jetzt vor Glück. Wenn das der »Erfolg auf ganzer Linie« war, den Jake gemeint hatte, konnte sie ihm nur beipflichten. Und mehr noch. Nichts davon hatte mit seiner Frau zu tun. Er hatte Olivia mit keinem Wort erwähnt. Und wenn Ava ehrlich war, freute dieser Umstand sie vielleicht am meisten.

»Ich danke dir, Jake«, sagte sie selig, kam langsam aus dem Bett und ging auf ihn zu. »Ich danke dir so sehr«, wiederholte sie, als er sie in die Arme nahm.

Not too bad at all.

September 1967

Wie von Jake geplant, standen am Montagfrüh, drei Tage nach Avas Misere, im Morgengrauen siebzehn Männer auf dem kleinen staubigen Marktplatz in Kinigi im Halbkreis, und sahen Ava aus großen Augen erwartungsvoll an. Manche wischten mit ihren nackten Zehen in der verdörrten roten Erde hin und her. Andere boxten sich in die Seite und lachten, und Ava hatte keine Ahnung, worüber sie sich amüsierten.

Am Vortag hatte sie sich das erste Mal wieder getraut, einen längeren Marsch durch die Wucherblumenfelder bis hinauf zu der Nationalparkgrenze zu unternehmen. Sosehr es sie auch direkt hinauf in den Nebelwald gezogen hatte, wusste sie, dass ihre Kräfte das nicht zulassen würden. Also hatte sie es bei dem Vier-Kilometer-Marsch belassen und sich danach direkt wieder in ihr Zimmer zurückgezogen.

Niemand sollte bemerken, wie wild ihr Herz gepocht und wie viel Anstrengung es sie gekostet hatte, allein diesen »Spaziergang« zu meistern.

Am Abend hatte Ava sich ausgezogen und sich – bevor sie in das Wannenbad stieg, das ihr Mohosa eingelassen hatte – lange im Spiegel betrachtet: Dünn war sie geworden. Mit dem Finger war sie ihre Rippen langsam entlanggefahren. Jede einzelne stach spitz hervor. Am Brustkorb, und als sie sich umdrehte, sah sie auch die am Rücken. Hager war sie. Ausgemergelt fast.

Nichts hatte Ava mit den Idolen gemein, die ihre Mutter ihr so gern vor die Nase gehalten hatte: Raquel Welch, Brigitte Bardot, Bette Davis ...

All diese vollbusigen, properen Schauspielerinnen ... Ava bückte sich und massierte ihren schmerzenden Knöchel. Wohl das Einzige, was ein bisschen dick an mir ist, dachte sie lakonisch und tauchte den Fuß in das warme Wasser. Hoffentlich würde ihr Körper das mitmachen. Ihre Seele war bereit. Das wusste sie.

Mit ruhigem Schritt, den Blick geradeaus auf niemanden Konkretes gerichtet, hatte Ava den Platz betreten.

»Guten Morgen«, sagte sie schließlich auf Suaheli. »Ich bin Ava. Ein paar von euch kennen mich bereits.« Das Gemurmel war verstummt. Man hörte lediglich das Scharren der Füße im Sand. »Ich heiße euch herzlich willkommen«, fuhr sie fort, doch nichts regte sich in den Gesichtern der Männer. Die meisten schauten nun ohnehin zu Boden. Ava merkte, wie sie langsam noch nervöser wurde. »Guten Morgen!«, wiederholte sie schließlich.

Da machte Sanwekwe einen Schritt nach vorn und sagte etwas in einer Sprache, von der Ava kein Wort verstand. Daraufhin erhellten sich die Mienen der Männer. Einige lachten, andere winkten Ava zu oder nickten.

Jake war an ihre Seite getreten und neigte ihr den Kopf zu. »Hast du es nicht gewusst?«, raunte er ihr zu.

»Was?«

»Die Stämme in Ruanda verstehen kein Suaheli. Sie sprechen Kinyarwanda, ein Bantu-Dialekt!«

Ava drehte abrupt den Kopf zur Seite und sah Jake entgeistert an. »Was sagst du da?«

Jake nickte. »Ich dachte, du hättest es schon gemerkt. Ihr seid ja schließlich schon seit zwei Wochen hier.«

Ava überlegte. Jake hatte recht. Wieso hatte sie nicht mitbekommen, dass man hier kein Suaheli sprach? Das hätte ihr doch im *Auberge* auffallen können, wo sie kein Wort von den Gesprächen an den Nachbartischen verstanden hatte. Schuldbewusst stellte sie fest, dass sie das gar nicht weiter hinterfragt hatte. Sie dachte einfach, die Männer quasselten so schnell, dazu in einem Dialekt, und dass ihr Sprachwissen dafür nicht ausreichte. Ansonsten war sie ja den ganzen Tag unterwegs gewesen. Ihre eigene Ignoranz beschämte sie. Gleichzeitig fragte sie sich aber auch, wie sie sich mit ihren Packern und Helfern verständigen sollte. Sie gab sich nicht der Illusion hin, dass hier jemand Französisch sprach, die Amtssprache in Ruanda. Wobei ja auch sie selbst kaum mehr über die Lippen brachte als ein gestammeltes »Comment ça va?«.

»Und nun?«, wandte sie sich entsprechend hilflos an Jake.

»Nun was?«

»Erst die Wilderer und jetzt das. Was kommt als Nächstes?«

»Na komm schon, Ava«, sagte Jake und stieß sie sanft in den Rücken. »Jetzt mal nicht kleinmütig werden. Du hast schon ganz andere Sachen hingekriegt, da wirst du dich doch jetzt nicht von so einer kleinen Sprachbarriere ins Bockshorn jagen lassen, hm? Es ist ja auch nicht so, dass wir da oben wissenschaftliche Diskurse führen müssten. Denk an deine Primaten. Die verstehen sich ja auch ohne Worte.«

Wenig überzeugt nickte Ava, aber der Zuspruch tat ihr gut.

»Du meinst also, ich grunze einfach, wenn ich einen Nagel brauche?«

Jake lachte auf. »So gefällst du mir schon viel besser.«

Eine halbe Stunde später setzte sich der Tross in Bewegung. Jake und Sanwekwe gingen vorneweg, dann folgten im Gänsemarsch die Männer, schwer beladen mit Kisten und Gerätschaften. Und wer eine Hand frei hatte, hielt eine Machete oder ein zweiläufiges Gewehr einsatzbereit in die Höhe. Jeder hier wusste, dass dieses Gelände so nah am Ostkongo nicht das ungefährlichste war.

In den ersten Tagen oder Wochen würden sie wieder in Zelten schlafen müssen, aber Ava hatte beschlossen, direkt mit dem Bau von einfachen Hütten zu beginnen. Das war nicht trivial, da sie dafür Holz brauchten. Die Latten aus dem Dorf den ganzen Weg auf den Bergsattel zu schleppen, kam nicht infrage. Also würden sie selbst Bäume fällen und sich die Stämme zurechtsägen müssen. Eine kleine, mit Benzin betriebene Motorsäge hatten sie dabei. Das wird schon alles, sprach sie sich selbst Mut zu. Menschen sind zu so vielem fähig, aber der Bau von Häusern und Pyramiden gehört eben auch dazu.

Ava bildete das Schlusslicht, und gerade als sie losmarschieren wollte, hörte sie hinter dem schmutzig grauen Haus am Ortsausgang ein Brüllen, auf das ein Jaulen und Winseln folgte. Ava drehte sich um und lief um das Haus herum in den »Garten« – ein eingezäuntes Stück Erde, auf dem ein paar gefleckte Schweine und Hühner hin und her liefen. Ein älterer Mann stand an dem Futtertrog und fuchtelte wild mit einer Mistgabel herum. Avas Blick ging in die Richtung, in die die Zacken zeigten, und sah einen kleinen goldgelben Hund – ähnlich dürr wie sie selbst –, der winselnd davonhumpelte. Die rechte Vorderpfote hielt er eingeknickt am Körper. Vielleicht ein Dorn oder ein gebrochenes Bein.

»He da«, rief sie auf Englisch. »Lassen Sie das!«

Der Mann drehte sich um und sah sie verständnislos an. Ava ignorierte ihn und ging zu dem Hund, der sich mit eingezogenem Schwanz und am ganzen Leib zitternd zusammenkauerte. Ava bückte sich und streckte ihre Hand aus. »Na du Kleine, wer bist du denn?«, fragte sie das eingeschüchterte Tier. Sie schätzte sein Alter auf etwa fünf Monate.

Erst jetzt fiel ihr auf, dass es in Ruanda kaum frei laufende Hunde gab. Die Bauern hielten sie sich für die Jagd oder zum Schutz vor anderen Tieren. Was mit einem Wurf geschah, der für keinen dieser Zwecke gebraucht wurde, hatte sie sich bisher nicht gefragt. Über die Antwort dachte sie nicht weiter nach. Sie war im wahrsten Sinne offensichtlich.

Die Hündin beschnupperte schüchtern ihre Hand und leckte ihr dann über die Finger.

»Du musst ein schlaues Kerlchen sein, wenn du es bis hierher geschafft hast«, murmelte Ava, öffnete mit der anderen Hand vorsichtig ihre Umhängetasche und holte eine Banane heraus. Sie biss in die Schale und zog sie mit den Zähnen ab, um das Tier durch zu viel Bewegung nicht zu verschrecken. Dann zerdrückte sie die Frucht behelfsmäßig und hielt der Hündin den Obstmatsch hin. Begierig schleckte die es ab. »Gut gemacht«, sagte sie und versuchte nun, denn Welpen auf den Arm zu nehmen, was er bereitwillig zuließ. Ava seufzte. Fünf Kilo, schätzte sie, mindestens. »Nützt ja nichts«, sagte sie, mehr zu sich selbst, setzte ihren Rucksack ab und holte ihre dicke Daunenweste heraus. Die nahm am meisten Platz weg. »Du hast mir zu meinem Glück noch gefehlt, und das meine ich ganz ernst, du Schöne! Ich werde dich Bella nennen.« Behutsam bugsierte sie den Hund mit dem Hinterteil zuerst in ihren Rucksack, stets darauf bedacht, dass das verletzte Vorderbein nirgendwo anstieß. Nur einmal jaulte Bella kurz auf, ließ die Aktion ansonsten aber erstaunlich ruhig über sich ergehen. Im Gegenteil, Ava meinte sogar, in dem Blick der Hündin nun schon mehr wachsame Neugierde zu erkennen. Die eingeschüchterte Ängstlichkeit schien wie weggeblasen.

»Na, dann, wollen wir mal, was Bella? Um deine Pfote kümmern wir uns später«, sagte sie und wuchtete sich den nun deutlich schwereren Rucksack auf die Schultern. »Die anderen wundern sich bestimmt schon. Außerdem hatte ich um weibliches Personal gebeten. Das haben sie nun davon.« Dem Bauern, der das Schauspiel staunend beobachtet hatte, nickte sie kurz zu. Dann streifte ihr Blick die Daunenweste. Hier unten konnte niemand was damit anfangen. Später aber auf dreitausendzweihundert Meter Höhe würde sie sie vermissen. Kurzerhand bückte sie sich erneut und griff nach dem Kleidungsstück. Die wog ja nun wirklich nichts. Ava würde sie einfach in der Hand halten. Beschwingt von einem neuen Glücksgefühl, trabte Ava los. Shep und Brownie hätten ihre Freude gehabt, ihr Frauchen so zu sehen.

Nach einer knappen Viertelstunde hatte sie zu dem Tross aufgeschlossen, der sich gemächlich wie eine übergroße Schlange langsam den Berg hinaufwand. Vermisst hatte sie offenbar niemand. Begleitet von einem nicht melodischen, aber auch nicht unangenehmen Singsang kämpften sie sich Schritt für Schritt voran. Die Viehhirten und Bauern, die am Wegesrand stehen blieben, wenn sich der Zug näherte, musterten sie mit undurchdringlichen Mienen. Ava hatte überhaupt kein Gefühl dafür, welche Geschichte sie sich zusammenreimten und ob sie als Eindringling betrachtet wurde. Fünf Jahre war das Land nun unabhängig – das Wort »frei« fiel Ava dabei jedoch nicht ein. Weniger krass als im Kongo zwar, aber auch in Ruanda brodelten unter der vermeintlich friedlichen Oberfläche alte Stammeskämpfe. Immer wieder kam es zu gewalttätigen Übergriffen zwischen den Hutus und den Tutsis. Während die Hutus mit etwa fünfundachtzig Prozent die Mehrheit im Land ausmachten, hatten die Tutsis seit jeher das Geld und vielleicht auch das intellektuelle Geschick gehabt. Ava wusste es nicht genau, aber sie vermutete, dass ihre Packer und Träger allesamt dem Stamm der Hutus angehörten. Die Menschen am Wegesrand, die Wilderer, die ihre Gorillamutter gelyncht hatten? Sie war sich nicht sicher. Und für sie spielte es auch keine Rolle. Mörder sind Mörder. Für ihre Arbeit im Karisøke Research Center – wie sie ihr Camp, abgeleitet von dem Mount Karisimbi und dem Mount Visoke, feierlich getauft hatte – konnte es jedoch sehr wohl entscheidend sein. Ohne zu blinzeln, zog sie an den Einheimischen vorbei. Sie hoffte, sie würde die Zeichen rechtzeitig erkennen – sollte es denn nötig werden.

Am Vormittag machten sie eine Pause, die sowohl Ava mit ihren schmerzenden Schultern als auch Bella für ihre Notdurft gebrauchen konnten. Die ganze Zeit schon hatte Ava sich darauf gefreut, Jake und Sanwekwe das neue Familienmitglied vorzustellen.

Als wäre es nie anders gewesen, humpelte Bella aufgeregt schnuppernd an Avas Seite, als diese sich zu den beiden Männern gesellte, die sich etwas abseits im Schatten einer mit Efeu bewachsenen Hagenia niedergelassen hatten. Schwanzwedelnd stürmte Bella regelrecht auf Jake zu – ihr Vorderlauf schien sie nicht sehr zu behindern – und stupste mit der Nase gegen sein Bein. Jake schob sich den Tropenhut aus dem Gesicht und verdrehte die Augen: »Wo hast du die denn nun wieder aufgegabelt?«, fragte er und begann, Bella hinter den Ohren zu kraulen und vorsichtig ihre Pfote zu untersuchen.

»Ist das wichtig?«

»Nein, solange ich mich nicht um sie kümmern muss.«

Was du aber gerade schon tust, dachte Ava nur.

Sanwekwe hatte sich ein Pfeifchen angezündet. Er wirkte nicht im Mindesten überrascht. »Ein Hund ist eine gute Sache«, meinte er. »Gesund wäre er mir lieber gewesen, aber er ist auch so ein verlässlicher Detektor. Wenn wir ...«

»Entschuldigung, aber Bella ist kein *Detektor!*«, unterbrach ihn Ava ungehalten. »Sie ist ein Tier, das Hilfe brauchte, und ich war in der Nähe.«

»Genau«, pflichtete Sanwekwe ihr bei und nahm einen genießerischen Zug. »Und sie ist ein guter Detektor!«

Kurz nach Mittag erreichten sie das Plateau mit der kleinen Lichtung, das Ava für das Camp auserkoren hatte, und sowohl Jake als auch Sanwekwe ließen keinen Zweifel daran, wie einverstanden sie mit Avas Wahl waren.

»Ein wirklich schönes Fleckchen«, sagte Jake. »Hast du dir schon überlegt, wie du es anordnen willst?«

Ava holte ihr Notizbuch aus der Tasche und scribbelte von der Mitte ausgehend im Halbkreis ein paar Rechtecke auf das leere Blatt. »Hier bin ich«, sagte sie, und zeigte mit dem Daumen direkt hinter sich. »Dahinten, versetzt, die Zelte für die Packer und Sanwekwe, die Wäscherei, Küche, Latrinen, die Forschungsstation mit Labor, auf der anderen Seite«, sie machte einen Kringel um das letzte Kästchen, »dein Zelt. Und hier in der Mitte die Feuerstelle.«

»Wir beide haben also den maximalen Abstand voneinander«, stellte Jake scheinbar gleichmütig fest.

»Das ist nur zur Sicherheit«, konterte Ava und merkte sofort, wie doppeldeutig das klingen konnte.

Trotz des anstrengenden Marsches beschlossen die Männer, direkt mit dem Fällen von zwei mittelgroßen Bongossi-Bäumen anzufangen. Das Holz eignete sich gut, war beständig und ließ sich anständig verarbeiten, allerdings war es extrem schwer. Aber leichte Fichten oder Zedern gab es hier nun mal nicht. Und Zelte waren keine Alternative. Ihr Camp war noch mal zweihundert Meter höher gelegen als das im Kongo, und auf der Ostseite der Berge war es ohnehin kühler und feuchter. Auch würde bald die »kleine Regenzeit« einsetzen, eine gehörige Untertreibung, wie Sanwekwe wusste, denn in der Zeit von Oktober bis Dezember waren die Schauer oft so sturzbachartig, dass es die Zelte schlicht davonspülen konnte. Und selbst wenn nicht, war das Risiko, dass sie undicht wurden, zu hoch.

Nachdem Ava mithilfe von zwei Männern ihr Zelt aufgebaut – das ging zum Glück gut ohne viele Worte – und ihre Schreibmaschine auf einer leeren Kiste abgestellt hatte, besah sie sich Bellas Vorderlauf genauer. Gebrochen schien das Bein nicht zu sein. Vielleicht verstaucht, weil sie einen Schlag abbekommen hatte? »Das wird schon wieder«, meinte sie zuversichtlich und tätschelte der Hündin den Kopf.

Von draußen drang das Geräusch schlagender Äxte und das Aufkreischen der Motorsäge herein. Ava meinte sogar, den harzigen Geruch von frischem Holz zu riechen. Es roch gut. Nach Heimat ein bisschen. Vermisste sie sie? Ihre *Heimat*? Vermisste sie Amerika? Eigentlich nicht. Nach Tagen wie diesen wünschte sie sich vielleicht ein wenig Komfort oder die unhinterfragte Leichtigkeit, abends auf der Hollywoodschaukel zu sitzen und mit Mary bei einem Glas Gin den neuesten Tratsch über das Kosair Charity's Hospital, ihre kleinen Patienten und den jungen feschen Chefarzt auszutauschen. Doch eigentlich war es genau das gewesen, was sie immer wieder zu Tode gelangweilt hatte.

Sie dachte an Lester. Drei läppische Briefe hatte sie ihm in den vergangenen neun Monaten geschrieben. Und auch die mehr aus einem Pflichtgefühl heraus. Sollte sie ihm nicht endlich die Wahrheit schreiben? Ihm erklären, dass es für sie beide keine Zukunft geben konnte? Es musste doch auch ihm längst klar sein. Schließlich waren seine Antworten ähnlich unverbindlich gewesen.

»Störe ich?«

Ava schrak zusammen. Sie hatte Jake nicht kommen hören. »Nein, gar nicht, komm nur.«

Er reichte ihr einen dampfenden Becher mit Tee, dem er offenbar einen guten Schuss Rum beigemengt hatte, und setzte sich neben sie auf den Boden. »Alles okay bei dir?«

Manchmal hatte Ava das ungute Gefühl, Jake könnte geradewegs in ihren Kopf hineinschauen. »Ja, danke, alles bestens, ein bisschen müde.«

»War ein anstrengender Tag.«

Das war es, und bald würde die Nacht hereinbrechen. Das letzte Mal hier oben war sie von Hundegebell, Glöckchengebimmel und den panischen Schreien der Affen geweckt worden. Sie hoffte inständig, dass sich das heute nicht wiederholte. »Aber wie geht es dir denn?«

Jake legte den Kopf schief und betrachtete sie. Eine der Locken fiel dabei über sein linkes Auge. Ava widerstand dem Impuls, sie ihm aus dem Gesicht zu streichen. »Wie bei ruhiger See mitten im Ozean in einer sternenklaren Nacht.«

Ava versuchte, den Zauber des Moments noch einen Augenblick aufrechtzuerhalten, aber der Satz kam ihr so absurd vor, dass sie losprustete. »So habe ich es tatsächlich noch nicht betratet, Captain Evans. Aber jetzt, wo du es sagst, rieche ich Eisberge.«

Auch Jake grinste. »Und ich rieche Bohnengemüse mit Speck. Komm, du musst ein bisschen was auf die Rippen kriegen.« Er stand auf und reichte ihr die Hand, um sie hochzuziehen. Als sie vor ihm stand, roch sie seinen rumgeschwängerten Atem. Sie wollte Lester keinen Brief schreiben. Sie wollte Jake küssen.

»Perfekt, ich habe nämlich einen Bärenhunger.«

ZWEI SILBERRÜCKEN

Karisoke,
November 1967

Die Arbeiten schritten in jeder Hinsicht gut voran. Ava war dankbar, dass ihre Hütte als erste errichtet worden war und sie es nun mit der einsetzenden Regenzeit wenigstens trocken hatte. Auch wenn sie es nicht zugeben wollte – die Temperaturen und das unwirtliche Klima machten ihr zu schaffen. Ihren Husten wurde sie gar nicht mehr los. Und sie war noch immer zu dünn, ihr Körper geschwächt für das, was sie sich täglich abverlangte. Das war auch der Grund, warum sie seit fünf Tagen im Camp ausharrte, anstatt sich endlich die Berge hochzukämpfen und eine neue Gorillafamilie aufzuspüren. Avas Unruhe und ihre zunehmende Ungehaltenheit entgingen den Arbeitern ebenso wenig wie Jake und Sanwekwe. Wer konnte, der ging Ava geflissentlich aus dem Weg, um keine ihrer barschen Zurechtweisungen abzubekommen. Mal hatte die Motorsäge nicht genug Öl. Dann war die Dicke der Holzbohlen für das Labor zu unterschiedlich, weshalb der Raum viel zu zugig und feucht für die teuren Gerätschaften wäre. Die Packer beschimpfte sie als »faul«, wenn sie zu lange Pause machten und ihre Lieder sangen. Und selbst Sanwekwe bekam ihre Unrast zu spüren, wenn sie am Morgen wieder Hundegebell und Ziegengeläut hörte und ihren Tracker aufforderte, gefälligst dafür zu sorgen, dass die Bauern sich vom Nationalpark fernhielten.

Jake nahm sie das eine oder andere Mal beiseite: »Ava, du brauchst diese Leute. So kannst du mit ihnen nicht umgehen.« Ava stapfte dann nur wutschnaubend davon, um mit frenetischem Eifer ihre Hütte in einem satten Blattgrün zu streichen.

Natürlich merkte auch sie, dass sie mit ihrer Art über das Ziel hinausschoss. So oft fühlte sie sich wie eines dieser eingesperrten Tiere, die auf ihren Abtransport in den Zoo warteten und nichts anderes wollten als die Ketten, die sie hielten, zu sprengen. Und mit jedem Mal wurde sie nur noch wütender. Selbst die handgewebten Teppiche mit den bunten Mustern, die bald die Innenwände ihrer Hütte schmückten, die sonnengelben Vorhänge oder die schönen geflochtenen Matten, die sich ganz weich unter ihren nackten Füßen anfühlten, wenn sie darüberschritt, konnten ihre Anspannung nur kaum mildern.

Die Einzige, die sich von Avas Überspanntheit nicht beirren ließ und der es sogar gelang, Avas Gemüt zu besänftigen, war Keza.

Sanwekwe war es gelungen, die junge Frau als Köchin aus dem Dorf zu engagieren. Ihr Name hieß so viel wie »Die Unerschütterliche« – und tatsächlich brachte die zierliche Frau so leicht nichts aus der Ruhe. Wann immer einer der Packer sich einen Scherz erlauben und den Löffel in den kochenden Topf über dem Feuer tauchen wollte, genügte ein strenger Blick, und der Mann machte sich sofort davon. Hielt sie ein Büschel Kräuter hoch und zeigte mit dem Kopf in Richtung des Waldes, strömten gleich drei Männer aus, um mehr davon zu sammeln. Denn auch das war ein Gewinn für alle: Wo frisches Gemüse rar war, sorgte Keza dafür, jedes Gericht mit essbaren Pilzen, Kräutern und Salaten wie Bärlauch, Spitzwegerich oder Löwenzahn und selbst essbaren Blumenblüten der Tagetes und der Indianernessel anzureichern. Letztere etwa tunkte sie in etwas Mehl und Ei von den Hühnern, die ebenfalls unter ihrer Ägide ins Forschungscamp gelangt waren, briet sie in etwas Öl, und schon hatte man eine würzige, krosse Beilage zu den verhassten Süßkartoffeln.

Ava konnte nicht verhehlen, dass sie Keza zuweilen ein wenig neidisch beäugte. Ohne viel Aufhebens zu machen, wurde sie von den derben Burschen akzeptiert, und mehr noch, sie wollten ihr gefallen. Ava ertappte selbst Jake manchmal dabei, wie er Keza mit einer gewissen Bewunderung beobachtete. Natürlich, Keza war jung, nicht schon vierunddreißig, wie sie selbst, ihr Teint war dunkel glänzend, und ihre Haut sah aus wie poliert. Alles an ihr wirkte geschmeidig, grazil, die eng am Kopf geflochtenen Zöpfe und ihre langen feingliedrigen Finger, ihre zarten, schwingenden Bewegungen. Neben ihr kam Ava sich manchmal wie ein Bauerntrampel vor. Und dennoch fühlte sich auch sie sich von Kezas ruhiger Ausstrahlung angezogen, so dass sie sich abends gern zu ihr gesellte, ihr beim Abwasch half oder sich einfach für eine Viertelstunde zu ihr auf die Bank setzte. Die Packer hatten ihr einen merkwürdigen Spitznamen verpasst: »kleine Hexenschwester«. Unschwer zu erraten, wer dann die große sein musste. Ava hatte noch nicht entschieden, wie sie das fand.

»Vermisst du deinen Mann nicht, wenn du die ganze Woche immer hier bist?«, fragte sie Keza eines Abends. Es hatte am Nachmittag aufgehört zu regnen, und die Flammen in der Feuerstelle spien kleine Glühwürmchen in den Himmel.

»Kiano? Wir kennen uns, seit wir klein sind. Er ist auch oft tagelang unterwegs, wenn er einen guten Auftrag mit seinem Fahrradtaxi hat. Das ist doch gut für uns.«

»Was sind das denn für Aufträge?«

»Unterschiedlich. Letzten Monat konnte er vier Autoreifen aus Bushoki für einen Bauern im Ort abholen. Das war ein gutes Geschäft.«

»Vier Autoreifen auf dem Fahrrad von Bushoki nach Kinigi? Das sind doch über sechzig Kilometer pro Strecke?«

Keza lachte. »Deswegen war er ja auch fast eine Woche unterwegs. Er hatte zum Glück keinen Platten. Ich habe ihn damit aufgezogen. Vier Reifen an Bord, aber das Fahrrad schieben müssen ...« Amüsiert schüttelte Keza den Kopf.

»Und das hat sich gelohnt?« Ava versuchte, so neutral wie möglich zu klingen.

»Zweitausend Ruandische Francs und ein Huhn. Mein Mann ist ein Meister im Verhandeln«, erwiderte sie stolz.

Ava wusste nicht, wie sie darauf reagieren sollte, ohne Keza zu verletzen. Ihr Mann hatte tatsächlich hundertzwanzig Kilometer und vermutlich an die dreitausend Höhenmeter bergauf und bergab mit einem Fahrrad zurückgelegt, um mit drei Dollar und einem Huhn nach Hause zu kommen. Zum Glück füllte Keza die Gesprächspause.

»Meine Kinder vermisse ich schon. Meine Eltern kümmern sich um sie, aber jedes Mal, wenn ich nach Hause komme, haben sie etwas Neues gelernt, und ich habe das Gefühl, ich verpasse so viel.«

Ava nickte. »Wie alt sind sie?«

»Jerome ist fünf, und Zuri ist drei.«

»Das sind schöne Namen. Und wie alt bist du?«

»Einundzwanzig«, sagte Keza, nahm einen Stock und stocherte damit in den Scheiten herum. Sofort flackerten die Flammen erneut auf.

»Soll ich Holz holen?«, fragte Ava.

»Nicht nötig. Das hält noch die halbe Nacht.«

Wieder spürte Ava einen Stich von Unterlegenheit. Woher nahm diese Frau, die mit sechzehn Jahren erstmals Mutter geworden war, nur diese Sicherheit?

»Und du, hast du auch Kinder?«, fragte Keza schließlich.

»Ich?« Ava fühlte sich ertappt. Was für ein absurder Gedanke! »Nein.«

»Möchtest du welche?« Keza ließ nicht locker.

»Weißt du, Keza, ich bin als Wissenschaftlerin hier«, hörte Ava sich selbst etwas schärfer sagen als beabsichtigt. »Wenn ich Kinder und Familie gewollt hätte, wäre ich ganz sicher nicht in den Regenwald von Ruanda gefahren, um Gorillas zu erforschen.«

Keza stocherte weiter in dem Feuer herum. »Menschen machen die komischsten Dinge, weil sie nicht wissen, was sie eigentlich brauchen. Und wenn du mich fragst, gibt es niemanden, der etwas mehr liebt als seine Kinder und seine Familie.« Sie machte eine Pause. »Aber vielleicht bist du noch nicht so weit und denkst, die Affen wären deine Familie. Dann ist es auch gut. Manche Wunden heilen langsam, aber glaub mir, wenn sie heilen, dann willst du ein Baby. Das schwöre ich dir!« Keza stand auf und straffte die Schultern. »Sanwekwe hat Nudeln ergattert, und ich habe noch etwas Bärlauch und Trockenfisch. Ich werde ein Mus machen, den Fisch damit marinieren und ihn über Eukalyptusblättern räuchern. Du wirst dir die Finger danach lecken!« Wie eine Feder legte sie kurz ihre Hand auf Avas Schulter ab. »Für wann hast du dir den ersten Aufstieg denn vorgenommen?«

Ava überlegte einen Moment. *Du denkst, die Affen wären deine Familie.* Nein, dachte Ava, das *denke* ich nicht. Das weiß ich. »Für morgen. Morgen früh geht's los«, sagte sie mit einer Bestimmtheit, die sofort jeden Missmut vertrieb. Morgen würde sie nicht länger hier im Camp rumhängen. Morgen würde sie endlich aufbrechen. Und zwar allein. Ihren ersten Gorilla in Ruanda würde sie ganz allein ausmachen.

Pfeifend ging sie hinüber zu ihrer Hütte, die ihr im Schutz der mit Moosen bewachsenen Hagenia, um deren Stämme sich Flechten und Orchideen rankten, auf einmal viel schöner und behaglicher erschien. Vielleicht könnte sie mit Jake ja noch einen ordentlichen Whiskey trinken.

—

Ava schlief wenig in dieser Nacht. Vorfreude gepaart mit nervöser Anspannung verhinderten, dass sie wirklich zur Ruhe kam. Und wenn sie dann doch mal wegdämmerte, träumte sie von brutalen Wilderern, die mit ihren kläffenden Hunden an einem Gorillababy zerrten, und sie, die das alles beobachtete und den Affen befreien wollte, rutschte an den glitschigen und modderigen Hängen immer wieder ab. Schweißgebadet schreckte sie dann hoch, geschüttelt zudem von einem Hustenanfall. Einen Moment überlegte sie, ob sie diese Tour wirklich wagen wollte – noch dazu allein –, aber sie kannte die Antwort. Um vier Uhr verließ sie endgültig ihr Feldbett und trat vor die Hütte. Draußen war es noch stockdunkel, aber sie hatte Glück. Durch die dichten Baumkronen hindurch konnte sie ein paar Sterne funkeln sehen und die dünne Sichel des Mondes erkennen. Eine trockene Nacht also, die in zwei Stunden dann auch einem sonnigen Tag weichen würde. Bis mittags sollte sie also zumindest ganz gute Wetterbedingungen haben. Das war doch schon mal ein Anfang.

Zurück in der Hütte schluckte sie zwei Aspirin, packte ihren Rucksack – Feldflasche, Fernglas, Kompass, Notizbuch und etwas Bananenbrot. Die Kamera und ihre grüne Leinentasche hängte sie sich um. Bevor sie ging, beugte sie sich noch einmal zu Bella hinab und gab ihr einen Kuss auf die Nasenspitze. Ihr Hund klopfte nur einmal kurz mit dem Schwanz auf den Boden, eindeutig zu müde für große Gefühlsregungen oder gar den Impuls, ihrem Frauchen zu folgen. Ihre Pfote hätte es ohnehin noch nicht zugelassen. Zwar wurde Bella mit jedem Tag mutiger, und wenn sie einem Vogel oder einer Waldmaus nachjagte, dann tat sie das bereits auf allen vier Beinen, aber fit genug für einen mühsamen stundenlangen Aufstieg war sie noch nicht.

Ava steuerte den Weg hinauf in Richtung des Gipfels des Mount Visoke und atmete die kühle Luft tief ein. Entgegen ihrer Träume war es eine ruhige Nacht. Aus dem Camp hinter ihr drangen keine Geräusche, und nur ein paar wenige frühe Vögel kommunizierten über die Baumwipfel hinweg. Es war eine »menschenleise« Nacht, so nannte es Ava für sich, wenn weder Wilderer noch Bauern oder Hirten sich bis in diese Höhen verirrten. Schritt für Schritt bahnte sie sich ihren Weg durch das Dickicht, köpfte dornige Disteln oder buschige Brennnesseln mit ihrer Machete und wurde getragen von dem leisen Glücksgefühl, dass vielleicht genau hier vor ihr noch nie ein Mensch seinen Fuß auf die Erde gesetzt hatte. Es gab keine Pfade, geschweige denn Wege, nur zuweilen ein paar niedergetrampelte Waldschneisen, die ihr zeigten, dass sie nicht überall die Erste war.

Nach gut anderthalb Stunden hatte Ava, so schätze sie, etwa hundertfünfzig Höhenmeter geschafft. Über den Berggipfeln sah man bereits den hellblauen Streifen, der die Dämmerung ankündigte. Noch eine halbe Stunde, und es wäre hell, mit einer Sonne, die den ganzen Tag mehr oder weniger im Zenit stand. Zum Glück hatte sie im letzten Moment noch ihren Tropenhut vom Haken gegriffen. Die Gorillas würden sich jetzt auf den Weg zu ihrer Tageswanderung machen. So hatte es George Schaller berichtet, und so hatte sie es auf der anderen Seite des Vulkanberges auch erlebt. Etwa vierzig Prozent des Tages ruhten Gorillas sich aus. Die anderen sechzig wanderten oder fraßen sie, oder beides. Jeden Abend bauten sich die Affen dann neue Nester, die Berggorillas zumeist am Boden. Ava hatte noch nicht begriffen, warum die Tiere sich jeden Tag aufs Neue die Mühe machten, für sie ungenießbare Büsche und Zweige zu sammeln, um sie so kunstvoll zusammenzulegen und zu stecken, dass am Ende ein richtiges Nest entstand, das nicht selten sogar noch mit Moos oder Blattwerk ausgepolstert war. Da sie am Tag ohnehin nur etwa vierhundert Meter zurücklegten, fragte sich Ava, warum sie nicht einfach von einem Platz aus sternförmig ausströmten, um so zumindest vorübergehend einen festen Ort zu haben, an dem sie verweilen konnten. Am Futter konnte es eigentlich nicht liegen. Aber vielleicht patrouillierten sie einfach an den Grenzen ihres eigenen Reviers, damit es ihnen niemand streitig machte. Ava notierte sich die Frage und steckte ihre Machete in einen Ledergurt. Von jetzt an wollte sie kein unnötiges Geräusch mehr machen, das die Tiere womöglich verschrecken könnte.

Ava wollte sich gerade bücken, um ihren Wanderstiefel zuzubinden, als sie es roch. *Das Geräusch kommt vor der Sicht. Und der Geruch kommt vor dem Geräusch.* So hatte sie es im Kongo erlebt, und so schien es auch auf der Ostseite des Berges zu sein. Der süßlich haferige Geruch stieg ihr in die Nase. Sofort begann ihr Herz wie wild zu hämmern. Ohne weiter auf den Schuh zu achten, kroch sie auf allen vieren in die Richtung, wo sie den Haufen vermutete. Sie kniff die Augen zusammen, um vielleicht eine winzige Dampfwolke zu sehen. Noch war es kalt genug, dass es eine geben musste. Dornen piksten ihr in die Hände, und sie hoffte, nicht aus Versehen einen Skorpion zu erwischen. Und da hörte sie es auch. Ein verhaltenes Schnauben oder Grunzen. Entspannt. Friedlich. Es kam von schräg links, und sie schätzte, dass das Tier kaum fünfzehn Meter von ihr entfernt war. Avas Kehle wurde trocken. Hektisch sah sie sich um. Nicht dass sie gerade die Route der Gorillas kreuzte und gleich ein überraschtes Männchen über sie stolperte. Das könnte – und das würde – eher nicht so gut ausgehen. Dass trotzdem ein Teil von ihr sich genau das wünschte, würde sie später in ihr Notizbuch schreiben. Sie hatte noch nie die Textur des dichten Pelzes eines Gorillas gespürt. Wie würde sich ihr Fell anfühlen? Da, ein zweites Schnauben, etwas weiter entfernt, von rechts kommend. Ebenso friedlich. Diese Geräusche hatte sie nie zuvor gehört. Das hatte so gar nichts gemein mit dem lauten »Wragh«, das ein Silberrücken von sich gab, wenn er seine Familie bedroht sah. Das war fast wie die Rückversicherung, ob alle an Bord waren. »Bist du noch da?«, »Ja, alles in Ordnung.« Dann nahm Ava eine Art tiefes Grollen wahr, ein Rülpsen fast – Ava musste lachen. Der Kerl war offenbar ein Spaßvogel, wenn er auf diese Art kundtun wollte, dass es auch ihm sehr gut ging. Danke der Nachfrage. Dieses Tier war noch etwas weiter entfernt, etwa dreißig Meter vor ihr den Hang hinauf.

Sie beschloss, sich links zu halten und vorsichtig noch näher an die Truppe heranzukommen. Der Busch war hier so dicht, dass sie die Gruppe nicht sehen würde, wenn sie sich ihnen nicht weiter näherte. Aufgeregt robbte sie vorwärts. Jetzt hörte sie auch das laute Knacken von Bambus, das Rascheln von Farn und Gras, und dazwischen immer wieder diese schnaubenden, grunzenden Laute, zuweilen gepaart mit schimpansenähnlichem Gekicher. Diese Familie schien Spaß zu haben, sich ausgeruht auf den Weg zu ihrem ersten Mahl zu machen. Und sie schien groß. Dem leichten Vibrieren der Erde und den Geräuschen nach zu schließen, die nun wirklich aus fast allen Richtungen vor ihr zu kommen schienen, tippte sie auf mindestens neun oder elf erwachsene Tiere plus ein paar Jungaffen.

Ava musste sich fast auf die Zunge beißen, um nicht laut aufzuschreien vor Glück. Sie kroch etwas weiter, bereits vollkommen durchnässt von dem feuchten Gras unter ihr, und erspähte schließlich eine Art Lichtung. Würde sie hier einen etwas freieren Blick haben? Im Schutz von drei Farnen zog sie sich vorsichtig an den Rand der freien Fläche und tatsächlich: Den Silberrücken sah sie zuerst. Ganz links stand er dort und war im Begriff, mit dem Brusttrommeln zu beginnen. Ava stockte der Atem. Erst dachte sie schon, er hätte sie entdeckt und würde direkt Jagd auf sie machen. Doch nein, vielmehr war dies offenbar das Zeichen an die Truppe, die erste Pause einzulegen und sich an den Brennnesseln und dem Sellerie, der hier üppig wuchs, gütlich zu tun. Denn sobald sein Trommeln – das Ava übrigens an die dunklen Töne der Mundorgel erinnerte, die ihr Grundschullehrer mal mit in den Unterricht gebracht hatte – verstummte, trudelten zum Glück ein paar Tiere von oberhalb der Lichtung ein und ließen sich direkt ins satte Grün fallen. Drei Affenbabys tollten und tobten umeinanderher, und aus dem Dickicht erklang das Knacken und Schmatzen von Bambus. Das waren nicht neun oder elf Tiere. Diese Familie bestand locker aus vierzehn Erwachsenen, tippte Ava, die zum ersten Mal in ihrem Leben lautlos lachte, und zwar so, dass sie sich den Bauch halten musste. Wie gern wäre sie einfach zu den Tieren gekrochen, hätte sich dazugelegt und nach einer Selleriestange gegriffen. Sie wusste, dass sie das nicht tun durfte, aber sie wusste genauso gut, dass sie einen Weg finden musste, die Tiere an sie zu gewöhnen. Natürlich war das ein Risiko, und Sanwekwe würde ihr sowieso einen Vogel zeigen. Woher konnte sie wissen, ob nicht auch die Berggorillas, ebenso wie die Schimpansen, von denen Cynthia gesprochen hatte, einen Blutdurst in sich trugen? Niemand war den Gorillas bislang so nahe gekommen, um das Gegenteil zu belegen. Wiederum waren die Gorillas, anders als die Schimpansen, reine Pflanzenfresser. Aber in ihrer, Avas Welt, waren Vegetarier auch nicht zwingend die besseren Menschen. Sie würde es herausfinden müssen.

So geräuschlos es ihr möglich war, holte Ava ihr Notizbuch aus dem Rucksack. In Windeseile scribbelte sie die sieben Tiere, die sie sehen konnte. Allen voran den majestätischen Silberrücken und Anführer, ein Koloss von bestimmt zweihundertzwanzig Kilo. Dabei nahm sie erstmals die lange, nach oben gezogene Stirnpartie wahr, die wulstige Brauenpartie und vor allem die so prägnante platte Nase mit den vielen Maserungen, die so überdimensioniert im Vergleich zu den winzigen, tiefer liegenden Augen wirkte. Sie skizzierte das Weibchen, das ein anderes groomte, ihm das Fell nach Parasiten und Geäst durchkämmte, die tollenden Kleinen, die unter Hecheln und Grunzen miteinander balgten. Das nächste Mal würde sie unbedingt ein Aufnahmegerät mitnehmen. So viel stand fest. Niemand hatte bislang von so aufgefeilten, freundlichen und differenzierten Lauten bei den Gorillas gesprochen. Vielleicht war sie auch hier die Erste, die sie hörte.

Nach dem ersten Glückstaumel und der Euphorie spürte Ava, wie Tränen in ihr aufstiegen. Sie fühlte so vieles auf einmal: Sie fühlte sich gesegnet, dass sie das erleben durfte; dankbar, dass sie der Erfüllung ihres Schwurs als Sechsjährige im Zoo von Los Angeles so nahe war wie nie und die Chance bekam, diesen vom Menschen schuldlos gepeinigten Geschöpfen zur Seite zu stehen; und sie fühlte, dass sie angekommen war, nachdem sie mit dem Tod ihres Vaters ihre Familie, ihre Wurzeln und den Rest von Zugehörigkeit verloren hatte. So oft hatte sie sich fremd gefühlt – in ihrem Leben, in ihrer Umgebung, ja, auch in sich selbst. Als wäre sie in einem Auto ohne Fahrer unterwegs gewesen. Als stünde sie hinter einer Scheibe und verstand nicht, was dahinter geschah. Dieses ganze Menschenlaut war einfach nicht ihres. Hier aber, auf dreitausendfünfhundert Meter Höhe, glaubte sie jedes Wort zu verstehen. Und das raubte ihr im wahrsten Sinne beinahe den Atem. Sie unterdrückte einen Hustenreiz. Das wäre jetzt wirklich nicht so günstig ...

Sie beobachtete die Familie – die sie aus pragmatischen Gründen R1 getauft hatte – noch eine Weile, bis der Tross sich, angefeuert von seinem Anführer, langsam wieder in Bewegung setzte. Der Gruppe jetzt zu folgen, würde sie nicht weiterbringen, und sie war auch so schon gefährlich nahe an der Grenze zum Kongo, wenn nicht schon jenseits davon. Genau konnte sie es nicht sagen. Und da sie in der Aufregung ihren Kompass nicht benutzt hatte, hoffte sie nur, dass sie den Weg zurück ohne Mühe entlang ihrer eigenen Schneise finden würde. Sich gleich am ersten Tag und nach dem ersten großen Erfolg in den Nebelwäldern der Vulkanberge zu verirren, stand nicht ganz oben auf ihrer Wunschliste. Auch merkte sie, wie hungrig und durstig sie war. Sie hatte die ganze Zeit über weder gegessen noch getrunken.

Ava wartete, bis die Gorilla außer Sicht und Hörweite waren, setzte sich dann auf einen quer liegenden Baumstamm und stärkte sich an Bananenbrot und der halben Feldflasche mit Wasser. Dann kritzelte sie noch eilig ein paar der Laute in ihr Buch, »na-uuhm« für »Essen ist fertig«, »tschik-tschik-tschik« für »glücklich, lecker, satt«.

Beschwingt mit den Armen schlenkernd machte sie sich auf den Rückweg. Zum Glück ging es jetzt wirklich nur bergab. Wären da nicht die vielen, von Menschenhand angespitzten Bambusstäbe gewesen, die sie allesamt krachend zertrat und zerbrach, hätte sie gepfiffen vor Glück.

FREUD UND LEID

»Sag mal, bist du eigentlich von allen guten Geistern verlassen?«

Ava hatte das Camp am Nachmittag noch nicht ganz erreicht, da war Jake ihr schon mit hochrotem Kopf entgegengelaufen gekommen.

»Ganz und gar nicht«, sagte Ava erschöpft, aber gut gelaunt und besah sich ihre zerstochenen Hände. Die sollte sie schleunigst desinfizieren. Nicht dass sich noch etwas entzündete. »Ich habe sogar ganz viele gute Geister *getroffen*. Bestimmt so an die zwanzig.« Ava strahle Jake an.

Dessen Wut schien sofort zu verpuffen, denn er ließ die erhobenen Arme schlaff fallen. »Willst du damit etwa …?«

Ava grinste so breit, dass ihr fast der Kiefer wehtat. »Ja!«, juchzte sie und trommelte gegen Jakes harte Brust. »Und sie machen so: ›na-uuuhm‹«, jaulte sie auf. »Und so: ›tschik-tschik-tschik‹. Es war einfach überwältigend, Jake.«

Ohne ein weiteres Wort nahm Jake Ava in seine Arme und küsste sie auf den Scheitel. »Du bist einfach unmöglich, Ava Carter. Kannst du dir vorstellen, wie besorgt wir hier alle waren?«, murmelte er ihr ins Ohr.

Ava räusperte sich und machte sich los. War das nicht gerade ein bisschen zu vertraut? »Och, ich denke, nicht alle waren wirklich besorgt. Manche wären die Hexe bestimmt gern los«, sagte sie burschikoser als beabsichtigt. »Ich würde mich jetzt gern etwas frisch machen. Wir sehen uns dann beim Abendessen und ich erzähle dir alles, okay?«

Sie drehte sich schon um, doch Jake fasste ihr Handgelenk und zog sie zurück. Mit durchdringendem Blick sah er sie an. Aber da schwang auch noch etwas anderes mit. Angst? Zärtlichkeit? »Ich meine es ernst, Ava. *Ich* habe mir Sorgen gemacht. Tu das nie wieder, hörst du? Versprich mir das. Egal, wie mutig du bist. Du bist ein Mädchen aus der Großstadt, und du kennst die Gefahren nicht, die im Busch auf dich warten. Und egal, wie sehr du die Affen zu lieben glaubst – sie tun es umgekehrt nicht, Ava. Es sind Tiere!«

Ava schluckte. Die letzte Moralpredigt hatte sie mit siebzehn von ihrem Dressurcoach über sich ergehen lassen müssen, als sie sich während eines Ausbildungscamps in einem Anfall von Übermut den noch nicht eingerittenen Junghengst geschnappt hatte, und sich, ohne zu zögern, auf seinen Rücken geschwungen hatte. Sie war sich sicher, dass der Hengst – ein wunderschöner Rappe – aufgrund der engen körperlichen Verbundenheit ihre Signale spüren und die Einheit zwischen ihm und ihr zulassen würde. Ein Trugschluss, wie sie Sekunden später erfahren musste, als das Tier sie wild buckelnd abwarf und sie mit dem Kopf nur knapp neben dem Metallpfeiler des Gatters landete. Ihr Coach war furchtbar wütend gewesen und hatte sie in Grund und Boden gebrüllt. Sicher, er hatte sich auch Sorgen gemacht – und sei es nur wegen seiner Aufsichtspflicht –, aber er hatte sie nicht so angeschaut.

»Ich verspreche es, Jake«, sagte Ava mit belegter Stimme, um dann aber das Kinn zu recken. »Allerdings lieben die Menschen mich auch nicht, und ich weile trotzdem unter ihnen, ohne um ein Leben zu fürchten. Wir werden sehen, ob es unter den Berggorillas womöglich sicherer ist ...«

Mit diesen Worten machte sie sich los und stapfte in ihre Hütte.

Die Nacht war sternenklar, als sich ein paar der Männer, Sanwekwe, Jake und Ava zum Essen um das Feuer versammelten. Nicht alle Arbeiter waren zugelassen, um mit den Amerikanern gemeinsam »am Tisch« zu sitzen. Die Auswahl traf Sanwekwe, und Ava vertraute darauf, dass er wusste, wo und wie er Grenzen zu ziehen hatte. Sie war froh, dass sie nichts damit zu tun hatte, als weiße Amerikanerin fühlte sie sich gegenüber den Schwarzen Arbeitern sowieso schon schuldig. Auf der anderen Seite war sie bei dieser Unternehmung nun mal der Boss.

Keza hatte eine Maissuppe mit Süßkartoffeln zubereitet – ein einfaches, wenngleich schmackhaftes Mahl, auch wenn Ava insgesamt ein Himmelreich für ein ordentliches Steak gegeben hätte. Sie war sich sicher, dass sich ihre körperliche Verfasstheit auch deswegen nicht recht bessern wollte: Ihr fehlten schlicht die Proteine. Aber was sollte man tun, in der Wildnis Zentralafrikas gab es nun mal keinen Drive-in.

Sanwekwe hatte Avas Alleingang zunächst mit mürrischem Schweigen bestraft, taute dann aber doch bald auf, als Ava erneut die unterschiedlichen Gorilla-Laute vorführte.

»Hast du das alles schon gehört, Sanwekwe?«, fragte Ava und gab eine ganze Reihe grunzender, rülpsender, klopfender und keckernder Geräusche von sich. Mehr und anders, als sie sie wirklich gehört hatte, aber es gefiel ihr, wie die Augen des Trackers zu funkeln begannen. »Es waren so viele unterschiedliche Laute. Sie kommunizieren miteinander, also, sie teilen sich einfach mit. Haben Spaß daran, ihre Freude zu teilen. Sind fast übermütig gewesen. Kennst du das, Sanwekwe?«

Der Tracker schob sich seinen Hut etwas weiter nach hinten auf den Kopf und kratzte sich an der Stirn. »Nein, Miss, wenn ich ehrlich bin, dann kenne ich das, glaube ich, so nicht. Aber wir waren bislang auch noch nie so lange so nah an einer Gruppe dran. Und diese scheint wirklich groß. Gab es noch einen zweiten Silberrücken?«

»Sanwekwe, wann wirst du dich endlich dazu aufraffen, mich nur noch zu duzen? Ich mag es nicht, wenn du mich immer noch Miss nennst.«

»Damit kann ich leben, Miss«, erwiderte ihr Fährtenleser und grinste sie keck an. »Aber gab es einen zweiten?«

Ava überlegte. »Gesehen habe ich keinen, aber im Busch waren sicher noch zehn weitere Tiere, und es ist schon gut möglich, dass die andere Flanke der Familie vielleicht noch von einem älteren Männchen bewacht wurde. Warum fragst du?«

Sanwekwe zuckte mit den Schultern. »Er wird sich früher oder später abspalten, um seine eigene Familie zu gründen. Wenn wir ihn früh genug finden, können wir ihn vielleicht beschützen.«

Ava setzte sich aufrecht hin. »Beschützen?«

Sanwekwe stocherte mit einer Astgabel in der Glut und entfachte dadurch erneut das Feuer. »Vor Wilderern?«

Ava zog besorgt die Stirn in Falten, und auch Jake hörte nun aufmerksam zu.

»Es ist leichter, einzelne Tiere oder ein junges Paar zu jagen, als sich mit einer Familie anzulegen«, fuhr Sanwekwe fort, und Ava entging nicht, wie er jede Alarmiertheit aus seiner Stimme zu nehmen versuchte. Er machte eine beschwichtigende Handbewegung. »Wir sollten einfach eng an Ihnen dranbleiben. Morgen früh um fünf? Passt Ihnen das?« Mit diesen Worten stand er auf, wünschte allen eine gute Nacht und ging zu seiner Hütte.

Die anderen Männer hatten sich ebenfalls verabschiedet, so dass nur noch Jake und Ava am Feuer saßen und eine Weile schweigend in die knisternde Glut schauten.

Schließlich war es Jake, der die Stille durchbrach. »Du hast Cynthia damals gar keine Antwort gegeben.«

»Was?« Aus den Gedanken gerissen schaute Ava hoch.

»Cynthia ... Auf ihre Frage, warum du das eigentlich machst.«

»Ach das«, erwiderte Ava und rieb sich den Handrücken. Der rechte war ziemlich angeschwollen und spannte, und sie hoffte, dass sie das morgen auf der Wanderung nicht zu sehr beeinträchtigen würde. »Ich habe ihr doch geantwortet. Ich möchte unsere Vorfahren näher kennenlernen.«

Jake lachte. »Ja, schon, aber das ist ja keine Antwort auf die Frage nach dem Warum.«

Nachdenklich schaute Ava auf. Warum? Gab es das wirklich – diese monokausalen Zusammenhänge? Diese direkten Linien, die einem im Leben auf geradem Weg noch A nach B führten? Waren es nicht vielmehr die verschlungenen, dem Menschen unbekannten Pfade, die Sehnsüchte und Wünsche im Innern ganz unbemerkt wachsen und Gestalt annehmen ließen? Durch Zufälle in eine Richtung gelenkt, ein Stück weit vielleicht sogar genetisch angelegt? Solange sie denken konnte, war sie von einer gewissen Abenteuerlust getrieben. Und schon immer hatte sie sich draußen in der Natur besser gefühlt, freier, als drinnen, eingepfercht in einem Gebäude. Und die Bilder von Afrika, die Savanne, die Urwälder, die Tiere – all das hatte sie seit jeher auf ganz besondere Weise berührt und angezogen. Ihre Entscheidung, eines Tages die Berggorillas zu besuchen und im Idealfall auch zu studieren, konnte sie ganz genau datieren. Das war im Frühjahr 1960 gewesen, als Lester ihr einen Freund vorstellte, ein Reisejournalist, Taio hieß er. Der hatte ihr erstmals von der Existenz und der Bedrohung der Berggorillas in Afrika berichtet. Fasziniert hatte Ava an seinen Lippen gehangen, und ganz sicher war an diesem Tag die Entscheidung gefallen, ihr Leben diesen Tieren zu widmen, in welcher Form auch immer. Aber das war nur der Moment gewesen, in dem ein längst vorhandener Wunsch zum Leben erweckt worden war. In ihr angelegt wurde der Wunsch schon früher. Viel früher. An ihrem sechsten Geburtstag, um es genau zu sagen.

Ava räusperte sich. »Ich weiß noch, dass es ein unglaublich heißer Tag war und der Himmel so azurblau, als hätte er selbst gerade ein Bad im Meer genommen«, begann sie. »Ein paar Möwen zogen im Gleitflug ihre sanften Bahnen. Das Eis schmolz so schnell über den Rand der Waffel, dass ich es mir von den schon ganz klebrigen Fingern ableckte.« Ava lachte kurz auf. »Mein Vater und ich wollten in den Zoo gehen. Es war mein sechster Geburtstag. Wie oft hatte ich ihm damit schon in den Ohren gelegen ... Den ganzen Morgen über war ich schon so aufgeregt gewesen, dass ich meine geliebten Cornflakes nicht einmal anrührte. Endlich sollte ich all die Tiere in echt sehen. Tiger, Elefanten, Giraffen ... und die Affen. Natürlich auch die Affen.« Ava stockte. »Meine Mutter konnte nicht mit. Sie arbeitete als Sekretärin bei den MGM-Filmstudios, und an diesem Tag wurden die Schlussszenen zu einer Hollywood-Schnulze gedreht, *Gone with the Wind*. Sie war völlig außer sich, weil sie hoffte, einen Blick auf den Star des Streifens, Clark Gable, erhaschen zu können.« Ava lachte kurz auf. Jake schwieg. »Der Zoo war ziemlich leer an diesem Vormittag, so dass ich mich nicht mit den anderen Besuchern um einen Platz in der vordersten Reihe an den Zäunen und Gitterstäben balgen musste. Mein Vater hatte mit Absicht den äußeren Rundweg in östlicher Richtung benutzt, was ich damals natürlich nicht wusste. Aber so kamen wir erst ganz zum Schluss zu dem Affengehege. Für mich das absolute Highlight, denn am liebsten hätte ich auch schon damals so einen »Menschenhund« als Haustier gehabt ... na ja ... was man so denkt als Kind.«

Ava richtete sich kurz auf und streckte den Rücken durch. »Willst du wirklich noch mehr hören?«

»Du hast ja noch gar nicht angefangen.«

Ava nickte. »Aus dem Eis war inzwischen eine rosa Zuckerwatte geworden. Ich weiß noch, wie ich gebannt die Absperrung zur Gorillainsel umklammerte und mein Gesicht zwischen die Stäbe zwängte, um mir nichts von dem Schauspiel entgehen zu lassen. Vollkommen verzaubert beobachtete ich diese massigen, friedlichen Wesen, wie sie die Felsen hochsausten, sich ein Schilfbüschel nahmen und es genüsslich mampften, sich das Fell lausten oder sich im Schatten ausruhten. Ein herrlicher Anblick ... bis ... diese schrecklichen schrillen Schreie ertönten. Wie von einem Kind ...«

»O Gott, Ava«, entfuhr es Jake, doch sie machte nur eine abwehrende Handbewegung.

»Mein Vater packte mich an der Schulter und wollte mich von dem Gitter wegzerren, aber ich sah noch, wie sich ein Jungtier am Wassergraben irgendwie verfangen oder den Fuß eingeklemmt hatte. Jedenfalls schrie es mit weit aufgerissenem Mund, blickte sich immer wieder hektisch nach links und rechts um, als würde es Hilfe erwarten.

Und wirklich rannten dann ein gigantischer Silberrücken und ein Muttertier unter angstvollem Gekreische direkt auf den Graben zu.

Ich weiß noch, wie ich fürchterlich zu weinen anfing und die Hand meines Vaters so doll drückte, dass es auch mir schon wehtat. Ich rief: ›Papa, Papa, was ist da los? Sie müssen dem Kleinen helfen. Warum hilft ihm denn niemand?‹

Inzwischen waren auch die anderen Affen unruhig geworden, bewegten sich nervös auf den Wassergraben zu. Und da endlich öffnete sich hinten eine Tür zu dem Gehege. Sechs Männer mit Gewehren und langen Stäben formierten sich im Halbkreis auf dem Gelände. Sie näherten sich der Unglücksstelle, als würden sie ein imaginäres Netz zuziehen. Sie schrien laut ›Ho-ho!‹, klapperten mit ihren Gewehren, und aus den Spitzen ihrer Metallstäbe zuckten grelle blaue Blitze. Ein paar der Tiere rissen halb angstvoll, halb drohend das Maul auf und stießen kreischende Laute aus, wagten es jedoch nicht, sich den Männern zu nähern. Ich war wie erstarrt … begriff nicht, was sich da anbahnte. Ich wollte nicht, dass sie den Tieren wehtaten, aber vermutlich war mir längst klar, dass genau das geschehen würde.

Die Wärter waren nun bei dem Graben angelangt, wo das Muttertier nach wie vor versuchte, das Junge zu retten, dessen Kopf inzwischen immer häufiger unter Wasser tauchte. Es hatte nicht mehr die Kraft, sich mit den Armen rudernd oben zu halten. Ich begann zu schreien und zu schluchzen, und irgendwann gelang es meinem Vater, mich von dem Gehege wegzuzerren. Das war ziemlich genau in dem Moment, als der Schuss ertönte. Ich ließ die Zuckerwatte fallen und spürte, wie ein warmer Strahl meine Beine hinablief. Mein Vater nahm mich auf den Arm, und mir wurde schwarz vor Augen.« Ava blickte in den dunklen Wald. Sie hasste diese Erinnerung und was sie in ihr hinterlassen hatte. Jake kannte die Geschichte nun, aber er musste ihr Gesicht dazu nicht sehen. Hastig wischte sie sich mit der Hand über die Wange. »Tja, ich vermute, vielleicht war das der eigentliche Anfang und der Grund, warum ich heute hier bin.«

Ava hörte, wie Jake aufstand und hinter sie trat. Sie erschauderte und verschränkte die Arme vor der Brust, als sie spürte, wie er sie umfing und seine Hände sich auf ihre legten. »Ich bin froh, dass du damals im Zoo warst und dieses Erlebnis hattest.«

Ava schwieg, aber ihr klopfte das Herz bis zum Hals. Sie ahnte schon, was jetzt folgte. Sie war sich nur nicht sicher, wie genau er es meinte.

»Sonst wären wir beide jetzt ganz sicher nicht hier.« Mit einem trockenen Kuss auf ihren Scheitel gab er sie wieder frei. »Es ist Zeit, schlafen zu gehen. In sieben Stunden ist die Nacht rum.«

Ja, sagte sie tonlos und wartete, bis Jake weg war.

Mit einem Fingerschnippen rief sie Bella zu sich und wollte gerade in ihre Hütte gehen, als ihr Hund zu knurren begann und im selben Moment ein lautstarkes »Wraaagh« aus den Bergen zu ihr drang. Der alarmierte Ruf multiplizierte sich in einem Echo, das die Hänge der Virunga-Berge sich zuspielten wie einen Ball.

»Wraaagh-wraaagh-wraaagh«. Ganz klar das Signal eines Gorilla-männchens. Ava lauschte in die Nacht, und auch Jake war noch einmal aus seiner Hütte gekommen. »Glaubst du, das kommt von deiner Gruppe?«, fragte er, plötzlich wieder hellwach.

»Scht«, machte Ava und schüttelte dabei den Kopf. Sie horchte in die Dunkelheit, ob sich noch andere fremde Geräusche in die Stille mischten. So eine Kampfansage konnte viele Gründe haben. Eine Büffelherde, vielleicht ein Männchen, das dem Anführer seine Rolle streitig machte. Aber das passierte eigentlich nicht nachts, wenn alle schliefen. Dennoch: Sie vernahm kein Hundegebell, keine Schüsse und auch kein Rufen von potenziellen Wilderern. Zum Glück. Gleichwohl, da war es erneut, ein lautes »Wraaagh«. Es kam ziemlich weit aus dem Osten, zu weit, dachte Ava, als dass es Taio – so hatte sie ihren ersten Silberrücken der Gruppe R1 getauft – gewesen sein könnte. Die Familie war heute gen Westen marschiert, Richtung Mount Karisimbi. Es musste ... da war tatsächlich noch eine Gruppe unterwegs.

»Jake«, sagte Ava mit bebender Stimme. »Das ist nicht die R1. Das ist eine andere Familie ... Oh Jake. Es ist unfassbar. Zwei Familien so dicht beieinander. Und so dicht bei uns. Oh nein, vielleicht sollten wir uns morgen aufteilen und beide Gruppen ... vielleicht ...«

»Ava«, ermahnte Jake sie, »nun mal ganz langsam. Das ist wohl das schönste Abschiedsgeschenk, das man dir heute machen konnte. Jetzt ruh dich aus. Irgendwas hat das Tier provoziert, aber es klang nicht lebensbedrohlich. Wir werden die Gruppe morgen finden, eine der beiden, und dann sehen wir weiter.«

Trotz klopfendem Herzen musste Ava Jake recht geben. Im Moment konnte sie nichts mehr tun. Aber sie wusste, sie war hier im Regenwald nicht allein. Schon bald hätte sie alle Hände voll zu tun. Hoffentlich würde sie schnell noch mehr Investoren finden. Ein paar Forschungsinstitute konnte sie bereits gewinnen. Ebenso wie einige wenige private Unterstützer mit Interesse an den Primaten. Am besten sogar den Forschungsauftrag der Cambridge University erhalten. Aufgeregt lief sie zu ihrer Hütte und zündete die Kerosinlampe an. Was für ein ereignisreicher Tag. An Schlaf war jetzt ohnehin nicht mehr zu denken. Sie besah sich ihre zwei Notizbücher, eines mit braunem Ledereinband, das andere ein DIN-A4-Collegeblock. Das eine für ihre Forschungen. Das andere für sie privat. Sie nahm den Block, griff nach ihrem Bleistift und schrieb:

Hi Dad,
ich glaube, du wärst heute sehr stolz auf dein kleines Mädchen gewesen (abgesehen von der Tatsache, dass du umgekommen wärst vor Sorge) ...«

In dem Schatten, den ihre Hand im Schein der Lampe warf, konnte Ava die Sätze kaum ausmachen, die sie, ohne abzusetzen, zu Papier brachte. Aber das machte nichts. Sie war gut im blind Schreiben, und ihr Vater verstand die Sprache ihres Herzens auch ohne Worte.

ERSTE ANNÄHERUNG

An diesem Morgen überließ Ava Sanwekwe das Tracking, wenn auch nur ungern. Sie hatte dem Fährtenleser von der nächtlichen Überraschung erzählt, und Sanwekwe hatte keine Sekunde gezögert, um nach dieser Gruppe zu suchen.

»Aber warum?«, protestierte Ava lautstark, die lieber Taio wiedergesehen hätte und nun fürchtete, die andere Familie wäre eine frische Neugründung und bestünde demnach im schlimmsten Fall nur aus zwei Tieren. Oder sogar nur aus einem, dem einsamen Männchen, das seine Familie erst noch gründen musste.

»Miss Carter, Sie waren gestern schon zu nah an der kongolesischen Grenze, wenn nicht auf der anderen Seite. Das ist zu gefährlich. Wir kennen das Terrain hier noch nicht besonders gut. Und Sie wissen, was man mit Leuten wie uns macht, wenn sie auf das falsche Gegenüber treffen. Wir gehen nach Nordost und damit basta.«

Ava wusste, dass sie dem nicht viel entgegensetzen konnte. Sie hatte mit ihrem Alleingang gestern ohnehin schon viel Glück gehabt, und dass sie dann auch noch halbwegs unversehrt wieder in das Camp gefunden hatte, war auch nicht selbstverständlich gewesen. Also gab sie seufzend nach. Sie waren zu viert. Zwei Packer, Sanwekwe und sie selbst. Jake war im Camp geblieben, er hatte noch etwas Korrespondenz mit der *National Geographic* und dem *San Francisco Chronicle* zu erledigen, denen er eine Kolumne anbieten wollte. Außerdem meinte er, dass es für eine große Fotoreportage ohnehin noch zu früh sei. Durchs Blattwerk geknipste Berggorillas in zwanzig Meter Entfernung gäbe es schon genug, hatte er gemeint.

Ava war das ganz lieb gewesen, fühlte sie sich in Jakes Gegenwart doch zunehmend befangen und auf eine Art kribbelig, die sie nicht so ganz einordnen konnte. Oder wollte. In keiner Weise vergleichbar mit ihrem »Lester-Gefühl«.

Sie waren zwei Stunden in zügigem Tempo vorangekommen, als Sanwekwe plötzlich die Hand hob. Ava freute sich schon. Hatte er etwas gehört, das ihr noch entgangen war? War die Gruppe zwei womöglich ganz in der Nähe?

Sanwekwes Miene aber signalisierte etwas anderes. Er wirkte besorgt, oder irritiert. Ava kniff die Augen zusammen und suchte die Umgebung ab. Die Sonne war bereits aufgegangen, und die silbrigen Schatten der Nacht waren einem Zwielicht gewichen, in dem man die Konturen der Gräser und Bäume in allen Nuancen von Grün ausmachen konnte, durchsetzt von den pinken Tupfen der Oleanderblüten. Der Regen hatte eingesetzt, irgendwo am Himmel zog ein Falke kreischend seine Bahnen. Und da sah Ava es auch. Zwei Meter vor ihnen, am Boden, bewegten sich die Blätter. Beziehungsweise es bewegte sich etwas, das eher aussah wie eine Platte aus feinem Blattwerk und Ästen. Eine Platte mit einem großen Loch in der Mitte, das ihnen schwarz entgegengähnte. Jetzt hörte Ava auch ein leises Fiepen. Vor Schreck hielt sie sich die Hand vor den Mund. Die Packer nutzten die Pause, um sich schwatzend und lachend auf einen

Baumstamm zu setzen und sich eine Zigarette anzuzünden. Sie schien der Fund nicht im Mindesten zu interessieren.

Sanwekwe hatte vorsichtig drei Schritte an den Rand des Lochs gemacht und sich davor hingehockt. Auch Ava näherte sich nun dem von Menschen gemachten Schlund. Vorsichtig, als würde gleich ein wildes Tier daraus hervorspringen, beugte sie sich über das Loch. Sie schrie auf, und Sanwekwe legte ihr beschwichtigend eine Hand auf den Arm. Neun angespitzte Bambusstäbe hatten Jäger in diesem Loch vergraben, und drei von ihnen hatten sich brutal in den Körper eines Antilopenkitzes gebohrt, das nun verängstigt, zitternd, bebend und fiepend aus seinen dunklen Augen um sich blickte. Rinnsale von Blut liefen über sein goldbraunes Fell und hatten es bereits dunkel eingefärbt. Es lebte, versuchte, sich zu befreien, zappelte mit den Läufen und verstand nicht, wieso sein Körper aufgespießt auf den Stäben sich nicht bewegen ließ. Als es die beiden Menschen witterte, wurde es noch unruhiger, beschleunigte seinen eigenen Todeskampf. An Rettung war hier nicht mehr zu denken, das wusste auch Ava. Dieses Tier würde qualvoll verenden, wenn sie es nicht erlösten.

Sanwekwe zog seine Pistole aus dem Hüftgürtel, und als der Schuss erklang, flatterte ein Schwarm Schildraben aufgeregt aus den Baumwipfeln auf.

»Wir nehmen es mit«, befand Sanwekwe knapp und machte den Männern bereits ein Zeichen.

»Stop!«, rief Ava hart. »Wir nehmen es ganz sicher nicht mit. Wir werden es begraben und diese miese, niederträchtige Falle von diesen Schweinen zerstören. Das ist es, was wir tun werden!« In dunklen Schlieren liefen Ava Tränen über das Gesicht. »Was sind das nur für Ungeheuer, die diese hilflosen Tiere so gnadenlos jagen und umbringen. Was ist der Mensch nur für ein Ungeheuer.«

»Ava«, sagte Sanwekwe eindringlich. »Jetzt hören Sie mir mal gut zu. Die Menschen, die diese Fallen bauen, haben Hunger. Sie haben Familien, die sie ernähren müssen. Sie sind Jäger, verstehen Sie? Wir sind hier im Busch, Ava. Es gibt hier keinen Supermarkt mit frischem Rindfleisch aus New Mexico und Florida-Orangen. Verstehen Sie das? In Ruanda gibt es Mais, Mangos, Avocados, Bananen und Kartoffeln. Und es gibt Bauern, Hirten und Jäger. Und zwar sehr viele für dieses kleine Land. Also werden Fallen errichtet, um ab und zu auch mal an Fleisch zu kommen. Nichts daran ist unmenschlich. Es ist der Lauf der Natur. Wir nehmen die Antilope mit. Nicht verhandelbar.«

Erneut gab er den Männern ein Zeichen, die sich bereits vor dem Loch positioniert hatten, aber nicht wussten, wie sie mit der wütenden weißen Lady umgehen sollten. Es schien, als sei das Kräftemessen noch nicht entschieden.

»Wenn wir sie mitnehmen, finden wir morgen die nächste in einer anderen Falle. Das ist doch Irrsinn!«

»Wenn wir sie begraben, passiert dasselbe. Es passiert sowieso dasselbe. Sie werden mit diesem Umstand leben müssen, Miss Carter. Wenn Sie in Ruanda Berggorillas erforschen wollen, werden Sie nicht umhinkommen, auch den Hunger der Menschen hier zu spüren. Sie und Ihre Affen sind nicht allein auf dieser Welt, wissen Sie.«

»Ja, leider«, murmelte Ava und machte einen Schritt zurück, so dass die beiden Packer in die Falle steigen und das tote Tier befreien konnten. Sie wickelten es in ein graues Leinentuch, das sie als Decke dabeihatten. Als die beiden fertig waren, sprang auch Ava in die Falle und zertrampelte wütend die Bambus-speere. Mit drei blutigen Spitzen kletterte sie wieder heraus und wischte sich mit dem Arm eine blonde Strähne aus der Stirn, die sich aus ihrem geflochtenen Zopf gelöst hatte.

Mit dem frischen Blut malte sie ein fratzenhaftes Frauenge-sicht auf zwei Baumstämme rechts und links der Falle. Die Haare standen wie bei einer Medusa wild vom Kopf ab, und der Mund war weit aufgerissen. Sie würde es nicht dulden, dass Wilderer in diesen Höhen ihr Unwesen trieben und morgen womöglich ein Gorillababy aus Versehen in so einem Todesloch landen würde. Niemals. Diese Schlacht war noch nicht geschlagen. Und egal, was ihr Tracker sagte, sie würde es nicht zulassen.

»Gehen wir«, sagte sie schließlich und sah die drei Männer streng an. Erkannte sie Belustigung in den Augen der Packer? Sie spürte, wie eine neue Welle des Zorns sie übermannte, schluckte die Wut aber herunter. Hoffentlich hatte der Schuss die Gorillas nicht vertrieben – so sie denn überhaupt auf dem richtigen Weg waren. »Wo geht es lang?«

Statt einer Antwort zeigte Sanwekwe schweigend in Richtung nördlichem Gipfel des Mount Visoke und stapfte voran.

Avas Laune war auf dem Tiefpunkt, als sie sich nach zwei Stun-den noch immer glücklos durch den Matsch kämpften. Es reg-nete seit Stunden, die Wolken hingen so tief, dass sie wie Nebel-schwaden durch den Wald zogen und sich an den Efeuranken verfingen. Wie lauter feingliedrige Fangarme mit spitzen Finger-nägeln wirkten sie, als wollten sie nach Ava greifen, sie verhöh-nen. Dunkel war der Tag und dunkel Avas Gemüt. Sie war durchnässt bis auf die Knochen, und gleichzeitig lief ihr von dem anstrengenden Marsch der Schweiß über die Stirn. Nicht ideal für ihre gereizten Lungen. Die arme Antilope ging ihr nicht aus dem Sinn, die feixenden Blicke der Männer, Sanwekwe, der sie behandelt hatte, als wäre sie nicht der Boss, sondern ein dummes Mädchen, dem man mal ein paar Grundregeln beibringen musste. Das Einzige, was sie jetzt vielleicht trösten könnte, wäre der Anblick einer Gorillafamilie, und das war dann auch der Grund, warum sie nicht einfach aufgab und umkehrte, sondern verbissen einen Höhenmeter nach dem anderen erklomm.

Und wirklich, um kurz vor elf, als sich auch der Himmel versöhnlich zeigte und einzelne dünne Sonnenstrahlen durch die grauweiße Wolkendecke brachen, die gierig alle Feuchtigkeit aufzusaugen schienen, dass es nur so dampfte, da hörten sie sie: ein Knacken, ein Bellen, ein Grunzen, ein Keckern – ganz unverkennbar eine Gruppe Berggorillas. Sie mussten ihren Weg bereits gekreuzt haben, denn die Geräusche kamen von hinten, und Ava vermutete, dass sie den Dung in dem allumfassenden Matsch einfach nicht als solchen erkannt, geschweige denn gerochen hatten.

Mit einer Geste bedeutet Sanwekwe seinem Treck, leise in die Hocke zu gehen. Ava drehte sich um und ließ sich nieder, die Augen zu Schlitzen verengt, den Kopf leicht zur Seite geneigt. Fünfzig Meter, so schätzte sie, waren sie entfernt, und die Familie bewegte sich mehr oder weniger auf sie zu. Wie schon am Vortag klopfte Ava das Herz bis zum Hals. Sie hoffte, dass es nicht auch hier oben, noch mal etwa achtzig Meter höher und tief im Nationalpark, diese entsetzlichen Fallen gab, in die jederzeit auch ein Big Ape tappen könnte.

Ava legte sich flach auf den Bauch und zog sich mit den Ellbogen zentimeterweise nach vorne. Sie hörte einen scharfen Zischlaut, der sicher von Sanwekwe kam und ihr sagen sollte, dass sie sich gefälligst nicht vom Fleck rühren solle. Ava grinste. Das war jetzt mal eine Retourkutsche nach ihrem Geschmack!

Und was glaubte der Tracker denn? Sie hatte gestern längst beschlossen, dass die Erforschung der Affen nur dann sinnvoll möglich wäre, wenn sie ihr Vertrauen gewänne. Und wie gewinnt man ihr Vertrauen? Indem man Teil der Familie wird. Und genau das hatte Ava vor: Sie wollte die Gorillas kennenlernen, indem diese sie als ein Mitglied ihrer Gruppe akzeptierten. Sie war es, die die These aufgestellt hatte, dass Gorillas friedliche Wesen waren. Demnach konnte ihr nichts passieren, wenn sie es nur behutsam genug anging!

Das Knacken der stakseligen Tannen und das Schmatzen und Malmen der Truppe, die sich auf ihrem Weg kleine Snacks auf die Hand gönnten, kam näher. Der Platz heute schien für ihr Vorhaben geradezu perfekt. Zwar gab es hier keine Lichtung, aber es wuchs auch kein dichtes Buschwerk. Der Boden bestand eher aus holzigem Mulch. So war die Sicht besser und sie hatte es etwas trockener. Sie robbte sich noch ein bisschen weiter vor, als sie auch den Anführer der Truppe erspähte. Sie nannte ihn sofort Clark – wie Clark Gable, nur dass Ava beschloss, ihrem Helden näher zu kommen als ihre Mutter damals dem Schauspieler. Zeitgleich mit ihm trotteten vier weitere Tiere in ihr Sichtfeld, und Ava konnte ihr Glück kaum fassen, als sie darunter eine Mutter mit einem Neugeborenen entdeckte. Sie trug es eng an ihre Brust gedrückt und umfasste es immer mal wieder schützend mit einer Hand. Der kleine Fratz konnte höchstens ein paar Wochen alt sein, denn die Haut seiner Fußsohlen und was sie von dem kleinen Gesichtchen sehen konnte, schimmerte purpurfarben. Die Pigmentierung war also noch nicht abgeschlossen. Aufgeregt zog sie den Rucksack zu sich heran, wobei sich ihre Feldflasche aus der Schnalle löste und gegen ein Stück Ast kratzte. Sofort verharrte Ava reglos, doch der Silberrücken hatte sie bemerkt: Alarmiert stemmte er sich auf seine zwei Beine, sah sich suchend um und gab ein lautes Brusttrommeln von sich. Das rief weitere drei Tiere auf den Plan, erneut ein Weibchen darunter, das ihr Kleines bereits auf dem Rücken trug. Demnach war ihr Nachwuchs etwa ein Jahr alt, anderthalb vielleicht. Überhaupt schien es in dieser Gruppe, R2, nur Clark, seine Frauen und deren Kinder zu geben. Bislang hatte sie noch kein zweites erwachsendes Männchen ausmachen können. Sie drehte vorsichtig den Kopf zu Sanwekwe und versuchte ihm zu signalisieren, das Aufnahmegerät anzuschalten. Diese Töne musste sie einfach auf Band haben! Der aber wedelte nur hektisch mit den Armen, um ihr zu bedeuten, schleunigst den Rückzug anzutreten. Doch Ava dachte gar nicht daran. Zumal sie sicher war, dass der Silberrücken zwar das fremde Geräusch gehört, sie aber noch nicht gesehen hatte. Und selbst wenn ...

Erneut trommelte Clark sich inbrünstig mit den Fäusten gegen seine Brust, die beiden Weibchen suchten nervös bellend, aber nicht hektisch, Schutz in der Mitte der Truppe. Nun nahm sie einen weiteren bellenden Ruf wahr, der jedoch von hoch oben aus den Baumwipfeln zu kommen schien. Neugierig drehte Ava sich auf den Rücken und sah links von sich in einer großen Vernonia tatsächlich doch noch ein weiteres Männchen, erwachsen, aber noch schwarz im Fell. Ava musste grinsen – so, wie sich die Äste unter dem Gewicht des geschätzten Einhundertsiebzig-Kilo-Brockens bogen, während der sich genüsslich ein paar Blüten in den Mund schob und offenbar nicht die leiseste Sorge hatte, dass der Stamm brechen könnte. Tatsächlich war die Vernonia auch ein Staudengewächs, und Ava vermutete, dass die Äste extrem elastisch waren. Auch dieser Kumpel da oben, sie taufte ihn Buddy, schien aufmerksam, halbwegs jedenfalls, aber nicht wirklich besorgt. Wenn niemand hier ihre Anwesenheit oder ihren Geruch als dramatisch erachtete, dachte Ava, warum sollte sie dann Angst haben? Mit einer Daumen-hoch-Geste versuchte sie Sanwekwe mitzuteilen, dass sie alles im Griff hatte und er sich bitte zurückhalten möge. Sie hoffte, dass er das verstand. Denn wenn etwas die Situation zum Eskalieren bringen konnte, dann gewiss nur der Zwist unter zwei merkwürdig kreischigen Wesen auf zwei Beinen.

Ava klopfte das Herz bis zum Hals, als sie sich nun die entscheidenden nächsten fünf, zehn Zentimeter auf die Gruppe zubewegte. Das Gesicht hielt sie dabei dicht am Boden, während sie sich mit dem Fuß immer wieder ein paar Zentimeter nach vorne schob. Ihre Hände knickte sie in den Gelenken ein, um sich ansatzweise rund zu machen. Alles, was sie signalisierte, sollte Demut und Ergebenheit ausstrahlen, und es war – anders als in ihrem Leben unter Menschen – erstaunlicherweise auch genau das, was sie in der Nähe der Tiere empfand: Demut, Ergebenheit und tiefe Dankbarkeit. Mindestens einer der Gorillas musste sie jetzt gesehen haben, denn aus der Mitte drang hektisches Schnattern, so wie Hühner, die durcheinanderstoben. Ava war nicht sicher, ob sie in ihr den Wolf sahen oder einfach den Hasen, der da nicht hingehörte. Sie robbte weiter. Nun wurde es dem Silberrücken aber wohl doch zu bunt, und der Anführer stieß ein lautes einsilbiges Brüllen aus, das etwa zwanzig Sekunden andauerte. Der Rest der Truppe verharrte darauf in Schweigen. Ob Jake den Ruf im Camp gehört hatte? Hoffentlich, dachte Ava. Er durfte sich ruhig mal ein bisschen um sie sorgen. Sie selbst war inzwischen ganz ruhig geworden und blieb einfach liegen. Weiter nach vorn wagte sie sich nun nicht mehr, aber das war auch nicht nötig, denn nachdem die Familie sie entdeckt hatte, war es auch an ihr, den Fremdkörper zu untersuchen.

Ava wusste, dass die nächsten Minuten über ihr Geschick und ihre Forschungen entscheiden würden. Sie spürte, wie Ameisen ihr unter den Kragen ihres Pullovers und die Unterarme entlangkrabbelten. Ihre Bisse brannten auf der Haut, doch sie widerstand dem Drang, sie wegzuwischen. Auch die nasse Kälte, die von ihrem Körper Besitz ergriffen hatte, versuchte sie zu ignorieren. Sie musste einfach nur still liegen bleiben, und das so lange, wie die Gorillas beschlossen, an diesem Ort zu verweilen. Auf den ersten alarmierten Ruf folgte kein zweiter, und schon bald nahm Ava wieder die unterschiedlichen Laute war, die sie vom Vortag kannte und die ihr zeigten, dass die Familie nun wieder mit Spielen, Toben, Fressen und Körperpflege beschäftigt war. Mit geschlossenen Augen wagte sie noch immer nicht, sich zu bewegen. Um das Zeitgefühl nicht zu verlieren, begann sie zu zählen – langsam von eins bis sechzig und wieder von vorn. Und wieder. Und wieder. Sie war bei etwa zwanzig Minuten angekommen, als sie den Geruch wahrnahm und ein leises »Grunzschnauben« hörte. Sie spannte jeden Nerv in ihrem Körper an, um keinesfalls eine unerwartete Bewegung zu machen. Das Grunzschnauben war jetzt ganz dicht, und Ava spürte, wie ihr kleine Rindenstückchen vom Boden ins Gesicht geblasen wurden. So nah war es. Und dann spürte sie sie, ganz sachte, ganz vorsichtig – eine Hand auf ihrer Schulter. So vorsichtig wie möglich öffnete Ava die Augen, als würde auch diese Geste schon ein Erdbeben auslösen können. Den Schrei unterdrückte sie danach nur mit Mühe. Ava sah, keine zwanzig Zentimeter von sich entfernt, in das Gesicht eines Gorillas. Sie sah seine kleinen Augen, die sie furchtlos inspizierten, sah die vielen Fältchen um seine Nase, sah, wie die Nüstern sich mit jedem Atemzug blähten und einsogen, nahm jedes einzelne seiner feinen tiefschwarzen Härchen wahr. Und sie sah die lange Narbe, die von rechts oben von der Stirn über die Braue des linken Auges bis fast zum Ohr hin reichte. Ava blinzelte ein paar Mal, um vor Pein und Glück nicht laut aufzuschluchzen. Welche Schönheit. Welch Grausamkeit und welche archaische Tiefe hatte sie da soeben geschaut. Sie kniff sich mit dem Daumen in das Fleisch ihres Zeigefingers, um so etwas Druck ablassen zu können. Die Starre juckte ihr inzwischen in allen Gliedern, aber sie wollte Scar natürlich weder vertreiben noch reizen.

Der Affe aber, der sie vorsichtig an der Schulter berührt hatte, schien offenbar auf etwas ganz anderes aus zu sein, denn mit einem schnellen Griff grapschte er nach der silbernen Feldflasche, auf der die Wassertropfen glitzernd das spärliche Sonnenlicht reflektierten, und sauste damit kreischend und johlend davon, um sich im nächsten Moment auf eine nahe gelegene Baumheide zu flüchten. Sachte drehte sich Ava nun etwas in Richtung der Gruppe und versuchte, den Gorilla, sie schätzte ihn auf etwa fünf Jahre, im Blick zu behalten. Zum Glück galt ihm nun mehr Aufmerksamkeit als ihr. Allein der Silberrücken, der sich wieder hingesetzt hatte und auf einem Stück Eukalyptus herumkaute, ließ sie nicht aus dem Visier. Scar hingegen hüpfte auf dem Baum aufgeregt hoch und runter und reckte dabei seine Trophäe stolz in die Luft. Zu Ava Erstaunen wollte keiner der anderen so recht in sein Spiel einsteigen, und erst jetzt erkannte sie auch den Grund: Scar hatte keine Altersgenossen in der Familie. Die Tiere waren entweder deutlich jünger als er oder erwachsen. Ihm fehlte ein Spielkamerad. Und vermutlich war er auch deswegen so mutig gewesen, sich ihr zu nähern. Seine Art des Zeitvertreibs und der Chance auf Aufmerksamkeit.

Ava schluckte. Sie kannte dieses Gefühl. Sie wusste, wie es sich anfühlte, nicht mehr von seinem Schulstuhl aufstehen zu können, weil jemand Kleber darauf verteilt hatte. Wie ihr mit zehn einer der Jungs ein Eis aus der Hand geschlagen und sie dann gezwungen hatte, es aus der Pfütze zu löffeln. Wie man sie auf der Highschool völlig unerwartet zu einer Party einlud, und als sie dann hinging, war da nichts oder niemand außer ihren zerfledderten und vollgekritzelten Chemieunterlagen, die sie seit Tagen vermisst hatte und für die Prüfung am Vortag dringend gebraucht hätte. Ihre Mutter war ihr nach solchen Zwischenfällen keine Hilfe gewesen. »Selbst schuld. Du könntest dich ja mal etwas zurechtmachen und nicht immer rumlaufen wie ein Mehlsack. Mit dir ist ja auch kein Auskommen, so viel, wie du an allem rummeckerst.« Ihr Vater, der sich erst aus seinem Schneckenhaus heraustraute, wenn die Mutter beim dritten Scotch angekommen war oder das Haus für eine wichtige Party verlassen hatte, war ja ohnehin nicht mehr da, seit sie zwölf war.

Und ja, es stimmte. Sie hatte innerlich an allem rumgemeckert. Weil sie es sinnlos fand, in einer kichernden Traube von Mädchen zu stehen und sich Gedanken darüber zu machen, welcher der Jungs auf welches der Mädchen stehen könnte. Jeden Tag war es eine andere Kombination. Und ja, es stimmte, dass sie unbeliebt war, weil sie sich unbeliebt machte. Sie ließ niemanden abschreiben, weil sie nicht der Meinung war, dass das Glück mit den Dummen sein sollte. Beim Baseball zielte sie lieber auf das Gesicht eines Jungen, der einen Hund mit Steinen beworfen hatte, als auf das Feld, um der Mannschaft eine gute Laufstrecke zu ermöglichen. Und sie zielte gut!

Ja, in gewisser Weise war Ava schon immer etwas anders gewesen, schon immer lieber in Gesellschaft von Tieren als von Menschen. Sie waren einfach kalkulierbarer und nicht so grundlos boshaft. Mit ihnen fand sie eine gemeinsame Sprache, so wie etwa mit Sahara, der Stute, mit der sie als Jugendliche in zwei Jahren immerhin drei M-Klasse-Dressurturniere gewonnen hatte. Leider wurde sie aus dem Stall genommen, weil die Besitzerin sie verkaufte und ihre Mutter natürlich nicht das Geld aufbringen konnte oder wollte, ihrer Tochter dieses Pferd zum Geschenk zu machen. Allerdings war sie auch nicht sicher, ob sie es überhaupt bekommen hätte, denn auch der Besitzerin, eine mittelmäßig erfolgreiche Züchterin namens Lou-Anne, war Ava ein Dorn im Auge. Oder ihr Erfolg. Oder beides.

So hatte auch Ava ihre Narben davongetragen, und in Scar glaubte sie von der ersten Sekunde an, dieses Band zu spüren, das die beiden einte. War das möglich? Am liebsten wäre sie aufgesprungen und hätte dem Jungtier mit erhobenen Händen signalisiert, dass sie bereit war, die Flasche aufzufangen: »Na los, komm schon, wirf!«

Aber das tat sie natürlich nicht! Stattdessen lag sie weiter still im Gras und wartete, bis Clark das Zeichen zum Aufbruch gab.

Eine knappe halbe Stunde später war es dann auch so weit. Die Gruppe setzte sich nach einem entschlossenen Bellen von Clark in Bewegung. Scar betrachtete das Geschehen weiter von seinem Baum aus. Erst als die anderen bereits im Dickicht verschwunden waren, hüpfte er auch über die Baumkronen davon. »Bis morgen«, murmelte Ava, die sich noch immer nicht von der Stelle rührte. Ihr war klar, dass es die Gruppe R2 war, der sie weiter folgen wollte. In ihren Augen boten sie mehr Stoff für ihre Forschungen. Die Beziehungsdynamiken waren hier signifikanter.

Durchnässt und mit steifen Gliedern wollte sie sich langsam zurückziehen und zu Sanwekwe und den Packern aufschließen, als sie ein hartes Ploppen hörte. Erschrocken hob sie den Kopf. Anderthalb Meer vor ihr kullerte ihre Flasche auf dem harten Boden aus. Sie blickte auf und konnte gerade noch beobachten, wie Scar sich eilig davonmachte, seiner Familie hinterher.

EIN BISSCHEN GLITZER

»Er hat sie mir zurückgegeben«, sagte Ava aufgeregt, als sie abends mit Jake am Lagerfeuer saß. »Er ist einsam. Er sieht mich als einen möglichen Spielkameraden.«

Genüsslich schob Jake sich ein Stück des dampfenden Antilopenfleisches in den Mund.

Nach Kezas strengen Anweisungen hatten die Männer das Tier gehäutet und ausgeweidet. Nun wurde es am Spieß langsam über einer zweiten Feuerstelle gegrillt. Keza war begeistert gewesen, als die Männer das Tuch von dem toten Kitz genommen hatten und ihr klar wurde, dass es heute einen Festtagsbraten gab. Voller Abscheu hatte Ava sich daraufhin abgewandt und ins Gras gespuckt. »Ihr habt doch alle keinen Respekt«, hatte sie gesagt.

»Es gibt nur eine Person, die sich respektlos verhält, und das bist du, Ava. Die Männer schuften für dich. Und die Männer müssen essen. Das Tier ist tot, und sein Fleisch ist zart. Komm endlich mal an hier im Busch!« Bei ihren Worten hatte sich Kezas Miene auf eine Art verdunkelt, die Ava fast Angst eingejagt hätte. »Und du brauchst erst recht was auf die Rippen!«, hatte sie noch hinzugefügt, aber Ava war schon in ihre Hütte gestapft und hatte eine Dose Spaghetti mit Tomatensoße geholt. »Hier, mach mir das warm!«, hatte sie befohlen. »Mein Körper ist kein lebendes Grab für ermordete Tiere. Tolstoi.«

Die beiden Frauen hatten sich mit einem Blick gemessen, der einem Ringkampf gleichkam, dann hatte Keza die Dose achselzuckend entgegengenommen und war verschwunden. Ava war das nur recht. Ein Gefühl des Triumphes überkam sie dennoch nicht.

»Kannst du mal aufhören, diese Tiere so dermaßen zu vermenschlichen?«, sagte Jake fast barsch. »Wir reden hier von wilden Berggorillas, nicht von irgendwelchen Sprechpuppen.«

Ava gab nicht nach. »Wie würdest du denn diese Geste deuten?«

Jake zermanschte den Süßkartoffelstampf mit dem Bratenfett und schaufelte sich eine Portion auf die Gabel. Ava merkte, wie ihr das Wasser im Munde zusammenlief, ließ sich aber nichts anmerken. »Keine Ahnung. Ich war ja nicht dabei. Wahrscheinlich hat er sie fallen lassen, weil sie ihm beim Gehen behindert hat.«

»Ich hab doch gesagt, dass er schon weg war und extra zurückkam!«

»Das hast du gesagt, aber vielleicht stimmt es ja nicht. Du konntest die Familie ja nicht genau sehen.«

»Ach, Jake.« Ava schlug sich mit beiden Händen auf die Oberschenkel und stand auf. »Warum seid ihr Männer immer nur so borniert und bemüht rational! Dieses Tier, Scar, hat keine Kameraden. Es langweilt sich und ...« Ava machte eine Pause. »Die Flasche hat geglitzert.«

»Was?«

»Die Flasche hat geglitzert. Scar hat sie sich genommen, weil sie geglitzert hat!« Vor Freude klatsche Ava in die Hände. »Sie stehen auf Glitter! Auf Sachen, die schimmern und reflektieren. Das ist es!«

Jake sah zu ihr auf und zeigte ihr einen Vogel. »Du willst doch die Affen jetzt nicht mit Spiegeln aus der Reserve locken?«

»Warum denn nicht? Jedes Kind liebt Glitzer. Und wie man weiß, stammt der Mensch vom Affen ab.« Ava tippte sich mit dem Finger an die Unterlippe. »Ich könnte sie damit anlocken und ihr Vertrauen gewinnen.«

Jake überlegte einen Moment. »Weißt du, wie du klingst? Wie ein Scheiß-Eroberer, der die indigene Bevölkerung mit Feuerwasser und Glasperlen bezaubert. Wie die Geschichte ausging, dürfte dir klar sein. Die Native Americans wurden unterjocht und ausgerottet. Ihr habt sie in Reservate gesperrt ...«

»Wenn ich kurz unterbrechen darf: Was haben denn die Engländer mit den Schwarzen in Kenia gemacht? Und wer serviert deiner werten Gattin den Tee?«, konterte Ava gereizt und fuhr zusammen, als sie, ohne nachzudenken, Olivia, Jakes Frau, ins Spiel gebracht hatte. Das war bislang ein absolutes Tabu gewesen.

»Ich vermute, Olivia bekommt ihren Tee ebenso von einer Schwarzen serviert wie du deinen Whiskey«, erwiderte Jake lakonisch, und Ava fragte sich, warum dieses Gespräch plötzlich so abdriftete und an Schärfe gewann.

»Wie dem auch sei«, meinte Ava kühl. »Wenn ich mich richtig erinnere, bist du der Fotograf und ich die Forschungsleiterin. Ich schlage dir also vor ... nein ... ich weise dich hiermit an, morgen früh um sechs bereit zu sein, um das zu dokumentieren, wofür du bezahlt wirst: das Verhalten der Berggorillas im Regenwald von Ruanda. Morgen früh um sechs. Sei pünktlich.«

Mit diesen Worten stapfte Ava davon, wütender über sich selbst als über Jake. Sie verstand nicht, was genau sie so provoziert hatte.

»Aye, aye, Captain«, hörte sie Jake noch rufen. »Und vielen Dank für die Antilope. Sie war köstlich!«

Keuchend schloss Ava die Tür ihrer Hütte hinter sich und lehnte sich gegen die kühle Wand. Wieso nur hatte sie immer wieder das Gefühl, sich beweisen zu müssen? Nicht genug oder gar naiv zu sein? War die Idee mit den Spiegeln denn wirklich so dumm? Doch eigentlich nicht. Scar hätte sie niemals berührt oder ihr die Flasche zurückgebracht, wenn sie ihn nicht auf magische Weise angezogen hätte. Und warum, wenn die Berggorillas über gewisse DNA-Stränge wirklich ihre Vorfahren waren, sollten sie nicht von dem Funkeln angezogen werden wie Menschenkinder?

Warum hatte Winter sie für diesen völligen Knochenjob in Matsch und Modder auserwählt? Sie, eine junge, relativ unerfahrene Frau, die nur deshalb nicht Tierärztin geworden war, weil sie durch die naturwissenschaftlichen Prüfungen gerasselt war. Er hatte es getan, weil er ihren Hunger spürte, ihre Leidenschaft und ihre Intuition. Und genau die hatten ihr doch heute eine Tür geöffnet, oder nicht?

Was wusste Jake schon? Für ihn waren die Gorillas doch nicht mehr als reine Studienobjekte, Motive, die er möglichst szenisch vor die Linse bekommen wollte. Jemand wie er könnte ihren Job niemals machen, denn ihm mangelte es an etwas Entscheidendem: Identifikation und Empathie.

»Pff«, machte Ava und goss sich selbst einen Whiskey ein. »Du hast doch keine Ahnung, Jake Evans!«, sagte sie zu sich selbst. »Du bist ein Kopist, nichts weiter. Ein Abenteurer, der ohne Netz nicht springt. Ein Knipser im trockenen Zelt bei geregelten Mahlzeiten. Du bist ein verwöhnter Diplomatensohn, nichts weiter. Und deine bescheuerte Frau ist eine verwöhnte Diplomatengattin, die lächelnd ein unterernährtes Kind im Arm hat, während du auf den Auslöser drückst. Spendengelder sammeln für das nächste Brunnenprojekt. Eure Verlogenheit stinkt wirklich zum Himmel.« Die goldbraune Flüssigkeit lief Ava über die Finger, nachdem sie im Rausch etwas zu theatralisch mit den Armen gewedelt hatte. Sie leckte sich das Hochprozentige von der Hand. Sie wusste, dass sie auf dem richtigen Weg war, und schrieb noch in dieser Nacht ein Telegramm an Winter.

Lieber Mister Winter,
glauben Sie es oder nicht, aber ich werde das Vertrauen der Go-
rillas über ein bisschen Glitzer gewinnen. Heute habe ich bereits
so etwas wie Baseball mit einem Jungtier und meiner Feldflasche
gespielt. Jake war leider nicht dabei. Sein Engagement lässt über-
haupt zu wünschen übrig. Ich hoffe, das ändert sich noch.
Und bitte besorgen Sie mir einen guten Scotch aus Kentucky und
eine Stange Lucky Strike. Ich habe wieder mit dem Rauchen an-
gefangen.
Herzlich – Ihre Ava oder auch ›Nyiramacibily‹, wie ich heute
erstmals hörte: die Frau, die alleine in den Wäldern lebt.

Ava nahm stillschweigend zur Kenntnis, dass Jake am nächsten Morgen tatsächlich pünktlich um kurz vor sechs vor seiner Hütte stand. Sie nickte ihm nur kurz zu – der Streit, der Whiskey und die kurze Nacht steckten ihr noch in den Knochen – und überreichte Keza, die für sie alle kleine Lunchpakete geschnürt hatte, den Zettel mit dem Telegramm für Winter. »Könntest du das heute zum Postamt bringen? Es ist wichtig.«

Die junge Tutsifrau nickte kurz und steckte den Brief in ihre Schürzentasche. Als sie schon gehen wollte, hielt Ava sie am Arm fest. »Und bitte pack uns die Antilope ein. Jetzt.«

Irritiert sah Keza zu der Feuerstelle mit dem Spieß, an dem nur noch das Gerippe des Jungtieres hing, und dann zurück zu Ava.

»Du hast mich schon verstanden. Wir nehmen sie mit.« Ava spürte, wie ihr schwindlig wurde. Sie musste mit dem Trinken aufhören. Es raubte ihr Kräfte, von denen sie weder gedacht noch gewollt hatte, dass sie sie brauchte. Sie wollte Berggorillas erforschen und sich nicht in einem Kleinkrieg mit Einheimischen verlieren.

»Du solltest das nicht tun, Ava«, sagte Keza mit fester Stimme und undurchdringlicher Miene. »Ich weiß, wie wichtig dir deine Arbeit ist, und ich weiß, was die Affen dir bedeuten. Aber vergiss nicht: Du bist als Gast in diesem Land. Und es ist keine gute Idee, den Ast abzuschlagen, auf dem du sitzt.«

Ava musterte die junge Frau. Sie sprach mutige Worte. Zu mutig? Oder wohlmeinend? Ava war sich nicht sicher. Zum Glück hatten weder Sanwekwe noch Jake mitbekommen, was hier gerade verhandelt wurde. Sonst hätte Ava klein beigeben müssen. Dessen war sie sich sicher. So jedoch ...

»Da hast du wohl recht, liebe Keza. Aber ich denke, auch du sitzt auf einem Ast, den du besser nicht abschlagen solltest ... Wie viele Kilometer ist dein Mann gefahren, um ein Huhn zu bekommen? Du darfst dir gern überlegen, ob es dir den Dollar wert ist, den du hier verdienst.« Ava öffnete ihren Rucksack und zog aus dem hinteren Fach eine abgegriffene Ein-Dollar-Note heraus. »Hier. Trinkgeld. Und jetzt pack die Antilope ein.«

Mit harschem Schritt stapfte sie davon und hörte noch, wie an dem Gestänge des Spießes geruckelt wurde. Keza tat ihr leid. Aber dafür war sie nicht hier. Ava konnte nur erahnen, wer Scar seine Narbe zugefügt hatte. Und egal, was Keza sagte: Es war durchaus ihre Aufgabe, die sanften wilden Tiere zu beschützen, die von den Menschen hier brutal gejagt oder missachtet wurden. War sie besser als die ignoranten Einheimischen? Oder war sie einfach eine mehr von diesen Weißen, die es besser wussten?

Ava reckte ihr Kinn und gab Sanwekwe das Zeichen zum Aufbruch.

Sie war eine mehr von den Weißen. Aber sie wusste es auch besser.

DER AUSFLUG

März 1968

»Was ist denn das für ein Unsinn?«, begehrte Ava auf und schlug mit der Hand auf die Zeitungsseite. *Die Hexe aus den Nebelwäldern!* stand dort in fetten Lettern und dazu die Geschichte, wie die weiße Affenfrau harmlose Hirten und Bauern mit Horrormasken erschreckt, ihre Fallen zerstört, sie verfolgt, beschimpft und bedroht. »Das ist doch alles Mumpitz«, zeterte Ava. »Als ob ich so was tun würde. Sie sollen halt nicht im Nationalpark wildern.«

Jake sah über den Rand seiner eigenen Zeitung hinweg und hob die Augenbrauen. Die beiden saßen an diesem immerhin trockenen Sonntagmorgen zusammen in einer Art Kantine, die im Februar fertiggestellt worden war. »Das mit den Masken stimmt aber schon. Und du hast die Fratzen an die Bäume gemalt. Das kann so einen armen Hirten schon erschrecken.«

»Und sie legen mir Hühnerbeine in den Weg. Ist das besser?«

»Du hast doch mit Mister Abebe gesprochen.«

Thabo Abebe war der Leiter des Nationalparks und zudem Tourismusminister in der Nordprovinz von Ruanda. Und ja, Ava hatte im Januar eine Unterredung mit ihm, weil es zunehmend Beschwerden über ihre angeblich radikalen Methoden gab, mit denen sie gegen die Wilderer – oder die, die sie dafür hielt – vorging. Abebe hatte sie eindringlich gewarnt, die Koexistenz zwischen ihrer Forschungsstation und den Einheimischen etwas friedlicher zu gestalten.

»Ja, natürlich habe ich das, und ich habe ihm auch klargemacht, dass ich ihm mit meinen Forschungen und meiner Arbeit zum Schutz der Gorillas genau das bringe, was er braucht: Devisen und Touristen. Er müsste mir dankbar sein.«

Jake legte die Zeitung zur Seite. Keza hatte sie am Vortag aus dem Dorf mitgebracht. Der *Guardian* war schon fünf Tage alt. Aber ab und an ließ Jake ihn sich trotzdem gern mitbringen. An aktuellere Informationen war hier im Busch schwer zu kommen. »Warum bist du eigentlich so gereizt, Ava? Alles läuft sogar besser als gedacht. Du bist fast so etwas wie ein akzeptiertes Mitglied der Gorilla-Familie. Clark schaut nur noch kurz auf, wenn du dir ein Nest baust und dich hineinlegst. Scar sucht regelrecht deine Nähe. Und der kleine Dean hat schon Purzelbäume vor dir geschlagen. Warum bist du nicht einfach mal zufrieden?«

Ava seufzte auf. Jake hatte ja recht. Im Prinzip. Tatsächlich hätte Ava nie zu hoffen gewagt, dass sie so bald schon von den Affen akzeptiert würde. In Gruppe R2 ging es schneller voran, vielleicht, weil sie kleiner war oder weil Major, der Silberrücken von Gruppe eins, ein höchst erfahrenes und älteres Tier, länger zögerte, sie zu dulden. Sie konnte sich, vorsichtig, aber immerhin, auf allen vieren innerhalb der Gruppe bewegen und wurde von Daisy, der Mutter des kleinen Dean, schon beinahe gegroomt. Scar hatte ihr einmal den Handschuh stibitzt und versucht, ihn sich überzuziehen, was ihm natürlich nicht gelang. Ihren Kugelschreiber, ihr Notizbuch – alles wollten sie untersuchen und unter die Lupe nehmen.

Und Avas Klangarchiv umfasste bereits mehr als vierzig verschiedene Tonarten, die sie auch zu unterscheiden wusste. Für den Sommer hatten sich endlich zwei Studenten aus den USA angemeldet, die sie bei den Forschungen unterstützen und vor allem auch das Studium der Parasiten aufnehmen sollten. In Gruppe eins war im Januar ein älteres Weibchen gestorben, nachdem es zunehmend dünner und schwächer geworden war. Da es keinen ersichtlichen Grund für ihren Tod gab, nahm Ava an, dass die Tiere mit Bakterien oder Würmern zu kämpfen hatten, zumal sie beobachten konnte, wie sie ihren eigenen Dung aßen. Avas tiermedizinisches Wissen reichte hier einfach nicht aus, deshalb war sie froh, dass neben Brenda, die Zoologie studierte, Steve als angehender Biologe mit von der Partie war.

Insofern könnte sie wirklich zufriedener oder stolzer sein – und doch war sie es nicht.

Noch immer hatte sie nichts von der University of Cambridge gehört, mit deren Unterstützung sie so fest gerechnet hatte. Und Jake hatte im *National Geographic* bislang nur einen kleinen Artikel unterbringen können, der auch nicht scharenweise Förderer auf den Plan gerufen hatte. Dabei war das, was sie hier erlebt und herausgefunden hatten, ganz sicher bahnbrechend. Allein, die Welt schien keine Notiz davon zu nehmen. Stattdessen musste sie so unsägliche Artikel lesen, in denen sie als Hexe stigmatisiert wurde.

Es ging ihr einfach nicht schnell genug. Dann der dauernde Regen, die Kälte. Ava hätte es nie laut ausgesprochen, aber zum ersten Mal in ihrem Leben fühlte sie sich einsam. Und das ausgerechnet, während sich ihr lang gehegter Traum erfüllte. Dieser Widerspruch nagte an ihr.

»Du hast ja recht«, sagte sie schließlich, stand auf und holte sich noch eine Tasse Kaffee. Wenigstens der war hier genießbar. Was sollte sie sonst sagen?

Jake faltete die Zeitung zusammen. »Weißt du was? Was hältst du davon, wenn wir zwei heute mal einen Ausflug machen?« Er zeigte nach draußen. »Das Wetter scheint stabil. Endlich mal kein Regen. Wir nehmen Lily und fahren nach Nyamyumba an den Lake Kivu. Es ist noch früh genug. Das schaffen wir.«

Sofort hellte Avas Miene sich auf. »Jake Evans, hast du mich etwa gerade zu einem Rendezvous eingeladen?«

Er grinste verschmitzt. »Auf gar keinen Fall habe ich das. Ich möchte mich nur ein wenig für die soziale Gemeinschaft hier in Karisoke engagieren.« Er stand auf und nahm ihr die Tasse aus der Hand. »Und dafür sorgen, dass du dich auch mal etwas entspannst. Wann hast du deinen letzten Ausflug gemacht?«

Ava biss sich auf die Unterlippe und überlegte. »Was ist ein Ausflug?«

Jake lachte. »Na los, dann pack ein paar Sachen zusammen und lass uns losfahren. Wir haben ja erst noch einen Marsch vor uns, bis wir am Auto sind.«

Drei Stunden später waren sie an ihrem ersten Etappenziel – den heißen Quellen von Kigufi – angekommen. Es gab dort drei unterschiedliche Badelöcher, jedes für sich nicht größer als ein Tümpel. Vom Rand aus sah man den riesigen Lake Kivu in der einen Richtung, in der anderen schaute man auf eine mit Krüppelkiefern bewachsene, leicht erhöhte Landzunge, die in den See hineinreichte. In der Ferne sah man die helle Schmauchspur vom Mount Nyiragongo, den sie bereits auf der Fahrt in die

Vulkanberge gesehen hatte. Er war das Himmelszeichen für die unter der Erde brodelnde Lava – die heißen Quellen waren der erdnahe Beweis dafür. Obwohl Sonntag, war Ava überrascht, dass sie fast alleine hier waren. Keine tobenden Kinder oder ausflugsfreudige Erwachsene. Lediglich eine fünfköpfige Familie hatte es sich an einem der Badelöcher gemütlich gemacht. Auf Alufolie hatten sie gegrillte Maiskolben, Fladenbrote, etwas Käse, Avocado, Wasser und Dosenbier ausgebreitet. Picknick auf Ruandisch. Tatsächlich gab es in der Nähe eine Brauerei, die man schon von Weitem am Gestank erkannte. Ava hätte sich nie träumen lassen, wie übel vergorene Hefe roch. Aber für die Menschen hier war das ein wichtiger Arbeitgeber. Und irgendwo musste das Bier ja herkommen.

Erschrocken nahm sie wahr, dass Jake wie selbstverständlich begann, sich seiner Kleidung zu entledigen. Sie schluckte. Darüber hatte sie überhaupt noch nicht nachgedacht – in welchem Aufzug sie in diesen Quellen baden sollte. Einen Schwimmanzug hatte sie natürlich nicht dabei. Mehr noch: Sie besaß gar keinen. Auf die Idee wäre sie auch gar nicht gekommen, denn das letzte Mal, dass sie schwimmen war, lag Jahre zurück. Also was tun?

Sie wartete, bis Jake sich ausgezogen und mit einem genießerischen »Ahhh« in den Naturpool gestiegen war. Vielleicht war es Taktgefühl, vielleicht aber auch einfach Desinteresse, dass er sie nicht aufforderte, es ihm gleichzutun, oder sie in anderer Form ermunterte, zu ihm zu kommen.

Sie zögerte, knöpfte dann aber doch langsam ihr Hemd auf, streifte es sich ab und hängte es über einen dornigen Busch. Schuhe, Socken und Hose folgten. Kurz sah sie an ihrem von Kratzern und Schründen übersäten Körper herab und schämte sich. Wieso ließ sie sich als Frau so gehen? Ignorierte ihre trockene Haut, salbte sich nicht die kleinen Wunden, flocht ihre Haare stets zum Zopf oder steckte sie hoch, benutzte aber nie eine Spülung oder Öl, um sie mal zum Glänzen zu bringen, wie Keza das tat? Sicher, ihre Mutter war da nicht besonders hilfreich gewesen. Die hatte ihr stets vorgelebt, dass die perfekte Wasserwelle und sauber lackierte Nägel wichtiger waren als Familie, Fürsorge und Anteilnahme und dass es letztlich nur auf eines ankam, nämlich Männern, und zwar wirklich jedem x-beliebigen Mann, zu imponieren. Trotzdem konnte Ava ja nicht negieren, dass sie eine Frau war – oder zumindest ein Mensch, der darauf ausgerichtet sein sollte, auch sich selbst gut zu behandeln.

Wie um die trüben Gedanken zu vertreiben, legte sie entschlossen ihre Unterwäsche ab und glitt so rasch in das Becken, dass Jake ihren Körper dabei höchsten aus dem Augenwinkel wahrnehmen konnte. Kaum war sie im Wasser und spürte an der nackten Haut die prickelnden Bläschen, die sie durch die Bewegung selbst verursacht hatte, dazu die wohlige Wärme, entfuhr auch ihr ein geradezu lustvoller Seufzer. Wie gut das tat! Wie herrlich weich sie getragen wurde vom Wasser. Sie legte den Kopf auf den Rand des kleinen Pools und schloss die Augen. Die Hände schwenkte sie unter Wasser hin und her, auch damit sie nicht einfach davonglitt.

»Das tut gut, oder?«, hörte sie Jakes Stimme näher an ihrem Ohr, als sie vermutet hätte. Ihr Herz begann zu pochen.

»Hmhm«, machte sie nur.

»Etwas mehr Schaum?«

Ava wagte nicht, die Augen zu öffnen. Was, wenn sein Gesicht bereits über ihrem wäre? Und obwohl es nur ein Scherz sein konnte, erinnerte sich ihr Gehirn bei dem Wort an den Duft von Magnolia-Vanille-Badezusätzen, die ihre Mutter mit Vorliebe in die Wanne gegeben hatte. Oder den herberen Geruch von Amber-Zimt. Ava blähte ihre Nasenflügel. Das war so anders als die Kernseife über dem Badezuber mit kaltem Wasser, mit dem sie sich in Karisoke zu waschen pflegte.

»Ja, bitte«, antwortete sie, um diese olfaktorische Fata Morgana noch einen Moment festhalten zu können. Manchmal waren die Sinne einfach zu beschäftigt, um sich um anderes zu sorgen.

Einen Moment herrschte Stille. Außer dem leichten Luftzug, der Ava über Hals und Gesicht wehte und ihr einen kühl-warmen Schauer bescherte, rührte sich nichts. Dann nahm sie ein warmes Rinnsal wahr, das zunächst den Punkt zwischen ihren Augen traf und schließlich die Nase hinab an ihren Wangen hinunterlief. Es war angenehm. Nach einem Moment versiegte der dünne Fluss, bis das Spiel von vorne begann. Ein warmer, sanfter Strahl, der über ihre Augen, den Nasenrücken, das Kinn, Hals, Nacken entlangrann. Ava unterdrückte nur mühsam einen wohligen Seufzer.

»Rosenwasser«, sagte Jake leise und träufelte die Flüssigkeit nun direkt auf ihr Brustbein. Und da spürte Ava auch den Finger auf dem Punkt, wo ihre Haut die Wasserlinie kreuzte, direkt oberhalb ihrer Brüste. Eine Gänsehaut richtete die feinen Haare an Armen und Beinen auf. Ava hoffte, dass Jake ihr Herz nicht schlagen sah, als er langsam die Kuhle zwischen ihren Brüsten hinabfuhr. Es war mehr ein Erahnen als eine echte Berührung, und Avas Körper wurde geschüttelt von einer Welle der Erregung. Statt sich zu versteifen, merkte sie, wie sie automatisch den Kopf etwas weiter in den Nacken legte und ihren Rücken leicht durchbeugte, dem Finger entgegen.

»Es läuft hier entlang«, sagte Jake mit belegter Stimme, und Ava widerstand dem Drang, ihre linke Hand nach ihm auszustrecken. »Spürst du es?«

Statt einer Antwort drückte Ava den Rücken noch etwas weiter durch und fühlte nun, wie Jake mit sanftem Druck ihren Bauchnabel umkreiste. Da nahm sie ihre rechte Hand, umfasste seine und führte ihn aufstöhnend etwas weiter hinab zu der Stelle, die mindestens ebenso heiß pochte wie die flüssige Erde unter ihnen. Jake ließ es geschehen, wehrte sie nicht ab, ließ sich von ihr an den äußeren Rand ihrer Scham führen, wobei sie leicht ihre Beine spreizte.

Da wandte sie ihm das Gesicht zu und öffnete die Augen. So nah war er bei ihr, dass sie seine Konturen nur unscharf wahrnahm.

»Also doch ein Rendezvous«, brachte sie mit belegter Stimme hervor.

»Halt doch endlich mal den Mund, Ava Carter!«, raunte er und berührte mit seinen Lippen zärtlich ihre, während seine Hand weiter ihre Scham umspielte. Erst sanft und fast neckend, dann aber fordernder, berührte seine Zunge ihren Mund, umkreiste ihn, drang langsam ein, so dass sie ihn schmecken konnte – würzig, begehrend, sinnlich. Nun schlang sie auch den Arm um seinen Nacken, presste ihren Leib an seinen, spürte seine männliche Härte, ließ die Dämme brechen und gab sich ihm hin.

Als ihre Körper erhitzt und verschwitzt wieder auseinanderdrifteten, fühlte sich Ava leicht und unbeschwert wie ein Kind nach einem Sommerregen. Es schien, als würde sie das Grinsen gar nicht mehr aus dem Gesicht bekommen, als wäre die Welt nichts weiter als eine bunte Blumenwiese, auf der sie mit ausgebreiteten Armen in einem kurzen weißen Kleid im Kreis tanzte. Ihr war, als würde sie aus diesem Akt zehn Jahre jünger und zehnmal schöner erwachen. Plötzlich war sie nicht mehr die Matschhexe aus den Nebelwäldern, mit rissigen Nägeln und der Zornesfalte auf der Stirn, über die man sich hinterrücks lustig machte. Auf einmal tauchte sie auf aus diesem Vulkansee als das, was sie nie hatte sein wollen: eine Frau, die begehrt wurde und mit ihrer eigenen Lust verschmolz. Sie kicherte.

Jakes Hand ruhte auf ihrem Oberschenkel. Ihre Arme berührten sich seitlich. »Hast du dir gerade einen Witz erzählt?«, fragte er, noch ein wenig außer Atem. »Dann lass hören!«

Ava lachte nun etwas lauter auf. »Ein Frauenwitz. Du würdest ihn nicht verstehen.«

»Solange du es nicht versuchst, hast du wahrscheinlich recht.«

Es gab Momente, da hasste sie Jakes arrogante Selbstsicherheit. In diesem Moment aber liebte sie sie.

»Ich hab über mich gelacht.«

»Über dich? Also, über dich kann man schon mal lachen, aber gerade jetzt würde mir das nicht einfallen.« Zur Bestätigung drückte er sanft ihren Schenkel.

Sie lehnte sich zu ihm hinüber und gab ihm einen flüchtigen Kuss auf die Wange. »Ich glaube, ich bin gerade einfach glücklich.«

Jake schwieg einen Moment. »Du lachst über dich, weil du glücklich bist? Also, ich für meinen Teil bin auch gerade sehr zufrieden, aber irgendwie finde ich das nicht komisch, sondern höchst angenehm.«

Bei dem Wort *zufrieden* zuckte Ava innerlich zusammen, beschloss aber, nicht weiter darauf einzugehen. Es bestand für Jake keine Pflicht, ebenfalls glücklich zu sein. Vielleicht blieb dieses Gefühl Olivia vorbehalten. Trotzdem tanzte das Mädchen im weißen Kleid nun nicht mehr ganz so ausgelassen.

»Vielleicht habe ich mich falsch ausgedrückt. Ich lache darüber, weil ich eben erst gemerkt habe, dass ich offenbar auch ohne einen Affen an meiner Seite ...«, sie machte eine kurze Pause, »... also einen echten ... glücklich sein kann.«

»Soso«, sagte Jake nur, um dann aufzustehen und sich über den Rand des Tümpels nach draußen zu schwingen. »Ich weiß nicht, wie es dir geht, aber ich habe echt einen Mordshunger. Ich finde, wir sollten uns etwas Anständiges zu essen besorgen.«

Wenn es nach Ava gegangen wäre, hätte sie noch stundenlang dort liegen und ihrer Haut beim Schrumpeln zusehen können, doch auch sie spürte, dass sie seit dem Morgen nichts mehr gegessen hatte. Und der Zauber war jetzt ohnehin vorbei. »Recht hast du«, erwiderte sie und stieg ohne jede Scham nackt aus dem Wasser. Es roch nach Erde und Stein.

DAS FEST

Bei heruntergelassenen Seitenfenstern fuhren sie schweigend entlang der Küste des Lake Kivu Richtung Süden. Ava hatte sich zurückgelehnt und die Augen geschlossen, mit den Fingern trommelte sie von außen gegen die metallene Beifahrertür. Immer wieder kamen ihr die Bilder aus dem Teich in den Kopf – wie sicher und doch sanft Jake sie um die Hüfte gefasst und sie vorsichtig auf sich gesetzt hatte. Wie er seine Lippen an ihrer Halsbeuge rieb, sie küsste, ihre Pobacken umfasste und sich selbst zwischen ihre Schenkel schob. Wie er lustvoll aufstöhnte, als er in sie eindrang und auch sie das Gefühl hatte, Himmel und Erde würden genau jetzt in ihr zu einem Ganzen verschmelzen. Zum Glück waren sie von der Familie und deren Sonntagspicknick durch ein paar dichte Hagebuttensträucher getrennt, so dass sie nicht fürchten musste, gesehen zu werden. Aber spätestens als er begann, sie langsam auf und ab zu bewegen, und dabei liebkosend an ihren Brustwarzen knabberte, war ihr das auch egal.

Sie hatten Sex gehabt. Zwar überraschend, aber dass es so kommen würde, hatte sich angekündigt, in Blicken, in kaum merklichen Gesten. Ava wollte es sich nicht eingestehen, aber das Gefühl war da. Seit dem Tag mit der Schreibmaschine in Kinigi. Sie begehrte Jake, seine männliche Ruhe, seine Sicherheit, seine Geduld. Und sie liebte sein Lachen. Noch nie hatte sie einen Mann so offen und frei lachen hören. Jake schien keine Grenzen zu kennen und sich dennoch nicht zu verlieren. Er wirkte so unendlich selbstbewusst. Was er in ihr sah, konnte sie nicht einschätzen. Mal empfing sie diese begehrenden oder sogar bewundernden Blicke. Dann wieder rügte er sie schroff oder beachtete sie gar nicht.

Und nun hatten sie Sex gehabt. Oder hatten sie Liebe gemacht?

Die Frage lag ihr schon auf den Lippen, doch Ava traute sich nicht, sie zu stellen. Jake war ein verheirateter Mann. Selbst wenn er nie über Olivia sprach, oder allenfalls so, wie man es eben tat, wenn man einen Menschen etwas besser kannte, trug er doch diesen Ring. Und er *trug* ihn!

»Wie ist sie so?«, fragte Ava schließlich und wusste nicht, ob sie die Frage nur gedacht oder laut ausgesprochen hatte, denn beinahe zeitgleich fragte Jake sie: »Hörst du das?«

»Was?« Sie legte ihren Kopf schief, um über das Rauschen des Fahrtwindes und die Motorengeräusche hinweg etwas anderes wahrnehmen zu können. Und wirklich, aus der Ferne erklang rhythmisches Trommeln, das Rasseln von Maracas und dazu die typischen, glockenhellen Klänge der singenden Frauen.

»Ich vermute, eine Hochzeit!«, sagte Jake. Als er um die nächste Nadelöhrkurve fuhr und damit einen weiteren Berghang hinter sich ließ, wurden die Klänge lauter. Ava hörte das Rasseln und Stampfen der Bambushölzer, die die Weichheit der Melodie durch ihr Stakkato durchbrachen und dem Shanty damit Struktur und Rahmen gaben. Sie mochte die ruandische Musik. Sie war etwas weniger verspielt als die im Kongo.

Auf der nächsten Anhöhe hatten sie eine gute Sicht auf die

etwa einhundert Meter unter und noch vor ihnen liegende Bucht. Erst vor Kurzem war dort eines der ersten relativ mondänen Luxushotels fertiggestellt worden. Zu ihm gehörte ein großer Garten mit einer Grünfläche, die bis an den See heranreichte. In den Bäumen hingen bunte Lichterketten, die sachte im Wind schwangen. in der Mitte der Wiese war eine Bühne aufgebaut, auf der soeben ein zwölfköpfiges Ensemble ein traditionelles Stück zum Besten gab. Darum gruppiert befanden sich einige mit weißem Damast gedeckte Stehtische. Etwas abseits wurde auf einer offenen Feuerstelle soeben ein Kalb gegrillt, und ein langes Buffet mit vermutlich den besten regionalen Köstlichkeiten, die man sich wünschen konnte, stand bereit.

Schätzungsweise um die achtzig Menschen, alle in traditionellen, bunt glitzernden langen Gewändern, feierten dort gemeinsam. Das Gelächter wurde von der Musik übertönt, doch man konnte an den Gesichtern und der Körpersprache erkennen, dass die Gesellschaft sehr gut gelaunt war.

»Ich würde sagen, hier kehren wir ein. Das wirkt angemessen«, meinte Jake und setzte schon den Blinker, der zur Lake Kivu Residence führte.

»Aber Jake«, erwiderte Ava und legte ihm entsetzt die Hand auf den Arm, »das geht doch nicht, wir sind doch nicht eingeladen und können uns nicht einfach unter eine Hochzeitsgesellschaft mischen.«

Jake grinste sie an. »Warum nicht? Bei solchen Festen kommt jeder, früher der ganze Stamm, heute das ganze Dorf! Glaube mir, wir werden mehr als willkommen sein, wenn wir der Familie unsere Aufwartung machen und gut sichtbar ein paar schöne Scheine in die Hochzeitsbox legen. Sie werden uns lieben.«

»Jake«, rief Ava aufgebracht, »das klingt furchtbar weiß und kolonialistisch.«

»Ava, Darling, wir *sind* weiß und kolonialistisch. Du wirst die Geschichte nicht ändern, indem du sie negierst. Komm!« Er parkte Lily etwas oberhalb der eigentlich Hotelzufahrt, da diese bereits von einigen stattlichen Karossen belegt war. Das deutete auf eine Hochzeit von *sehr* wohlhabenden Ruandern hin – womöglich von solchen, die fürstlich vom Kolonialhandel profitiert hatten, mutmaßte Ava.

Als hätte Jake ihre Gedanken erraten, pfiff er einmal kurz durch die Zähne. »Beachtlich. Die kommen ganz sicher aus Kigali und wussten sich gut mit den Belgiern zu stellen.«

Er nahm ihre Hand, und Ava stellte sich vor, sie hätte nicht ihre grüne Trekkinghose an, sondern doch noch mal das weiße Kleid.

⌒

»Ich kann nicht mehr, Jake, gleich platze ich«, sagte Ava zwei Stunden später und hielt sich, die Beine weit von sich gestreckt, den Bauch. Mit dem Arm wehrte sie den Teller mit Hähnchenschenkel ab, die in scharfer afrikanischer Erdnusssoße mariniert waren.

Jake lachte, nahm einen Schluck von seinem Bier und biss herzhaft in das Fleisch. »Es ist so unfassbar köstlich.«

Ava meinte, noch nie in ihrem Leben so viel Essen in sich hineingestopft zu haben wie an diesem Abend. Neben dem Süßkartoffelstampf, den gebackenen Bananen und drei Portionen Kalbfleisch hatte sie wirklich von allem probiert: von dem Bohnen-Hirse-Salat mit geriebenem Ziegenkäse, der Avocado-Ei-

Paste mit frittierten Erbsen und Möhren, dem gedünsteten Tilapia in Zitronen-Buttersoße und dem geminzten Gurkensalat, nicht zu vergessen die vielen Küchlein, Törtchen und Fruchtsorbets, die als Nachtisch gereicht worden waren.

»Ein kleiner Mangoschnaps wäre jetzt vielleicht das Richtige«, sagte sie, als der Vater der Baut lachend auf sie zukam. Wie Jake vermutet hatte, waren sie und die fünfzig Dollar, die Jake demonstrativ in den geflochtenen Weidenkorb gelegt hatte, wirklich sehr herzlich begrüßt worden.

»*You have to dance*«, sagte der Mann mit einem breiten Grinsen und entblößte dabei die Zahnlücke zwischen seinen Schneidezähnen. Auf dem Kopf trug er eine aufwendig aus kleinen schwarzen und weißen Perlen gefertigte Kappe. »*Come, come.*« Mit ausgestrecktem Arm reichte er Ava die Hand.

Die wiegelte erschrocken ab. »*No, Sir, sorry, no, no.*«

»Aber ja, aber ja«, insistierte der Mann und zog nun Jake näher an Ava heran, vermutlich um ihn zu bitten, diesen Job zu übernehmen. Die Tanzfläche war bereits gut gefüllt, und zu afrikanischen Klängen wurden Kleider geschwungen und feine Tanzschritte ausgeführt, während die Männer die Damen stampfend umwarben. Entfernt, ganz entfernt, erinnerten Ava die Bewegungen an einen Western Line Dance aus ihrer alten Heimat.

Jake zögerte einen Moment, griff dann aber unter dem wachen Blick des Brautvaters nach Avas Hand. »Das ist besser als Schnaps, glaub mir!«

Mit diesen Worten zog er sie vom Stuhl und zerrte sie eher, als dass er sie führte, hinüber zu dem abgezirkelten Quadrat. Dort angekommen, drückte er sie gegen ihren Widerstand eng an sich. »Lass dich einfach mal gehen«, raunte er ihr ins Ohr,

»das hast du doch heute schon einmal getan und es nicht bereut, oder?«

Am liebsten wäre Ava schreiend davongelaufen. Sie. Auf einer Bühne. Neben einem Dutzend junger schöner, festlich gekleideter ruandischer Frauen. Tanzend! Es war so absurd, dass sie fast schon lachen musste. Aber da war auch Jake, der sie erneut im Arm hielt, ihr intensiv und warm in die Augen sah. Tat er das, um sie an ihre Rolle als Gast auf diesem Fest zu erinnern, oder weil er doch mehr für sie empfand, als der Ring an seinem Finger es erlaubte?

Ava ließ Jakes Hand los, schloss die Augen und begann, sich auf die rhythmischen und dynamischen Klänge zu konzentrieren. Sie wiegte ihren Oberkörper hin und her, um ein Gefühl für den Takt zu bekommen, setzte vorsichtig ihre Füße im Wiegeschritt von rechts nach links. Sie spürte, wie die Musik sie zu durchdringen begann, wie die Trommeln und Rasseln in ihrem Körper räsonierten, wie das Blut in ihren Adern zu rauschen begann. Sie öffnete die Augen wieder und sah zu den Frauen neben sich, achtete auf den Fluss ihrer Bewegungen, versuchte, sich in ihn einzufügen. Langsam kam auch Leben in ihre Arme. Sie ließ sie kreisen, streckte sie aus, machte einen Schritt vor, zog den Oberkörper zurück, vollführte eine halbe Drehung und merkte, wie sich ihre Gesichtsmuskeln langsam entspannten. Mit der Zeit wurden ihre Bewegungen entschlossener, ihre Schritte mutiger, ihre Hüfte flexibler. Je weniger sie sich auf die vermeintliche Choreografie konzentrierte, desto geschmeidiger begann sie, sich der Musik hinzugeben. Sie spürte, wie die Hitze ihr in die Wangen stieg, wie sie zu schwitzen begann, wie die Klänge jede Pore in ihr zu neuem Leben erweckten. Sie sah zu Jake hinüber, der ebenfalls eine ganz gute Figur machte, drehte sich lachend vor ihm, genoss es, wie er sie tänzerisch umkreiste, lupfte einen imaginären Rock, freute sich darüber, wie er sie immer mal wieder berührte, ein kurzer Strich mit dem Finger über ihren Rücken, als würde er die Saite einer Harfe streicheln, bevor er sie spielte. Der Hauch eines Griffs an ihre Hüften, bevor sie sich ausdrehte, ein Gleiten über ihre Hand, wie ein Sommerwind.

Ava, die eben noch lieber mit einem Flusspferd gekämpft hätte, als sich auf einer Tanzfläche zu bewegen, wünschte sich jetzt, diese Musik, diese Nacht und dieser Tanz würden niemals zu Ende gehen. Als die Musiker schließlich doch eine Pause machten, ließ Ava sich verschwitzt in Jakes Arme fallen. Er umfing sie und gab ihr einen Kuss. Einen Kuss, der kein Verlangen äußerte, sondern eine tiefe Verbundenheit ausdrückte. Als wären sie seit Jahren ein Paar. So ein Kuss war das.

»Wir sollten uns ein Plätzchen zum Schlafen organisieren«, sagte er und streichelte zärtlich ihre Wange.

Über ihnen glitzerten längst die Sterne, und auf der anderen Seeseite, dort, wo im Kongo vermutlich gerade gebrandschatzt und getötet wurde, kaum zwei Kilometer entfernt, strahlte über den stillen Bergkuppen der fast volle Mond in einem rötlichen Gelb.

Verwirrt sah Ava ihn an. »Ein Plätzchen zum Schlafen?«

»Es ist knapp vor Mitternacht, und vor uns liegen etwa vier Autostunden. Wir haben beide getrunken. Also ja, ein Plätzchen zum Schlafen.«

Erstaunlicherweise hatte Ava sich über ihren Rückweg überhaupt keine Gedanken gemacht. Das nahm sie sich jetzt übel. Sie war nie davon ausgegangen, die Nacht woanders als im Forschungszentrum zu verbringen, denn das hätte geheißen, am Folgetag nicht wieder bei ihren Gorillas zu sein. »Aber ...«, begann sie.

»Aber was?«, unterbrach sie Jake, sah sie zärtlich an und küsste sie erneut.

»Aber in Lily passen wir beide nicht rein«, sagte sie nur.

»An Lily hab ich auch nicht gedacht.«

Eine halbe Stunde später lagen sie, bewaffnet mit einer stibitzten Flasche Wein vom Buffet, am Rande der lang gezogenen Bucht am Strand, fernab der Hochzeitsgesellschaft, die sich langsam auszudünnen begann. Sie hatten sich einfach ihre Schlafsäcke gegriffen, die – zusammen mit anderen Utensilien wie Feldstecher, Spaten und Wasserkanister – als Survival Pack immer in dem Range Rover lagerten. Wie immer in Ruanda sank die Temperatur nachts selten unter sechzehn Grad, so dass sie, eingemummelt in ihre Pullover, die Schlafsäcke noch nicht zuziehen mussten. Zumindest Ava hätte das noch nicht gewollt, zumal sie auch noch erhitzt von dem Tanz und überhaupt den Ereignissen des Tages war. Schweigend blickten sie in den wolkenlosen Himmel, der eher ungewöhnlich für die Jahreszeit war. Andererseits war der Lake Kivu klimatisch auch aufgrund seiner Größe eine Besonderheit. Hier wechselte das Wetter schneller und unvorhersehbarer als im Landesinneren.

»Hast du es genossen?«, fragte Jake schließlich in die Stille hinein. Allein das leise Glucksen des Wassers am Ufer und das Zirpen der Grillen in den Büschen war zu hören.

Ava zögerte. »Es war ein wunderschönes Fest«, sagte sie schließlich.

Jake lachte, nahm einen Schluck aus der Flasche und reichte sie Ava. »Das stimmt. Du hast echt gerockt ...« Er machte eine Pause. »Aber ich meinte eigentlich den ganzen Tag, nicht nur das Ende.«

Ava spürte, wie sich ihr Körper anspannte. Was sollte diese Frage? Jake war der verheiratete Teil von ihnen beiden, nicht sie. Lester spielte für sie in dieser Hinsicht keine Rolle. Sie wusste, dass sie sich früher oder später von ihm trennen würde beziehungsweise es längst getan und nur noch nicht ausgesprochen hatte. Wollte Jake sie also vorführen, ihr gleich behutsam klarmachen, dass ihre Begegnung im Tümpel zwar schön, aber bedeutungslos für ihn war? Dass sie sich bitte keine Hoffnungen machen sollte? Das tat sie ja sowieso nicht. Keine Sorge.

»Dann fang ich mal an«, sagte Jake schließlich. »Ich fand den Tag wunderbar. Ich bin froh und dankbar, dass wir ihn zusammen verbracht haben. Ich habe jede Sekunde, *jede*, mit dir genossen, und hätte mir nichts Schönes vorstellen können. Reicht das, um deine Sorgen zu zerstreuen?«

Ava schluckte trocken und spürte, wie sich ein Kloß in ihrem Hals bildete. Wieder merkte sie, wie ungeschickt sie im Umgang mit Menschen war. Schüchtern suchte sie seine Hand, fasste sie und drückte sie kurz. »Ich bin immer noch glücklich«, sagte sie leise.

Jake erwiderte den Händedruck und fragte: »Kennst du eigentlich ein paar Sternbilder?«

Überrascht über den Themenwechsel blinzelte sie die Tränen fort und sah hinauf in den Himmel. »Natürlich, da zum Beispiel ist der Große Wagen. Den finde ich immer, auch wenn er hier ganz anders aussieht als in den USA oder England.«

»›Da‹ ist sehr präzise, wenn ich mir überlege, dass wir gerade in ein hemisphärengroßes Universum schauen.« Ava hörte das glucksende Geräusch, als Jake einen tiefen Schluck aus der Flasche nahm. »Aber kennst du zum Beispiel das Südkreuz? Oder den Phoenix? Die sieht man nur hier, südlich des Äquators.«

Ava nahm ihm die Flasche ab und nahm ebenfalls einen tiefen Zug. Sie fühlte sich so wohlig erschöpft wie lange nicht mehr und rollte sich an Jakes Seite. »Kenne ich nicht, aber ich bin sicher, sie sind beide ungefähr *da* ...« Sie beschrieb mit dem Finger einen Halbkreis, der irgendwo in die Dunkelheit wies.

»Sehr richtig«, erwiderte Jake, »und das Kuriose ist, auch wenn du ihn nicht siehst, den Phoenix, verschwindet er doch nie ganz. Das solltest du nicht vergessen.«

»Mhm«, murmelte Ava und kuschelte sich enger an Jake, schloss die Augen, legte einen Arm über ihn.

»Träum gut, kleine Ava, ich hoffe, du wirst es verstehen.«

Doch bei diesen Worten war Ava bereits in einen tiefen Schlaf gesunken.

EIN NEUZUGANG

Als die beiden am frühen Montagnachmittag mit den Rucksäcken bepackt wieder im Karisoke Research Center anmarschierten – die letzten drei Kilometer mussten sie noch immer zu Fuß zurücklegen – es war unmöglich, eine halbwegs Jeep-taugliche Schneise zu schlagen –, kam ihnen Keza aufgeregt entgegengelaufen. In der Hand hielt sie einen weißen Zettel, der sich bei näherem Hinsehen als ein Umschlag entpuppte. In der linken oberen Ecke prangte das unverkennbare Wappen mit den vier Löwen der University of Cambridge.

»Ich habe ihn heute von der Post geholt«, sagte Keza außer Atem. Ich glaube, er ist schon am Donnerstag gekommen.«

Fassungslos starrte Ava auf den Umschlag und dann zu Jake. Sie wagte kaum, ihn an sich zu nehmen, aber Keza drängte ihn ihr geradezu auf. Vorsichtig befühlte sie das Kuvert. Es war dünn. Mehr als ein Blatt konnte darin nicht sein. Sie hielt den Umschlag nun in beiden Händen, drehte und wendete ihn. Ihr Name stand darauf, und ihre Adresse hier in Ruanda. Der britische Poststempel besagte, dass der Brief mindestens drei Wochen unterwegs gewesen sein musste. Das war lang. Hätte man ihr im Falle einer Förderzusage nicht telegrafiert? Eine Absage konnte ja so lange unterwegs sein, wie sie wollte. Da war es egal.

»Nun mach ihn schon auf«, brummte Jake, doch Ava entging seine verhaltene Vorfreude nicht. Er rechnete demnach mit einer Zusage. Na ja, Jake war eben ein Berufsoptimist.

Statt zu antworten, lief Ava direkt in ihre Hütte. Den Rucksack ließ sie einfach stehen. Drinnen schenkte sie sich zwei Fingerbreit Whiskey ein und kippte ihn auf ex. Sie wischte sich den Mund am Ärmel ab und schob ihren zitternden Zeigefinger in die Öffnung am oberen Längsrand des Umschlags. Sie musste das Papier etwas aufreißen, so gut war er zugeklebt.

Nervös riss sie das Blatt heraus. Das Schreiben bestand aus ganzen zwei Sätzen:

Dear Miss Carter,
wir freuen uns sehr, Ihnen nach Prüfung Ihrer Unterlagen ein Forschungsstipendium am Department of Zoology zur Erlangung der Doktorwürde bewilligen zu können. Zwecks genauerer Absprachen wenden Sie sich bitte an meine Assistentin Rosie Lancaster.

Hochachtungsvoll
Prof. Dr. Robert Hinde

Ava goss sich schwungvoll einen weiteren Whiskey ein, und dieses Mal achtete sie schon gar nicht mehr auf die Menge. Die goldene Flüssigkeit schwappte über den Rand und hätte fast den Brief getroffen, den sie nun zum zweiten und dritten Mal las. Erst als sie das halb leere Glas wieder abstellte und die Wärme spürte, die sich sofort in ihrem Körper ausbreitete, realisierte sie, was Prof. Hinde ihr da geschrieben hatte. Sie würde ein Stipendium bekommen. Sie würde an einer der renommiertesten Universitäten der Welt Vorträge über die Berggorillas halten dürfen. Sie würde eine Arbeit über das Verhalten der Tiere vorlegen müssen, die dann auch publiziert würde. Sie könnte sich vielleicht noch mehr Studenten nach Ruanda holen und womöglich bekäme sie auch Geld für das längst überfällige Labor, stärkere Mikroskope, Schneidemaschinen für die Tonbänder, Messgeräte für genauere Blutbestimmungen – all das schien plötzlich möglich und in erreichbare Nähe gerückt. Dieser Brief war wie ein Stein, den man ins Wasser geworfen hatte – er würde Kreise ziehen, die immer größer und größer wurden und ihrer Arbeit immer mehr Öffentlichkeit und Sponsoren bescheren konnten. O Gott, o Gott – war das wirklich alles wahr?

»JAAAAAAAKKEEE!«, brüllte sie, sprang auf, wollte zur Tür, doch da stieß sie schon mit ihm zusammen, gefolgt von Keza und Sanwekwe, der offenbar auch schon von dem Brief gehört hatte und wie alle anderen wissen wollte, was drinstand. »Jake«, sagte sie und wedelte mit dem Papier durch die Luft. »Jake«, wiederholte sie und drückte ihm vor aller Augen einen Kuss auf den Mund, »wir haben es geschafft!« Leicht schwankend drehte sie sich im Kreis, die Arme nach oben in die Luft gestreckt. »Wir haben es geschafft! Wir haben es geschafft!«, jubelte sie lachend, umarmte nacheinander Keza und ihren Tracker, die zunächst etwas verhalten auf den Ausbruch reagierten, in das Johlen und Händeklatschen jedoch einfielen, nachdem Jake Ava den Brief aus der Hand gerissen und laut hörbar vorgelesen hatte.

»Wir haben es wirklich geschafft!«, sagte sie nach einer Weile etwas ruhiger und ließ sich in einen ihrer Korbsessel fallen.

»Das sind wirklich hervorragende Nachrichten«, meinte Jake schließlich, als die beiden wieder allein waren. »Ich freue mich sehr für dich, und mir fällt niemand ein, der diese Auszeichnung mehr verdient hätte.«

Ava horchte auf und sah zu Jake hinüber. Sein Gesicht wirkte merkwürdig ernst, und seine Stimme klang eine Spur zu ... ja, zu was denn? Verschlossen? Distanziert?

»So ganz alleine habe ich das ja nicht geschafft«, erwiderte sie barscher, als sie wollte. »Es ist auch dein Verdienst, und auch du solltest dich darüber für dich selbst freuen. Vielleicht bekommen wir ja endlich die Coverstory bei *National Geographic*. Und überhaupt wird es unser Werk bedeutsamer machen, internationaler, herausragender. Das hat ja nicht nur mit mir zu tun ...«

Jake nickte, schien aber nicht ganz bei der Sache. »Sicher ...«, sagte er und bemühte sich um ein freimütiges Lächeln. »Aber ich muss die Arbeit ja nicht schreiben, nicht wahr?«

»Das stimmt, aber du musst sie dokumentieren«, insistierte Ava. Irgendetwas an seiner Art missfiel ihr. Wo war das *Wir* von gestern geblieben? Wieso gab es heute nur noch ein *Du*?

»Na, wenn du es sagst, dann *muss* ich das wohl ...«, sagte er knapp und stand auf. »Vor allem aber muss ich jetzt los. Ich habe noch zwei Filme, die ich noch nicht entwickelt habe.« Und mit diesen Worten verließe er ihre Hütte.

Ava blieb mit einem schalen Nachgeschmack zurück, den sie mit noch mehr Whiskey hinunterspülte. Was sollte das? Dieses Hin und Her? Dieses Anlocken und wieder Abstoßen? Sie wurde aus Jake einfach nicht schlau, und seine Reaktion eben hatte ihr so die Stimmung verhagelt, dass sie das Stipendium am liebsten gleich wieder abgesagt hätte. Was sollte sie vor irgendwelchen ungebildeten High-Society-Idioten Vorträge halten, die keine Ahnung von der Grazie und Erhabenheit der Berggorillas hatten und sich mit ihren Spenden nur wichtigmachen wollten? Pff ... Das war wieder so eine Abhängigkeit, auf die sie gut und gern verzichten konnte. Dann aber fielen ihr auch Scar und Major und Daisy und Crinkle und Dean ein, also setzte sie sich seufzend an ihren Tisch und schrieb einen Brief an Winter. Sie vermutete, dass er längst von der frohen Botschaft gehört hatte, aber sicher wollte er auch von ihr eine Nachricht dazu erhalten. Also sollte er sie bekommen. Über Jake konnte sie später noch nachdenken. Oder besser nicht.

Am Dienstagfrüh, nach zwei Tagen Unterbrechung, machte sich Ava erneut auf den Weg zu ihren Gorillas. Es regnete nun schon wieder seit ihrem Aufbruch, und Ava konnte nicht glauben, dass sie keine achtundvierzig Stunden zuvor unter sternenklarem Himmel geschlafen hatte. Das hob ihre Laune nicht gerade, zumal sie mit einem schweren Kater aufgewacht war. Die Whiskeyflasche hatte vor ihrem Bett gelegen, und da sich keine Pfütze gebildet hatte, vermutete Ava, dass sie sie doch noch ausgetrunken hatte. Genau sagen konnte sie es nicht.

Jake war nicht am Treffpunkt aufgetaucht, und nach dem merkwürdigen Abschied am Vorabend hatte sie keine Lust gehabt, an seiner Hütte zu klopfen. Etwas wirklich Bahnbrechendes war heute nicht zu erwarten; eher ein ganz normaler Tag im Feld. Sie hoffte, die Gruppe R2 zu treffen und damit auch Scar wiederzusehen, den Gorilla, der ihr in den Monaten wirklich ans Herz gewachsen war, der einsame, lustige Bursche.

Leider war an diesem Morgen auch Ngana wieder mit von der Partie. Sanwekwe hatte den Tracker vor etwa sechs Wochen engagiert. Er war mit seiner Familie vor einem Jahr aus Kenia nach Ruanda gekommen und hatte schon auf der Nordseite des Gebirges Berggorillas getrackt. Warum er Uganda wirklich verlassen hatte, ließ er offen. Ava traute dem knapp zwei Meter großen, sehnigen Hutu nicht über den Weg. Seine Miene wirkte undurchdringlich und finster, und Ava fühlte sich ständig von ihm beobachtet. Jedes Mal aber, wenn sie sich nach ihm umdrehte, schaute er nicht in ihre Richtung. Wie eine listige Schlange, fand sie, obwohl sie sich gleichzeitig ihrer Vorurteile schämte. Sanwekwe hielt hohe Stücke auf ihn, und so sagte Ava nichts.

Nach nur kurzem Marsch – sie waren gerade auf dem Bergsattel zwischen dem Visoke und dem Karisimbi unterwegs – hob Ngana die Hand. Ava lauschte in die Morgendämmerung, und da hörte sie es auch: aufgeregtes Brusttrommeln, hektische Belchlaute, Grunzen ... nicht die Stressgeräusche, die auf eine Bedrohung hindeuteten, aber doch ganz sicher Rufe, die signalisierten, dass etwas Ungewöhnliches im Gange war. Die Rufe waren nicht allzu nah. Ava schätzte, sie würden gut zwanzig Minuten brauchen, bis sie die Gruppe erreicht hätten – sofern die sich nicht wegbewegte, wofür die aufgeregten Schreie jedoch nicht sprachen. Ava klopfte das Herz bis zum Hals. Sie vermutete schon wieder das Schlimmste. Was, wenn der kleine Dean in eine Antilopenfalle gerutscht war? Für die größeren Tiere stellten diese Fallen in der Regel keine Bedrohung dar, für die kleinen jedoch schon. Oder wenn er sich in einer dieser unsäglichen Stacheldrahtrollen verhakt hatte? Irgend so etwas musste es doch sein. Irgendetwas, das die Gorillas nicht kannten, sie aufbrachte und wofür sie nun nach einer Lösung suchten. Ava, die hinter Ngana und Sanwekwe gegangen war, vergaß ihren Kater und stürmte vor, rutschte an den nassen Hängen ab, zog sich an einem Farn wieder etwas nach oben, rannte atemlos weiter und wollte schon an Ngana vorbei, der sich jedoch wieselflink vor ihr aufbaute und mit hektisch gezischten Worten und funkelnden Augen Einhalt gebot. Das kam ja noch dazu: Ngana konnte sogar Suaheli, weigerte sich aber, es ihr gegenüber zu sprechen. So musste Sanwekwe übersetzen.

»Er meint, das Gras wächst nicht schneller, wenn man daran zieht. Du sollst dir deine Kräfte einteilen. Sie bauen ein Nest. Wir haben genug Zeit.«

Perplex sah Ava zu ihrem vertrauten Tracker. »Das hat er gesagt? Woher weiß er das denn?«

Sanwekwe zuckte nur mit den Schultern. Für ihn schien es hinreichend, *dass* sein junger Freund es gesagt hat.

Also gingen sie in moderatem Tempo weiter durch den nebelverhangenen Dschungel und näherten sich der Gruppe, die Ava bereits als die von Major identifiziert hatte. Ihre Rufe klangen noch immer nervös, aber die große Aufregung schien sich gelegt zu haben. Zum Glück, dachte Ava, denn würde sich ein Junges gerade in einem Stacheldraht zu Tode befreien wollen, wären die Laute verzweifelter und qualvoller geworden – auch und gerade die von den Angehörigen. Was aber war dann dort los?

Als sie schließlich an der Stelle ankamen, wo Major mit seiner Familie außerplanmäßig ihr Lager errichtet hatte, glaubte Ava ihren Augen nicht zu trauen. Im Zentrum der Truppe, in gebührendem Abstand umringt von den Müttern, die ihre Kinder ebenfalls davon abhielten, sich dem Tier in ihrer Mitte zu nähern, lag ein erwachsenes Gorillaweibchen auf einem weichen Bett aus Moos und Blattwerk. Wenige ineinander verflochtene Stäbe an den Seiten sorgten für die nestartige Wölbung. Das Weibchen hielt die Beine seitlich abgespreizt in die Luft gestreckt. Mit den Händen schien es nach etwas zwischen ihren Beinen greifen zu wollen. Gleichzeitig wurde das Tier immer wieder von wellenförmigen Krämpfen erfasst. »Sie bekommt ein Baby«, hauchte Ava. »Dieses Weibchen bekommt gerade ein Baby!« Suchend sah sie sich um und ging die Familie durch: Bee, Duke, Alamo, Shira, Snoot, Rufus, Leila, Summit ... sie alle waren da. Wer war dann dieses Weibchen? Sie hatte es noch nie in der Gruppe gesehen.

Leise machte sie drei Schritte hinüber zu Sanwekwe. »Kennst du sie?« Doch auch er schüttelte nur verwundert den Kopf. »Kann es sein, dass ein fremdes Weibchen nur zum Gebären die Gruppe wechselt? Aber warum sollte es das tun? Das birgt doch ein unnötiges Risiko!«, überlegte sie laut, um dann den Feldstecher aus ihrem Rucksack zu ziehen und das Spektakel besser beobachten zu können. Normalerweise hätte sie sich wie üblich an die Gruppe herangerobbt. Da alle Tiere einen gebührenden Abstand hielten und die fremde Gorilladame schützend in ihre Mitte nahmen, wollte Ava nicht unnötig für Unruhe sorgen.

Leider lag das Weibchen seitlich zu ihr. Ava konnte also nicht erkennen, wie weit der Geburtsvorgang schon fortgeschritten war. Doch sie war überzeugt, dass sie innerhalb der nächsten

Viertelstunde Zeugen der Geburt sein würden, vorausgesetzt, es gab keine Komplikationen. In der Regel waren Schwangerschaft und Geburt keine große Sache. Oft sah man den trächtigen Gorilladamen nicht mal an, dass sie schwanger waren, da sie ihren Bauch unter der Masse ihres um die hundert Kilogramm schweren Körpers gut verstecken konnten und so ein Junges nicht einmal fünf Pfund wog. Anders als beim Menschen. Es konnte also gut sein, dass eine Familie von einem Tag auf den anderen um ein Mitglied reicher war, ohne dass es vorher groß bemerkt wurde. Wie lange der Nachwuchs von der Mutter umhergetragen wurde, konnte Ava noch nicht mit Gewissheit sagen, gesäugt aber wurde er mindestens drei Jahre. So hatte sie es bei Dean beobachten können, der ganz sicher schon drei war, noch immer an die Brust ging und die Märsche gern auf Daisys Rücken thronend mitmachte.

Ava hoffte inständig, dass Shadow – so taufte sie die fremde Mutter, die plötzlich in der Familie aufgetaucht war – ein gesundes Baby auf die Welt bringen und dass es dann auch überleben würde. Für ihre Forschungen und die Wissenschaft wäre das ein wahrer Quantensprung. Sie wäre weltweit der erste Mensch, der die Geburt eines Berggorillas in seinem natürlichen Lebensumfeld bezeugen und dokumentieren könnte. Das hier war etwas ganz anderes als die Geburt etwa von Colo, dem ersten Tieflandgorilla, der in Gefangenschaft zur Welt gekommen war. Dem armen Tier hatte man im Zoo von Columbus doch tatsächlich Rüschenkleider angezogen oder eine Baseballkappe aufgesetzt und es unmittelbar nach der Geburt von seinen Eltern getrennt, damit es von den Pflegern großgezogen würde. Wie barbarisch. Aber das hier, Ava bekam vor lauter Aufregung kaum noch Luft, das hier war die Natur, es war Freiheit und gleichzeitig das Terrain, in dem man überleben wollte, aber nicht unbedingt konnte. Es gab Feinde. Es gab Gefahren.

Atemlos fokussierte sie das Fernglas, und jetzt, jetzt glaubte Ava zu erkennen, dass Shadow mit den Händen an etwas zog – war es ein winziger Kopf? Und da, ja, nun flutschte auch der restliche puppenkleine Körper aus der Gorilladame. Man konnte ihn wirklich fast mit einem Menschenbaby verwechseln. Das Kleine hatte noch kaum Haare, und der Kopf war eher rund, wies noch nicht die typische gewölbte Form auf. Und die Füßchen, o nein, die kleinen Füßchen! Ava biss sich auf die geballte Faust, um einen Schrei zu unterdrücken. Sie waren an den Sohlen noch weiß. Avas Herz machte einen Satz vor Glück. Nun bereute sie doch, nicht an Jakes Hütte geklopft zu haben.

Ava beobachtete, wie Shadow ihr Baby nun ganz sacht mit einer Hand in die Höhe hob und es zärtlich küsste. Willkommen in dieser Welt!, dachte Ava mit Tränen in den Augen. Auch die anderen Affen waren nun ganz still geworden, beäugten entspannt und auf ihren Selleriestangen kauend das Geschehen. Sollten sie dem fremden Weibchen gegenüber zunächst misstrauisch gewesen sein, so stand nun die Akzeptanz eines neuen Mitgliedes eindeutig höher auf der Werteskala. Jetzt leckte Shadow dem Winzling – Small – den kaum vorhandenen Schleim aus dem Gesicht, bevor der oder die Kleine sich bereits am Brusthaar verkrallte und die Zitze suchte. Gut gemacht, Schätzchen, dachte Ava und befand, dass sie es mit einem kräftigen Kerlchen zu tun hatte. *Du schaffst das!* Sie grinste und weinte gleichzeitig. Schon glaubte sie, ein zufriedenes Schmatzen zu hören. Was für ein Tag! Was für aufregende sechsunddreißig

Stunden. Sie hatte mit Jake geschlafen. Sie hatte ein Doktoran-denstipendium. Und sie hatte der Geburt eines Berggorillas im Virunga-Gebirge zugeschaut. Wenn das mal keine steile Kurve nach oben war. Ihr Kater war wie weggeblasen!

ZWEI NEUE BEWOHNER

Die Nachricht von Smalls Geburt hatte sich im Camp wie ein Lauffeuer verbreitet. Obwohl die Arbeiter Avas übersteigertes Interesse an den Affen vielleicht nicht nachvollziehen konnten, fühlte sich doch jeder Einzelne von ihnen durch die monatelange Arbeit auf dreitausenddreihundert Meter Höhe in gewisser Weise mit den Big Apes verbunden. Keza war sogar nach der Rückkehr der Truppe eigens noch mal nach unten ins Dorf geeilt, um eine Beinscheibe zu ergattern und für den Abend einen deftige Rinderbrühe mit Mais, Bohnen, etwas Speck und Kartoffeln zu kochen. Selbst Jake war ganz aufgedreht und ärgerte sich sichtlich, dass er an diesem Tag verschlafen hatte. »Wie sah es aus? War die Mutter bei der Geburt allein, oder war jemand bei ihr? Ob sie von ihrer Familie ausgestoßen worden war?« Hunderte dieser Fragen stellte er Ava, von denen sie nur einen Bruchteil beantworten konnte. Da sie immer noch etwas angesäuert vom Vorabend war, blieben ihre Antworten sparsam.

Bella, die inzwischen vollständig genesen war und Ava auf den meisten Touren begleitete, rannte schwanzwedelnd von einem zu anderen, kläffte aufgeregt und wunderte sich offenbar, woher diese Unruhe kam.

Es geschah nicht oft, dass die ganze fünfzehnköpfige Mannschaft zusammen zu Abend aß, aber an diesem Tag hatte es Ava sich so gewünscht, und nach Rücksprache mit Sanwekwe war sie es, die dazu einlud.

Ava schlug eine alte Schiffsglocke, die irgendjemand mal mit ins Camp gebracht hatte, und sofort hielt jeder in dem, was er gerade tat, inne und drehte sich zu ihr um.

»Männer, Keza, liebe Vertraute, liebe …« Sie unterbrach sich selbst etwas nervös lachend und strich sich eine Strähne aus dem Gesicht. »Wie sagt man Kollegen auf Suaheli … *mwenzake*? Ich habe noch nicht oft das Wort an euch gerichtet. Habe ich das überhaupt je schon getan? Dafür möchte ich mich entschuldigen. Das war nachlässig von mir.« Sie sah zu Keza hinüber, die weiter eine silberne Pfanne polierte und ihr aufmerksam zuhörte. »Ich kam als Gast in euer Land, um die Big Apes zu erforschen, die Berggorillas von Ruanda. Es war mein Herzenswunsch, und ich bin dankbar und glücklich, dass ich das tun darf. Nichts auf der Welt ist mir wichtiger als genau das.« Sie machte eine Pause und beobachtete, wie die Männer langsam näher rückten. Nur Ngana hielt sich weiter mit dunkler Miene im Hintergrund. »Ich habe schon viel erreicht. Und der heutige Tag war im wahrsten Sinne des Wortes die Geburtsstunde einer neuen Ära für das Karisoke Research Center. Aber all das hätte ich nie ohne eure Hilfe geschafft. Ohne eure tapfere, mutige Unterstützung und die oftmals schwere Arbeit hier in den doch eher unwirtlichen Zonen des Regenwaldes. Gris«, sagte sie und wandte sich einem jungen Arbeiter in schmutzig gelbem T-Shirt zu, »du hättest bei der Arbeit an den Hütten fast einen Finger in der Motorsäge verloren. Und du, Philipe, bist während eines schweren Gewitters nachts raus und hast stundenlang das Dach des Labors geflickt und dir dabei eine schwere Lungenentzündung zugezogen. Und doch stehst du jetzt wieder hier. Dafür, meine Freunde, möchte ich euch danken. Und jetzt los – stärkt euch an Kezas wunderbarer Suppe und trinkt, bis ihr nicht mehr könnt. Ihr seid heute alle meine Gäste.«

Es herrschte Totenstille, als Ava ihre Ansprache beendet hatte. Unsicher sah sie sich um. War das albern gewesen? War sie zu weit gegangen? Hatte sie den falschen Ton angeschlagen? Bis schließlich links von ihr jemand langsam in seine Hände klatschte. Klapp-klapp. Ein zweiter fiel ein, dann ein Dritter, das Klatschen wurde schneller, und noch schneller. Klapp-klapp-klapp. Um sie herum klatschten die Männer in die Hände, Keza hatte die Platte aus der Hand gelegt, klatschte ebenfalls und lächelte. Doch ihr Lachen erreichte ihre Augen nicht. Sie wirkte besorgt. Ava hielt einen Moment inne, ließ sich dann aber von dem Lachen und dem Johlen um sie herum mitreißen. Der Applaus war geradezu frenetisch, bis er in ein rhythmisches Schlagen überging. Die ersten Männer begannen, mit den Füßen auf den Boden aufzustampfen, so ähnlich, wie Ava es auf der Hochzeit gehört hatte. Und sie verbeugten sich. So jedenfalls schien es Ava. Als zollten sie ihr Respekt. Jemand holte eine Rassel und schlug sie im Takt, ein anderer nahm einen Stock und klopfte damit auf einen umgefallenen Baumstamm. Ava legte sich die Hände an die Wangen und wiegte sich im Rhythmus der Melodie. Sie spürte Jakes Kinn auf ihrem Kopf und ließ es zu. »Das war beeindruckend, Kleines«, sagte er sanft. Sie lächelte in die Dunkelheit hinein, ohne sich zu rühren. Das Fest konnte beginnen.

Einen Moment später kam auch Sanwekwe auf sie zu und legte ihr seine Hand auf den Arm. »Miss Carter, Hut ab«, sagte er und stopfte sich dabei ein Pfeifchen. »Ich habe mich wirklich gefragt, wann Sie endlich mal auf so eine Idee kommen. Nicht mehr lange, und ich hätte Sie darauf ansprechen müssen.«

Verwundert hob Ava die Brauen.

»Sie sind der Boss, Miss Carter, aber Sie dürfen die Männer nicht behandeln wie ein Sklavenhalter, verstehen Sie? Sie müssen Ihnen vertrauen, und das geht nur, wenn sie merken, dass auch Sie ihnen vertrauen. Ansonsten kann das tückisch werden.«

Schweigend hörte Ava ihm zu. So hatte sie das noch gar nicht betrachtet. Sie war so versessen auf ihre Arbeit und die Gorillas gewesen, dass sie von den Männern einfach verlangte, dass sie ihren Job taten. Dafür wurden sie schließlich bezahlt. Nie hätte sie sich als Sklaventreiberin gesehen. Schließlich nickte sie.

»Danke, Sanwekwe, dass du mir das gesagt hast. Ich werde künftig darauf achten ... außer bei dem da.« Sie zeigte in Richtung von Ngana, der sich immer noch abseits hielt.

»Mach dir um Ngana keine Sorgen. Er steht mehr auf deiner Seite, als du denkst.«

Mit diesen Worten verschwand Sanwekwe wieder in der Dunkelheit. Ava wollte sich nun selbst endlich einen Teller Suppe holen, als sie Bellas Knurren hörte. Das Tier zu ihren Füßen hatte die Lefzen hochgezogen und starrte angespannt mit aufgerichtetem Kamm in Richtung des Trampelpfades ins Dorf hinunter. Sie knurrte erneut. Ava ging in die Hocke und versuchte zu erkennen, was das Tier witterte. »Hörst du etwas?«, fragte sie an Jake gewandt, der nun auch mit zusammengekniffenen Augen die Umgebung absuchte. »Getrappel, Rufen ... es kommt aus Richtung des Dorfes.«

Mehrere Lichtkegel blitzten zwischen den Bäumen auf. »Das sind Männer mit Taschenlampen«, rief Ava. Sie dachte an die

Räumung ihres ersten Camps im Kongo und bekam eine Gänsehaut. Bella tropfte schon ein Speichelfaden aus dem Maul, so angespannt fletschte sie die Zähne. »Shh, Bella, alles gut«, versuchte Ava das Tier zu beruhigen, das sich kaum zurückhalten ließ. »Bleib!«, befahl Ava knapp, richtete sich wieder auf und zog Jake mit in Richtung des Weges. Das wäre jedoch gar nicht nötig gewesen, denn in dem Moment lief ihr ein kaum siebzehn Jahre alter Junge völlig außer Puste entgegen. Seine nackten Füße waren aufgerissen und bluteten an einigen Stellen. Schweiß rann ihm den Hals hinab. Sein Shirt war unter den Achseln und vor der Brust völlig durchnässt. »Miss Carter, Miss Carter, wir brauchen Ihre Hilfe«, rief er atemlos, und Jake und Ava eilten auf ihn zu, weil sie fürchteten, er würde ihnen auf der Stelle zusammenbrechen. »Da«, er zeigte hinter sich, wo sie langsam die Lichter näher kommen sahen.

»Wasser! Wasser«, rief Jake einem Arbeiter zu, der sofort mit einer Flasche zurückkam. Jake hielt sie dem Jungen an den Mund, der gierig daraus trank. Die Hälfte der Flüssigkeit rann seine Kehle hinab.

»Zwei Affen, Miss Carter. Wir haben zwei Affen für Sie. Sie müssen Ihnen helfen! Sie sterben.«

Völlig panisch sah Ava zu Jake und rannte los, auf die Lichtpunkte zu.

Eine halbe Stunde später war der Boden des Krankenzimmers übersät mit übel riechenden blutig-eitrigen Mullbinden, Desinfektionsmittel, drei leeren Flaschen Kochsalzlösung, Tupfern und dem Fell der beiden Tiere, die mehr tot als lebendig auf den beiden aufgebockten Holzplanken lagen. Ava hatte sie notdürftig geschoren, um so einen besseren Überblick über ihre Verletzungen zu bekommen. Das Bild, das sich ihnen bot, löste selbst bei Sanwekwe als dem Hartgesottensten unter ihnen pures Entsetzen aus. Die zwei Jungtiere, beide etwa höchstens drei Jahre alt, also noch nicht mal der Muttermilch entwöhnt, waren übel zugerichtet.

Die Männer hatten sie in engen Bambuskäfigen hergetragen, wo sie an den Hand- und Fußgelenken gefesselt befestigt waren. Die Seile waren offenbar schon seit geraumer Zeit so eng zugeschnürt, dass sich die wundgescheuerten Stellen entzündet hatten. Fliegen hatten ihre Larven darin abgelegt. Die Gorillas wurden bereits jetzt bei lebendigem Leib aufgefressen. Brandwunden an den Fußsohlen und Rücken zeigten, dass man sie mit einem glühenden Eisen oder einer Fackel malträtiert hatte, vermutlich, um sie von ihrer Familie zu trennen. Tiefere Stiche in der Brust und an den Armen waren Spuren von Speer- oder Bambusspitzen. Dazu waren sie vollkommen dehydriert und abgemagert. Das kleinere der beiden Tiere, ein Weibchen, hatte aufgrund der Entzündungen bereits hohes Fieber. Ava mochte sich nicht vorstellen, was diese armen Kreaturen durchgemacht hatten. Erneut überkam sie eine Welle des Zorns, wozu Menschen aus Profitgier, Ignoranz oder purem Sadismus alles fähig waren. Doch den Zorn musste sie sich für später aufheben. Zunächst wollte sie wissen, woher diese Tiere überhaupt kamen.

Dank ihres angefangenen Medizinstudiums und ihrer Arbeit als Physiotherapeutin hatte sie ein solides medizinisches Grundwissen und verabreichte den beiden Affenjungen, ohne zu zögern, eine Ampulle Penicillin. Sie hoffte inständig, dass es dafür nicht schon zu spät war.

»Wo habt ihr sie gefunden?«, fragte Ava die fünf jungen Männer, nachdem die Grundversorgung abgeschlossen war und sie die Tiere auf Bambusmatten und Bananenblätter auf dem Boden abgelegt hatten. Sie schliefen, oder waren bewusstlos. Genau ließ sich das nicht feststellen. Immerhin hatten sie einen, wenn auch schwachen, gleichmäßigen Puls. Die Träger hatten ihr die Tiere unter größten eigenen Entbehrungen bis hier hoch ins Forschungszentrum getragen. Das verdiente in jedem Fall Respekt und ein Dankeschön. Ava hob es sich für später auf.

Der Größte von ihnen, ein schlanker Mann mit ernster Miene und Nickelbrille, ergriff das Wort. Er stellte sich als Raghib vor, Student der Tiermedizin in Ruhengeri.

»Wir waren gestern Abend für eine Versuchsreihe noch spät im Labor«, erklärte er. »Die genetischen Unterschiede der Anopheles, der diversen Unterarten der Malariamücken«, ergänzte er mit einem schiefen Grinsen. »Das Labor grenzt an eine kleine Lagerhalle, in der wir zu Forschungszwecken Mäuse, Ratten und seltener auch Stummelaffen, nie aber Gorillas halten. Gestern stand die Tür auf, und wir hörten so ein merkwürdiges Wimmern. Wir sind dem nachgegangen und ... tja ... da sahen wir sie. Auf den Käfigen lagen Frachtpapiere.« Raghib griff in seine hintere Hosentasche und zog einen geknickten Stapel Blätter heraus. Er reichte ihn Ava. »Ich vermute mal, sie sollten in einen Zoo nach Deutschland verkauft werden, aber aus irgendwelchen Gründen hat sich die Abfahrt verzögert. In diesem Zustand hätte sie kein Schiff mehr an Bord genommen, und selbst wenn, wären sie unterwegs ohnehin verendet. Da wussten sich die Schlepper wohl nicht anders zu helfen, als sie bei uns abzuladen. Der Rest ist, wie man so schön sagt, Geschichte.«

Ava nickte. Bei dem Blick auf die beiden hilflosen ausgemergelten Körper zog sich ihr der Magen zusammen. Was für eine entsetzliche Barbarei, die Menschen doch immer wieder verübten. Wie hatten die Schlepper das Weinen, Rufen und Leiden der Kreaturen auch nur einen Tag ertragen können, ohne dass ihr Herz weich wurde? Wahrscheinlich hatten sie schlicht kein Herz. »Ich danke euch sehr, dass ihr euch auf den weiten Weg gemacht und die beiden hergebracht habt. Das war sehr selbstlos von euch. Habt ihr den beiden schon einen Namen gegeben?«

Betreten schauten die fünf Männer und auch Jake und Sanwekwe sie an.

»Was?«, fragte sie etwas zu schrill.

»Ava, du solltest ...«, begann Jake.

»Was sollte ich?«, unterbrach sie den Fotografen. »Ich sollte ihnen Namen geben, wenn die Jungs das noch nicht getan haben. Habt ihr?«

Schweigend schüttelten sie die Köpfe.

»Gut«, sagte Ava, »dann heißt die kleine Hope, und ihr Bruder heißt Onkel Tom.« Mit zusammengezogenen Brauen blickte sie in die Runde. »Ich werde, sollte es so weit kommen, nie, nie wieder einen Gorilla begraben, der keinen Namen hat. Versteht ihr?« Daraufhin nahm sie sich einen Besen aus der Ecke und kehrte das Verbandsmaterial auf dem Boden zusammen. Bella hatte sich erstaunlicherweise zu den beiden Affenjungen gelegt und sich dort Rücken an Rücken mit Onkel Tom zusammengerollt. »Ich werde heute Nacht hier schlafen«, sagte sie, »und ihr könnt euch erst mal eine Suppe und etwas Bier oder Schnaps holen. Ihr seid gewiss hungrig«, meinte sie an die Männer gewandt.

Die ließen sich das nicht zweimal sagen, bedankten sich und verließen zusammen mit Sanwekwe das Krankenzimmer.

»Wenn du möchtest, hole ich meinen Schlafsack und bleibe heute Nacht ebenfalls hier«, meinte Jake, der noch geblieben war. »Wir könnten abwechselnd Wache halten, falls sich etwas tut.«

Ava überlegte einen Moment. Sie sollte Jake seine Bemerkung nicht ewig übel nehmen. Vielleicht hatte sie in seine Worte zu viel hineingelegt, und er hatte es gar nicht so gemeint. Es wäre nicht das erste Mal, dass Ava die Menschen nicht richtig verstand. Trotzdem kam ihr Jakes Vorschlag etwas halbherzig vor, als wollte er ihr nur einen Gefallen tun. Auch machte er überhaupt keine Anstalten, sie in den Arm zu nehmen oder ihr nahe zu sein.

Ava schüttelte den Kopf. »Danke, das ist lieb, aber ich glaube, das hier ist grad mein Job. Sieh du zu, dass du eine Mütze Schlaf bekommst. Ins Feld werde ich morgen wohl nicht können ... Aus hoffentlich gutem Grund«, setzte sie noch hinzu.

Jake strich ihr kurz über die Wange und verließ dann den Raum. Ava wurde das Gefühl nicht los, dass er ihr etwas verschwieg.

»Bella, du bleibst und wartest auf mich«, befahl sie ihrer Hündin, die daraufhin den Kopf hob und einmal mit dem Schwanz auf den Boden klopfte.

Zehn Minuten später kehrte sie mit ihrem Schlafsack, ihrem Notizbuch und einer Flasche Bier zurück in die Krankenstation.

Sie tat bis zum Morgengrauen kein Auge zu, aber der Puls der beiden Gorillakinder blieb stabil. Ava streichelte abwechselnd über das Fell und die Körper von Bella, Hope und Onkel Tom.

Da sie an keinen Gott der Gerechtigkeit glaubte, gab Ava all ihre Liebe, ihre Kraft und ihre Energie in das Mantra, dass in dieser Nacht unter ihrer Obhut niemand sterben würde. Nicht mal eine miese Kakerlake, die gerade in den Ritzen im Mauerwerk verschwand.

Sie musste doch eingedöst sein, denn ein leises Wimmern weckte Ava aus ihrem traumlosen Schlaf. Draußen war es noch dunkel. Es konnten also höchstens vier Stunden vergangen sein. Von dem Geräusch musste auch Bella wach geworden sein. Sie stand schwanzwedelnd neben Onkel Tom, der vergeblich versuchte, sich aufzurichten. Ava überlegte, ob er sich bei den Strapazen doch ein Bein gebrochen hatte, glaubte das aber nicht. Es gab genug andere Gründe, um unsägliche Schmerzen zu haben nach dieser Tortur. Leider hatte Ava gestern versäumt, ein paar Kräuter zu sammeln, um sie den beiden Gorillas anzubieten, ein bisschen Labkraut oder die saftige Berg-Petersilie, aber sie vermutete, dass sie dafür noch zu schwach waren. Ganz sicher hätte sie mit Milch mehr Glück.

Ava robbte sich vorsichtig zu Onkel Tom hinüber. Dass sie an seiner Seite gewacht hatte, hieß noch lange nicht, dass sie schon *best buddies* waren. Auch wenn das Tier schwach und jung war, musste sie auf der Hut sein, gerade weil es mit Menschen die schlimmsten Erfahrungen gemacht hatte. Wie immer hielt sie ihren Blick gesenkt, streckte vorsichtig ihre Hand aus. Panisch gab Onkel Tom ein schwaches Knurren von sich und versuchte, sich von Ava wegzubewegen, doch seine Schmerzen ließen das nicht zu. Er schrie auf, dass es Ava durch Mark und Bein ging. Sie beschloss, ihre Annäherungsversuche auf später zu verschieben und erst einmal für Nahrung zu sorgen. Bella würde aufpassen, denn erstaunlicherweise schien ihre Nähe den kleinen Gorilla kaum zu irritieren. Bella durfte ihn sogar mit der Nase anstupsen, ohne dass er sie wegschickte. »Aber nicht so wild, meine Süße. Die beiden sind ungefähr genauso krank wie du damals, als ich dich aufgegabelt habe. Na ja, wohl noch schlimmer ...«

Ava seufzte, zog sich langsam zurück und ging aus der Hütte, um in der Küche etwas Milchpulver zu finden. Ihr wären Kräuter lieber gewesen, da sie keinen Schimmer hatte, ob Gorillas die künstliche Milch vertrugen. Aber da es nun mal keine Gorillamilch gab, musste Ava darauf vertrauen, dass die Big Apes den Menschen wirklich so ähnlich waren, wie es immer schien. Selbst ihre Tragezeit entsprach bis auf wenige Tage der einer Menschenfrau. Immerhin war die Trockenmilch vorher pasteurisiert worden, das durfte einfach keine Kolik verursachen. Und durch das Penicillin sollte das Risiko möglicher unverträglicher Bakterien ein wenig abgemildert sein.

In der Küche traf sie auf Keza. Überrascht sah Ava auf die Uhr. »Was machst du denn zu nachtschlafender Zeit schon hier?«, fragte sie die Köchin. Als Keza sie anblickte, sah sie, dass die junge Frau geweint hatte. Bestürzt ging Ava auf sie zu und nahm sie in den Arm. »Keza, um Himmels willen, was ist denn geschehen? Ist deinem Mann etwas zugestoßen? Geht es deinen Kindern nicht gut?« Sie erinnerte sich, dass Ava am Abend der Rede schon so besorgt geguckt hatte.

Beschämt wandte Keza sich ab und wischte sich die Nase mit der Schürze ab. »Entschuldige Ava, ich habe so früh nicht mit dir gerechnet. Es geht schon ...«

Doch Ava ließ nicht locker. »Nun komm schon, Keza. Wir wohnen hier in dieser gottverdammten Einöde so eng beieinander, da sollten wir auch unsere Sorgen teilen dürfen. Weißt du, was man in meiner Heimat sagt: Geteiltes Leid ist halbes Leid. Na, nun mal raus mit der Sprache.«

»Ach, wahrscheinlich bin ich einfach zu empfindlich, aber meine Eltern machen sich Sorgen. Es gibt Unruhen im Westen. Man erzählt sich, dass bewaffnete Milizen aus dem Kongo auf dem Vormarsch sind. In Goma und Gisenyi kam es schon zu Ausschreitungen. Meine Eltern meinen, dass wir nicht mehr lange sicher sind. Sie möchten fliehen.«

Ava überlegte. Goma und Gisenyi lagen beide am Nordufer des Lake Kivu. Während die eine Stadt noch zum Kongo gehörte, lag die andere auf ruandischem Territorium. Die heißen Quellen, in denen sie und Jake sich noch vor wenigen Tagen geliebt hatten, lagen gerade mal einen Katzensprung davon entfernt. Sie erschauderte. Sie hatte ja auch bereits ihre Erfahrungen mit dem brutalen und willkürlichen Staatssystem machen dürfen. Aber würde Mobuto es wirklich wagen, Ruanda anzugreifen und hier einen Stammeskrieg entfachen? Was hätte er davon? Die Bodenschätze schlummerten im Kongo: Gold, Diamanten, Kupfer, Öl … Der Kongo war das rohstoffreichste Land Afrikas. Aber womöglich hatten die Unruhen gar nichts mit dem korrupten Diktator zu tun. Gerade in den Ostprovinzen gab es einen Haufen militanter Splittergruppen.

Trotzdem. Ava glaubte nicht an einen bevorstehenden Krieg. Sie nahm Kezas Hand. »Bestelle deinen Eltern einen schönen Gruß von mir und sag ihnen, dass sie sich nicht ängstigen müssen. Natürlich geht es hier im Westen von Ruanda etwas rauer zu als, sagen wir mal, im Osten an der Grenze zu Tansania oder Uganda. Aber es gibt gar keinen Grund für einen großen Krieg.« Ava lachte auf. »Ruanda hat, außer ein paar Affen, nicht genug zu bieten. Und Mobutu verhandelt ohnehin über ein Friedensabkommen mit der hiesigen Regierung. Sag deinen Eltern, ich bürge für deine Sicherheit, und bevor sie irgendwohin gehen, sollen sie besser zu uns ins Camp kommen. Wir können hier jede helfende Hand gebrauchen. Hm, was meinst du?« Aufmunternd sah sie die Köchin an, die auch schon wieder zaghaft lächelte. Ava hoffte nur, dass sie den Mund nicht zu voll genommen hatte, denn die Kräfte, die hier unter der Oberfläche brodelten, konnte auch sie nicht wirklich einschätzen. Sie im Grunde am wenigsten. »So, und jetzt machst du mir ein bisschen Milch warm, ja?« Und während sie zusah, wie Keza die lauwarme Milch in ein Fläschchen umschüttete, das sich zu Avas Erstaunen zum Glück in einem der Schränke fand, erzählte sie ihr ausführlich von den zwei neuen Bewohnern, die immerhin die letzten fünf Stunden schon überlebt hatten.

Zurück auf der Krankenstation sah sie, das Raghib sich bereits an den Verbänden zu schaffen machte. Onkel Tom hatte sich wieder hingelegt. »Was tust du da?«, fragte Ava erschrocken. Ihr war es überhaupt nicht recht, dass der junge Mediziner, auch wenn er es gut meinte, einfach ungefragt in ihren Hoheitsbereich eindrang. Freundlich schaute er sich zu ihr um. »Sie mussten gewechselt werden. Wir müssen die Wunden noch mal auswaschen und desinfizieren. Sie sondern viel Sekret ab. Das ist einerseits gut, aber wir müssen möglichst verhindern, dass neue Bakterien in die Wunden eindringen. Hope hat auch noch immer Fieber. Ich habe ihr eine zweite Dosis vom Antibiotikum gegeben.«

»Danke, Raghib, aber mir wäre es lieb, du fragst vorher«, meinte sie knapp.

Kommentarlos wandte sich Raghib wieder den Affen zu und wischte mit seinen langen schmalen Fingern beinahe zärtlich über die offenen Stellen. »Es war niemand da, den ich hätte fragen können, und ich habe gelernt, dass man helfen soll, wenn Hilfe benötigt wird.«

Schuldbewusst sah Ava zu Boden. Wieso war sie nur immer so streng und kratzbürstig? Der Junge hatte ja recht, und sie hatte es eben noch zu Keza gesagt: Hier wurde wirklich jede helfende Hand gebraucht, und erst recht die mit medizinischem Fachwissen.

»Entschuldigung«, murmelte sie, um sich dann zu Onkel Tom niederzuknien. Sie hielt das Fläschchen hoch. »Ich habe lauwarme Milch mitgebracht.«

»Hervorragend. Mal schauen, ob sie schon in der Verfassung sind.«

ABSCHIED

In ihren kühnsten Träumen hätte Ava nicht zu hoffen gewagt, wie schnell sich Hope und Onkel Tom von ihren Verletzungen erholten. Hatte Onkel Tom anfangs noch die Zähne gefletscht und eine Abwehrhaltung eingenommen, gab er das spätestens nach dem zweiten Milchfläschchen auf, das Ava ihm an die Lippen führte, wobei sie vorsichtig seinen Kopf hielt. Es war ihr Glück, dass er anfangs noch zu schwach war, um sich großartig zu wehren. Als er dann aber merkte, wie unglaublich lecker dieses Essen schmeckte, streckte er schnell schon die Arme aus, machte wohlige Grunzlaute und spitzte erwartungsvoll die Lippen, wenn Ava damit auf ihn zukam. Hope, die zwei Tage nach ihrem Bruder aus ihrem Fieberschlaf erwachte, machte überhaupt keine Probleme. Sie imitierte einfach das Verhalten des Älteren. Ava konnte sich gar nicht sattsehen an den beiden Bewohnern. Es war so witzig, wenn erst Onkel Tom und direkt danach die kleine Hope sich die letzten Tropfen Milch von der Schnauze wischten, dann wie grinsend dasaßen, die Hände im Schoß, und sie erwartungsfroh ansahen. Seit vier Tagen waren sie nun schon nicht im Feld gewesen, was Ava ein schlechtes Gewissen machte. Sie wollte nicht nur wissen, wie es Shadow und Small ging, sie vermisste vor allem auch Scar. Sie hatte ihn schon eine Woche lang nicht mehr gesehen. Anderseits aber war die Pflege der beiden Patienten wohl Feldstudie genug. Hier bekam Ava unter anderem zu spüren, was es hieß, so an die acht Kilo Futter täglich anzuschleppen. Die Milch allein hatte schon sehr bald nicht ausgereicht, und so wies sie die Männer an, alles, was es an Pfeilwurzgewächsen, Nesseln, Disteln, Früchten und Baumrinde zu holen gab, ins Camp zu bringen. Um genau zu sein, schwärmten sie dreimal täglich aus, um die Nahrung zu sammeln, denn schlaffes oder welkes Grün rührten Onkel Tom und Hope nicht an. Erstaunlicherweise konnten sie von den Bananen gar nicht genug bekommen – für Ava ein klares Indiz, dass die Tiere mindestens einige Wochen in den Fängen der Wilderer verbracht haben mussten, denn in der Wildnis der Virunga-Berge fanden sie diese Nahrung nicht.

Am fünften Tag dann geschah etwas vollkommen Unerwartetes: Hope verfiel plötzlich und für Ava vollkommen unerklärlich in einen Zustand der Lethargie. Sie wimmerte leise vor sich hin, wippte vor und zurück und verweigerte die Nahrung. Immer wieder stupste der robustere Onkel Tom sie an, reichte ihr Blätter und Selleriestangen, doch Hope reagierte nicht. Ihre Ausscheidungen waren mit Blut durchsetzter Durchfall. Wenn Ava sich den beiden nähern wollte, stellte Onkel Tom sich schützend vor seine Schwester und ließ Ava nicht an sie heran.

Ratlos wandte sie sich an Sanwekwe. »Was fehlt ihr? Ich verstehe das nicht, sie war doch schon auf dem Weg der Besserung.«

Doch auch Sanwekwe schüttelte ratlos den Kopf. »Vielleicht ein neuer Infekt?«

»Das glaube ich nicht«, erwiderte Ava. »Sie bekommen ihre Medizin unverändert, seit sie hier sind, und haben gut darauf angesprochen. Die Wunden verheilen ja auch.«

»Es ist das Trauma«, hörte sie da eine tiefe Stimme von hinten. Ngana. Abrupt drehte sich Ava zu ihm um. »Das Trauma?«

»Ich habe es bei den Gorillas in Uganda mehrfach erlebt. Die Wilderer holen sich die Jungtiere und halten sie in Gefangenschaft, solange sie auf den Weiterverkauf warten. Mal verwahrt man sie so wie unsere beiden, aber auch mit Stacheldraht gefesselt, von Bluthunden in Schach gehalten – je nach den Möglichkeiten.« Nganas Stimme verriet keinerlei Emotion. Ruhig und sachlich berichtete er von den schlimmsten Misshandlungen, die Ava sich vorstellen konnte. »Sie versuchen sie am Leben zu halten, und anfangs scheint das auch zu klappen, aber sobald die Körper sich stabilisieren, scheinen die Tiere sich der Pein und Qual bewusst zu werden. Sie ›begreifen‹ die Ausweglosigkeit ihrer Situation. Die meisten sterben innerhalb von wenigen Tagen. Passiver Suizid, so nenne ich das.«

Geschockt hörte Ava sich Nganas Schilderungen an. Die Verderbtheit des Menschen überstieg immer wieder ihr Fassungsvermögen. Dieses Schicksal durfte Hope nicht ereilen. Niemals!

»Gibt es denn nichts, was wir tun können?«, fragte Ava hilflos und war sich sehr wohl bewusst, dass sie sich offenbar in Ngana getäuscht hatte. Wer weiß, was dieser Mann erlebt hatte. Sie wusste ja nichts über die Hintergründe seiner Flucht aus Kenia. Wenn es denn überhaupt eine Flucht war. Aber weder das Wort »auswandern« noch »Umzug« wollte so recht passen. In diesen Gefilden tat man das nicht. Man blieb oder man floh.

»Hoffen und beten«, sagte Ngana.

»Hat das schon jemals etwas geholfen?«, fragte sie und sah dem sehnigen Schwarzen zum ersten Mal wirklich ins Gesicht.

»Es lindert den Schmerz«, erwiderte er nur. »Du kannst ihr auch ein Schlaflied singen, wenn dir das lieber ist.«

Ava horchte auf. Ein Schlaflied ...

Inzwischen war auch Jake zu ihnen gestoßen. Ava durchzuckte der Gedanke, dass sie ihn in den vergangenen Tagen erstaunlich selten gesehen hatte. Was machte er eigentlich die ganze Zeit?

»Was ist passiert?«, fragte er mit Blick auf die sieche Hope bestürzt.

»Sie will nicht mehr«, sagte Ava, und Tränen standen ihr in den Augen, während Onkel Tom inzwischen energischer, fast schon aggressiv, das zarte Weibchen herumschubste und stieß. Mit jeder ausbleibenden Reaktion wurde er wütender.

»Es reicht«, sagte Ava entschlossen. »Wir trennen die beiden. Sanwekwe, kümmere du dich um Onkel Tom. Lenk ihn ab, führe ihn in den Busch, lass ihn mit Bella spielen. Egal was. Und die Kleine kommt in meine Hütte. Ich will ein Nest, in dem wir beide Platz haben. Weich, mit Bananenblättern, Moosen, Farnen – alles, was ihr findet. Auch ein bisschen Lehmerde. Kappt Lianen und Efeu von vier Meter Länge und behängt damit die Wände, holt Eukalyptus, der riecht gut. Wir bauen der Kleinen das schönste Zuhause, das sie jemals hatte ...«

»Und dann?«, fragte Jake irritiert.

»Dann spiele ich ihr ein Schlaflied vor!«

Bevor die anderen es sich versahen, war sie schon in das Labor mit den Tonbandgeräten gerannt.

Eine halbe Stunde später lagen Ava und Hope gemeinsam in dem Nest, das die Männer auf fast schon liebevolle Art gebaut hatten. Selbst blühende Orchideenranken hatten sie besorgt, damit der Raum fröhlicher und bunter wirkte. Das Tier war inzwischen so schwach, dass sie es mühelos in die Hütte tragen konnten. Aus ihrem After kam Blut. Vielleicht ist es ja auch ein bakterieller Infekt, dachte Ava, und der hat gar nichts mit ihrer Gefangenschaft zu tun. Sie wusste es nicht. Sie konnte nur hoffen – und den Play-Knopf drücken.

Vom Band wurden nun Geräusche der Gruppen eins und zwei abgespielt: Mütter, Daisy, die Dean wiegte und dabei knurrigsingende Töne von sich gab, Shadow, die Small herzte und auf dieser Welt begrüßte, Jungtiere, die mit Belchlauten ihre Freude zum Ausdruck brachten, Scar, der keckernd lachte, nachdem er ihr den Handschuh geklaut hatte.

Ava dachte, dass Hope, wenn sie die Erinnerung an ihre Familie zurückholen konnte, an eine gute Zeit voller Liebe und Freude, dann auch wieder schöpfen konnte, wofür ihr Name stand: Hoffnung. Ava hörte den Klängen zu, doch das verletzte Gorillamädchen blickte weiter teilnahmslos ins Nichts. In der Hand hielt es noch die Selleriestange, die man ihr vor zwei Stunden zwischen die Finger gedrückt hatte. Vielleicht war seine Seele schon entwichen. Vielleicht war sie gar nicht mehr da.

Ava legte den Arm um sie und weinte.

War es das alles wert? Vor ihren Augen war schon Büffeln, die sich mit den Hörnern in Zäunen verfangen hatten, bei lebendigem Leib das Schinkenfleisch abgeschnitten worden. Das Brüllen hatte die Jäger nicht interessiert. Die Tiere waren ihnen nicht einmal den Gnadenschuss wert. Sie schlugen einfach mit der Machete zwei Kilo Fleisch von den wehrlosen Leibern, lach-

ten und ließen sie elendig verbluten. Den Job mit dem Gnaden-
tod hatte Ava dann übernommen.

Mit den Parkwächtern lag sie im Clinch, weil sie zu viele Fallen zerstörte und Ziegenherden vertrieb, die zu tief im Nationalpark weideten.

Die Einheimischen nannten sie eine Hexe und versuchten sie
mit gekreuzten Hühnerbeinen und Voodoo-Zauber zu vertreiben. Und die, für die sie das alles machte, hatten sich selbst schon
aufgegeben, wie die kleine Hope.

Und was war mit den Menschen, ihren Gefährten? Hatten sie
überhaupt einen? Jake ging ihr durch den Kopf. Warum war er
seit der Nacht so distanziert? Erst das Gerede von dem Phoenix
und dann nur noch Abstand. Sie verstand gar nichts mehr.

»Störe ich?«

Ava schrak hoch. Sie hatte ihn nicht kommen hören. »Ich
habe gerade an dich gedacht!«, sagte sie leise, um Hope nicht zu
beunruhigen.

Jake lächelte und setzte sich zu ihr auf den Boden. »Na, ich
hoffe doch, nur das Beste.«

»Ich habe gedacht, dass du ein mieser Sternbildleser bist.«
Ava setzte sich auch auf und lachte kurz auf. »Nein, das stimmt
nicht. Aber an dich gedacht habe ich schon.«

Jake nickte. »Das ist gut.«

»Ist es das?«

»Ich denke schon.«

»Warum?« Ava schluckte. Irgendetwas an dieser Unterhaltung gefiel ihr nicht. Sie war zu einsilbig. Die wenigen Wörter
konnten die Wucht nicht tragen, mit der sie nach vorne gescho-
ben wurden, so schien es Ava.

»Dann vergisst du mich nicht so schnell.«

»Jake?«, rief Ava und ihre Stimme nahm einen schrillen Ton an. »Das wirst du mir jetzt nicht sagen. Jake, ich flehe dich an, das sagst du mir jetzt nicht!« Ava hatte Jakes Hände umklammert und spürte, wie die Adern an ihrer Stirn hervortraten, so angespannt war sie.

»Es ist nicht für die Ewigkeit, Ava, aber ich muss nach Kenia. Du weißt es vielleicht nicht mehr, aber mein Vertrag hier endet mit diesem Monat. Und in Kenia gibt es eine Ausgrabungsstätte, für die Winters Sohn Richard mich angeheuert hat. Ich habe zugesagt.« Beruhigend wollte er ihr über den Kopf streichen, aber Ava zuckte weg.

»Aber Jake, wir haben doch noch gar nicht genug Filmmaterial. Und was ist mit der Titelgeschichte? Wir wollten eine Titelgeschichte. Du wolltest sie. Du kannst mich doch jetzt nicht einfach im Stich lassen!«, rief sie und war verzweifelt bemüht, die Tränen zurückzudrängen. »Und sieh dir das doch mal an. Ich habe zwei halbtote Jungtiere, die an einen Zoo in Deutschland verschifft werden sollen. Ich *brauche* dich hier, Jake.«

»Erstens, Ava, lasse ich dich nicht im Stich. Telegrafier Winter. Er soll dir Ersatz schicken. Ich bin nicht der einzige Tierfilmer bei *National Geographic*. Und zweitens, Liebes, brauchst du mich sicher nicht. Vielleicht ist das Teil des Problems. Du brauchst niemanden. Oder tust zumindest so. Sobald du einen Gorilla siehst, vergisst du alles andere um dich herum. Ist dir das noch nie aufgefallen? Du hast durchaus Talent, Leute vor den Kopf zu stoßen.«

Ava schluckte. War das der wahre Grund, warum Jake ging? Weil er sich zurückgewiesen fühlte von ihr? »Aber neulich in

Kigufi«, sagte sie leise. Jake hatte recht. Sie war nicht gut darin, sich bedürftig zu zeigen. »Hat dir das denn nichts bedeutet?« Ava wagte es nicht, Jake anzusehen. Vorsichtig legte er nun seine Hand auf ihre und führte sie sich zum Mund. Zärtlich küsste er ihre Fingerspitzen. »Was glaubst du wohl?«

»Warum gehst du dann?« Sie schluckte. »Oder ist es wegen Olivia?« Endlich. Endlich war dieser Name einmal ausgesprochen.

In der Stille hätte man eine Stecknadel fallen hören können. Ava starrte noch immer auf die Matten und zog mit ihrem Blick zum x-ten Mal die eingewebte gezackte Linie nach. Jake schwieg, aber er hatte ihre Hände losgelassen. War sie ihm zu nahegetreten? Hatte sie eine Grenze überschritten?

Langsam schob er etwas über die Matte in ihr Blickfeld. Ein kleiner Gegenstand, der golden glänzte. War es das, was sie dachte?

»Nimm den als Pfand, Ava.«

Gebannt sah sie auf den schmalen goldenen Ring und die weiße Stelle, die er an Jakes rechtem Ringfinger hinterlassen hatte. Nun sah sie doch auf. »Was soll das? Das kannst du nicht machen.«

Jake lachte kurz auf. »Also langsam wird es mir aber zu bunt. Ich darf nicht gehen. Ich darf dir keine Geschenke machen. Siehst du, das meine ich damit. Was soll ich denn noch tun, damit du endlich begreifst, dass ich …«

Ava sagte nichts. Ihre Kehle war trocken.

»… dass es mit Olivia nichts zu tun hat.«

»Aber du kannst mir doch deinen Ehering nicht schenken. Das ist ja fast unanständig«, sagte sie, beinahe entrüstet.

»Ich *schenke* ihn dir auch nicht, Ava. Es ist eine Leihgabe, okay? Ein Pfand, das du mir wiedergibst, wenn ich zurückkomme.«

»Und wie willst du das deiner Frau erklären?«

»Vielleicht muss ich es ihr gar nicht erklären«, erwiderte Jake geheimnisvoll und ganz offenkundig nicht willens, dieses Gespräch noch länger zu führen, denn er beugte sich zu ihr, seine Lippen den ihren schon so nah, dass sie seinen warmen Atem spüren konnte.

»Und wann kommst du zurück?«, wollte sie noch wissen.

»Wenn es so weit ist, wirst du es merken«, hauchte er nur. Er verschloss ihren Mund mit seinem, und sie ließ es geschehen.

Im Hintergrund johlten und schmatzen und lachten weiter die Gorillas, um Hopes Lebensgeister zu wecken. Ava und Jake bemerkten es kaum. Ineinander versunken ließen sie sich fallen, während der neu einsetzende Regen auf ihr Dach prasselte und der Wind durch die Ritzen pfiff.

Sie sahen auch nicht, wie Hope sich ihren Daumen in den Mund steckte und sacht daran zu nuckeln begann.

Hope schlief, als Ava in der Nacht aufstand, um sich ein Glas Wasser zu holen. Wie ein Baby hatte sie sich auf die Seite gerollt zusammengekauert, die Augen geschlossen. Ihr Atem ging flach, aber Ava war dankbar, dass sie diese verflixte Selleriestange nicht mehr in der Hand hatte. Zudem lief ihr Speichel aus dem Mund – ein Zeichen dafür, dass sie wirklich fest schlief. Sollte es ihnen ein zweites Mal gelungen sein, einem unschuldigen Tier seinen Lebenswillen zurückzugeben? *Passiver Suizid.* Die Erinnerung an Nganas Worte bereitete ihr einen kalten Schauer. Sie bückte sich kurz zu dem schmächtigen Tier, dessen runzlige Nasenflügel sich mit jedem Atemzug leicht blähten. Wie gerne würde sie das Mädchen einfach in ihren Armen und damit in Sicherheit wiegen. Ihr zeigen, dass sie keine Angst mehr zu haben brauchte. Mehr angedeutet als wirklich hauchte sie Hope einen Kuss auf die Nüstern. Ava überlegte, ob sie das Tonband erneut anstellen sollte, entschied sich aber dagegen. Im Busch schliefen die Gorillas auch in Stille, bewacht nur von dem Ruf der Eulen oder Nachtschwalben.

Ava besah sich den Wasserkanister und wandte sich dann aber zum Bord mit dem Whiskey um. *Sie trank zu viel. Und wennschon!* Sie schenkte sich einen Drink ein und ging zurück zu der Stelle neben dem Schreibtisch, wo noch Jakes Ehering liegen musste. Es war stockfinster in der Hütte. Kein Mond erhellte den schmalen, kaum sechzehn Quadratmeter großen Raum, der jetzt zur Hälfte auch noch als Gorillanest diente. Passend dazu hörte sie das Tosen des Windes in den Baumkronen und das Klatschen der Lianen gegen das Wellblechdach ihrer Hütte. Sie tastete den Boden mit den Fingern ab, bis sie das glatte Metall fühlte. Sie hob es auf. Es war weich und warm. Ava nahm einen Schluck. Wie immer brannte die Flüssigkeit auf ihren rissigen Lippen und wärmte sie kurz von innen, als der Alkohol ihre Kehle hinabbrann. Sie schloss die Augen. John Coltrane wäre jetzt gut. »Kind of Blue« ... Ava umschloss den Ring. Er gehörte ihr nicht, wie auch sie niemandem gehörte. Vielleicht, womöglich, hätte sie Jake die Tür geöffnet. Doch er hatte sie zurückgestoßen. Für einen ausgelaufenen Vertrag und ein paar alte Knochen tausendfünfhundert Kilometer entfernt von ihr. Das kam Ava vertraut vor. Es gab immer einen guten Grund, ihr den Rücken zuzukehren.

Ihre Augen hatten sich inzwischen an die Dunkelheit ge-wöhnt, und sie betrachtete das Glas im Zwielicht, schwenkte es hin und her. Nahm einen Schluck.

Sie wusste selbst nicht, wie sie jetzt darauf kam, aber sie hatte schon immer den Schwimmmuskel einer Qualle bewundert. Diese gallertartigen Wesen ließen sich zu neunzig Prozent ihres Lebens einfach nur mit der Strömung treiben. Ihr Zyklus war den Wellenbewegungen des Ozeans angepasst. Im richtigen Mo-ment aber – dann, wenn Piraten auf offener See an der Flaute zu Grunde zu gehen drohten, weil sie nicht wussten, wie sie ihr Schiff ohne Wind bewegen sollten –, zuckte die Qualle einmal kurz, zog sich zusammen wie eine Brustschwimmerin, um sich im nächsten Moment zu entladen und mit der Energie des Aus-strömens neunen Schwung zu holen. Ein Pulsschlag, der sie in eine neue Richtung trieb. Selbstbestimmt. Frei.

Vielleicht, womöglich, meinte Jake es ernst und wollte zu-rückkommen. Dafür aber dürfte er sie nicht verlassen! Ava leerte ihr Glas, verschloss ihr Herz und steckte den Ring unbemerkt in die Brusttasche von Jakes Hemd, das noch achtlos verknittert auf dem Fußboden lag.

Sie würde seinen Duft vermissen. Sein Lächeln. Seine Sicher-heit.

Was sie nicht vermissen würde, wäre der Verrat an ihr. Egal ob und wann Jake Evans je wieder in ihrem Leben auftauchte – es gäbe nichts mehr, nichts, was sie mit ihm zu teilen hätte. Selbst ihre Wut nicht, denn auch die wäre noch zu viel Gefühl für ihn.

In dem Versuch, wimmernd zu klingen, legte sie sich an Hopes Seite. Sie war noch nicht gut im Imitieren von Affenstimmen.

Aber solange sie eine minimale Bedürftigkeit ausstrahlte – und unter Affen funktionierte diese Frequenz noch –, würde sie Hope zumindest nicht gefährden, sondern eher im Gegenteil animieren, ihre unterbewussten Sinne schärfen, wachsam und achtsam werden. Es würde sie ablenken von der Selbstaufgabe.

ERKENNTNISSE

Ava ackerte wie eine Besessene. Vierzehn Tage war sie jetzt schon nicht im Feld gewesen, hatte keine Ahnung, wie es Small und Shadow ging, ob sie überhaupt noch lebten. Immer wieder drangen nachts die Rufe und das Bellen der Wilderer zu ihr, und jedes Mal schien es Ava, als würden sie sich wie Giftpfeile in ihren Körper bohren. Der Park war einfach zu klein, die Bevölkerungsdichte zu hoch. Hundert Jahre alte Bäume wurden nun schon auf zweitausendfünfhundert Meter Höhe abgeholzt, um Wucherblumenfeldern Platz zu machen, die man zu Insektiziden oder Tee verarbeitete.

So gut es ging, war Ava Jake aus dem Weg gegangen. Ob er seinen Ring inzwischen entdeckt hatte, wusste sie nicht. Zumindest trug er ihn nicht am Finger. Sanwekwe schickte ihr zuweilen fragende Blicke – er schien die Spannung zwischen den beiden zu spüren, sagte aber nichts.

Avas einzige Freude war ihr Zeitvertreib mit Hope und Onkel Tom. Zwei Tage hatte Hope noch schwach und schlafend in ihrem Nest verbracht, das Ava täglich mit neuem Moos und Farnen bestückte. Sie hatte sich sogar den Spaß gemacht, einen mit Honig getränkten Stock in einen Termitenbau zu stecken, an dem dann auch Unzählige der kleinen braunen Insekten klebten. Ava wusste ja, dass Gorillas an sich Vegetarier waren, aber offenbar enthielten die Termiten oder andere Insekten wichtige Mineralien und Proteine, die sie zu einer besseren Verdauung brauchten. Zumindest hatte Ava sich das so zusammengereimt, nachdem sie ein paarmal beobachtet hatte, wie ihre Gruppen Raupen von den Blättern gezupft und sich in den Mund gesteckt oder auch Ameisen vom Boden geleckt hatten.

Wie mit einem Grinsen hatte Hope den Stab hochgehalten und ihn abgeknabbert, als steckten kandierte Früchte daran. Nachdem sie fertig war, hatte sie ihn Ava hingehalten, gerade so, als wollte sie ihr sagen: Mehr davon, bitte!

Am dritten Tag dann hatte sie sich langsam aufgerappelt, sich neugierig in ihrem künstlichen Dschungel umgeschaut, an den Lianen gezupft, die ihr bedauerlicherweise direkt auf den Kopf fielen, war auf den Stuhl und den Schreibtisch gesprungen und hatte neugierig die Schreibmaschine inspiziert. Ava gab ihr nun wieder das Fläschchen mit untergemischtem Antibiotikum.

Seit gestern hatte sie Onkel Tom und Hope das erste Mal wieder zusammengebracht. Onkel Tom hatte ein irres Tänzchen aufgeführt und sich als kleiner Mann im Brusttrommeln geübt, und auch Bella war wie wild um die beiden herumgehopst. Hope selbst ließ das geduldig geschehen. Und wenn es ihr zu bunt wurde, lief sie tatsächlich zu Ava und versteckte sich wie ein Kleinkind hinter ihren Beinen. Dieses Vertrauen hatte Onkel Tom noch nicht, aber Ava wusste, nicht lange, und sie lief mit zwei Affenkindern rechts und links von sich an der Hand zu einem kleinen Spaziergang durch den Regenwald.

»Meinen Respekt«, sagte Ngana, als sie am Morgen auf dem Weg in die Küche war, um Milchpulver anzurühren. Sie selbst hatte auch noch nichts gegessen. Sie würde schauen, ob noch ein paar Feigen da waren. Seit dem Abend vor fünf Tagen hatte sie nicht mehr mit dem Tracker gesprochen.

»Danke, Ngana«, sagte Ava freundlich, »aber das ist auch Ihr Verdienst.« Fragend hob der hochgewachsene Mann die Brauen. »Wenn Sie mich mit Ihren Worten nicht so wachgerüttelt hätten, wäre mir die Idee mit den Geräuschen und die Isolation von Onkel Tom vielleicht nicht gekommen.«

Jetzt lächelte Ngana. Zum ersten Mal, wie Ava auffiel. »*Nzuri tumbili mama.*«

»Eine gute Affenmama also, ja?« Ava lächelte zurück. »Das klingt schöner als ›die einsame Frau aus den Nebelwäldern‹.«

»Kennen Sie das Märchen von der Palme und dem Stein?«

»Ein Märchen? Nein.« Ava schüttelte den Kopf.

»Eine Palme wächst am Rand einer Oase, und es kommt ein Mann vorbei, der der Palme ihren kräftigen Wuchs neidet. Er wirft ihr einen großen Stein in die Krone und freut sich schon, dass sie an der Last zugrunde gehen wird. Die Palme versucht den Stein abzuschütteln, aber es gelingt ihr nicht. Also gräbt sie sich mit ihren Wurzeln tiefer in die Erde, um so besseren Halt zu bekommen und sich und den Stein tragen zu können. Derart tief wachsen ihre Wurzeln, dass sie schließlich das Grundwasser erreichen. Die Palme entwickelt sich so zu der prächtigsten von allen. Als nach Jahren der Mann zurückkehrt, um sich am Anblick der verkrüppelten Palme zu erfreuen, muss er entdecken, wie schön und stark sie stattdessen ist. Die Palme beugt sich zu ihm herunter und sagt: ›Danke, dass du mir damals den Stein in die Krone gelegt hast. Dadurch konnte ich stark werden und wachsen.‹« Ngana machte eine Pause. »Die Steine, die man Ihnen in den Weg legt, machen auch Sie stärker, Miss Ava.«

Ava musste schlucken. Was für ein schönes Gleichnis. »Hat man Ihnen auch Steine in den Weg gelegt, die Sie stärker gemacht haben?«, fragte sie.

»Steine ... wenn es das mal gewesen wäre. Wir hausten in den Slums von Nairobi. Das Essen musste man sich zusammenstehlen. Ob man es damit bis in seine Wellblechhütte schaffte, war ein Lotteriespiel. Meinen Vater haben sie auf dem Heimweg erschossen und ihm ein halbes Maniokbrot abgenommen. So viel war ein Leben dort wert. Ein halbes Maniokbrot. Meine Brüder fingen an zu dealen, meine Schwester half meiner Mutter im Haushalt und mit den Kindern. Bis eines Tages eine Gruppe von Halbstarken vorbeikam, die beide vergewaltigten. Meine Schwester wurde schwanger. Und hat sich die Pulsadern aufgeschnitten. Sie konnte nicht mehr. Und da konnte auch ich nicht mehr. Ich hatte die Wahl: Gehe ich in ein anderes Land und fange neu an, oder werde ich zum Kriminellen mit einer Lebenserwartung von nicht mal dreißig Jahren. Wenn Sie das Steine nennen wollen, dann ja, dann bin ich daran wohl gewachsen. Aber etwas in mir habe ich dort zurückgelassen, das unwiederbringlich verloren ist. Vielleicht ist es sogar Hoffnung. Ein Herz, das schlägt, muss noch lange nicht heil sein. Diese Lektion habe ich wohl begriffen.«

»O nein, Ngana, das tut mir so entsetzlich leid. Ich wusste ja nicht ...« Ava wollte ihm die Hand auf den Arm legen, doch Ngana wich zurück.

»Schon gut, Miss Ava. Es ist in Ordnung. Wir kommen beide gut zurecht, nicht wahr? Einen schönen Tag noch!« Und damit wandte er sich ab und ging.

Nachdenklich betrat Ava die Küche. Sie war wirklich nicht gut im Erkennen von Menschen. Niemals hätte sie hinter Nganas

Stirn solche Worte und in seinem Herzen eine solche Biographie vermutet. War sie zu hart? Urteilte sie zu schnell? War sie Jake gegenüber ungerecht? Konnte sie ihm verdenken, dass er nach einem abgelaufenen Vertrag einen neuen Job annahm? Aber davon hätte er ihr ja auch eher etwas sagen können.

»Ähm, Ava, ich glaube das reicht«, hörte sie plötzlich Kezas Stimme hinter sich.

Abrupt drehte sie sich zu ihr um. »Was?«

Die junge Köchin blickte fragend zur Anrichte, auf der Ava die Milch vorbereitete. Die Flasche war inzwischen mehr als halb voll mit dem Pulver. »Oh«, machte sie und schüttete alles bis auf den Bodensatz zurück in die Packung. »Ich war in Gedanken.«

»Scheint so«, erwiderte Keza und trat etwas näher. »Bist du okay?«

»Ja, danke, bin ich.« Ava räusperte sich. »Es ist nur ...«

»Wenn ich Probleme mit Kaino habe«, sagte Keza lapidar und wandte sich der Spüle zu, in der noch ein paar Tassen und Teller vom Vortag lagen, »dann stelle ich mir vor, ich wäre ein Leopard im Regen. Er wäscht mein Fell, aber die Flecken bleiben. Und die gucke ich mir dann genauer an. Sind es meine Flecken – oder seine? Muss ich mich umorientieren, oder ist es an ihm.« Keza zuckte mit den Achseln. »Es gibt dazu ein ganz schönes Sprichwort: Wer einmal von einer Schlange gebissen wurde, hat Angst vor jedem Stückchen Schnur.« Keza sah zu ihr. »Ich bin sicher, du wurdest von mehr als nur einer Schlange gebissen. Aber Jake ist höchstens die Schnur.«

Als Ava nicht reagierte, nahm Keza ihr die Flasche aus der Hand, goss lauwarmes Wasser auf, leckte sich den Finger ab und bedeutete ihr mit einem Nicken, dass die Mahlzeit gelungen war.

»Es scheint, heute ist der Tag der afrikanischen Mythen und Märchen«, meinte Ava schließlich.

»Hm?«

»Ach, nichts.« Ava ging zum Kühlschrank und fand tatsächlich noch eine Mango und zwei Feigen. Sie holte beides heraus. »Was ist eigentlich mit deinen Eltern? Konntest du sie beruhigen?«

Keza wiegte den Kopf hin und her. »Ich würde es eher einen Waffenstillstand nennen. Sie machen sich nach wie vor Sorgen, versuchen aber, es mich nicht spüren zu lassen.« Sie lachte kurz auf. »Was ihnen natürlich nicht gelingt. Aber im Moment ist Ruhe. Vielleicht sind sie auch abgelenkt von der neuen Ziege.«

»Der neuen Ziege?« Ava schälte die Mango und schnitt sie in kleine Stücke. Dann halbierte sie die Feigen und holte sich Gabel und Löffel aus der Schublade. Den Teller hielt sie Keza hin. »Möchtest du?«

Die Tutsifrau schüttelte den Kopf und strahlte sie an. »Stell dir vor, die Ziege einer meiner Cousinen hat zwei Kitze geboren, und eines hat sie uns abgetreten, nachdem Kaino der Familie geholfen hat, einen Brunnenschacht zu bohren. Sie haben großes Glück, dass das Grundwasser bei ihnen so dicht unter der Oberfläche liegt. Jetzt sind sie fast reich, denn sie können nun auch die Nachbarn mit Wasser versorgen und bekommen dafür Reis, Kaffeebohnen, Brot – je nachdem, was da ist. Ist das nicht wunderbar?«

Ava war immer wieder überrascht, in welch elementaren Bahnen sich das Leben hier in Ruanda bewegte. Eine Ziege dafür, dass eine Familie nicht mehr zwei oder drei Kilometer täglich zu der öffentlichen Wasserstelle laufen musste, um kochen und sich waschen zu können. Fast schämte sie sich, wenn sie an ihr Leben in Amerika zurückdachte. Was würde Keza sagen, wenn sie mal dort wäre? »Ja, Keza, das ist ganz und gar fantastisch!« Dann nahm sie den Obstteller und das Fläschchen und wandte sich ab. »Ich muss jetzt los – Raubtierfütterung«, sagte sie lachend.

»Reist Jake heute nicht ab.«

»Ja«, erwiderte Ava, »das tut er wohl.«

—

Zwei Stunden später saß Ava an ihrem Schreibtisch und tippte beinahe frenetisch ihren ersten Vortrag in die Maschine. »Das Kommunikationsverhalten frei lebender Berggorillas während der Wanderung« sollte der Titel lauten. Zwar hatte die University of Cambridge sie aus naheliegenden Gründen von einer Lehrtätigkeit während der Zeit ihrer Doktorarbeit befreit, aber in den vier Semestern, die sie für die Promotion bezahlt bekam, müsste sie wahrscheinlich auch vier Vorträge in England halten – sehr zu ihrem Leidwesen. Ava hatte bei der Universität eine Reduktion beantragt. Sie legte weder gesteigerten Wert auf den Doktortitel noch auf die Aufenthalte im Vereinigten Königreich, aber dafür umso mehr auf das Geld und die Öffentlichkeit. Also biss sie in den sauren Apfel und machte sich ans Werk. Das Tonband mit den Affengeräuschen hatte sie so laut gedreht, dass es selbst das Prasseln des Regens auf ihr Dach übertönte. So langsam konnte Ava die Geräusche schon mitsprechen, so oft hatte sie die Aufnahme inzwischen abgespielt, und Hope und Onkel Tom reagierten überhaupt nicht mehr darauf. Wahrscheinlich hätte sie genauso gut John Coltrane auflegen können. Sie war nur froh, dass die beiden ihre fünf Minuten hinter sich hatten und nicht mehr über Tische und Bänke tobten wie noch vor einer Stunde. So langsam wurde es ein bisschen eng hier in der Hütte, und Ava überlegte schon, ob und wie sie die beiden auswildern konnte, kam aber noch zu keinem Schluss.

Die Vorhänge hatte sie zugezogen. Es sollte für jedermann offensichtlich sein, dass ihre Hütte heute eine Trutzburg war, die zu betreten man sich gefälligst unterstehen sollte. Von außen musste das ein lustiges Bild sein, wenn die dünnen Wände von den Lauten scheppernden Blechs erbebten und alle Schotten dicht waren. Ein verrückter Affenkäfig eben. »Hol dich er Teufel, Jake Evans!«

Als es gegen Mittag an ihre Tür klopfte, drehte Ava das Tonband noch lauter. Schwanzwedelnd lief Bella zum Eingang. Sie wusste auch, wer da draußen stand. Auf allen vieren kroch Ava zum östlichen Fenster, von dem aus sie Jake vermutlich weggehen sehen konnte. Ganz vorsichtig, um bloß nicht erwischt zu werden, lugte sie durch den unteren Spalt des Vorhangs nach draußen. Der Tag war so grau und verhangen, dass sie kaum fünf Meter Sicht hatte.

»Ava, sei nicht albern. Nun mach schon auf!«, hörte sie ihn noch immer an der Tür rufen.

Als ob die Wände durchsichtig wären, kauerte sich Ava unter dem Fenster zusammen. *Das, was du tust, schreit so laut, dass ich nicht hören kann, was du sagst*, erinnerte sie sich selbst an ein Sprichwort, das sie einmal gehört hatte.

»Dann eben nicht. Ich reise nun ab!«, rief Jake, sichtlich verärgert.

»Tu, was du nicht lassen kannst«, murmelte sie leise. »Wir kommen auch bestens ohne dich klar.«

Es klopfte ein letztes Mal, allerdings eher wie zum Abschied, und einen Moment später hörte sie ein paar Männer rufen, die sich nun offensichtlich in Richtung des Jeeps in Bewegung setzten, der weiter unten auf Jake wartete.

»Komm mal her, Bella«, rief sie ihre Hündin, die auch direkt angetrabt kam und Ava über die ausgestreckte Hand leckte. »Das findest du doch auch, oder? Dass wir ohne den Kerl gut zurechtkommen?« Bella legte ihren Kopf schief, und Ava vergrub ihr Gesicht in dem goldbraunen Fell und kraulte dem Tier über den Rücken. Das war offenbar zu viel für Hope, die während ihrer Krankheitsphase so viel Aufmerksamkeit bekommen hatte, dass sie nun regelrecht eifersüchtig wurde, wenn jemand anderes zu lange an der ersten Stelle stand. Sie kam auf Ava zugehoppelt, nahm deren Hand vom Rücken des Hundes und legte sie sich unter leisem Quaken tatsächlich selbst an die Wange.

»Ja, du auch, meine Beste«, sagte Ava lachend und wischte sich eine Träne weg. »Solange wir hier zusammen sind, kann uns nichts passieren, richtig?« Sie richtete sich auf und klopfte mit ihrer Hand an ihren Oberschenkel. »Dann los, wir sind mit unserem Spaziergang längst überfällig. Auf geht's!«

EINE BÖSE ÜBERRASCHUNG

Schon früh am nächsten Morgen machte sich Ava erstmals wieder auf den Weg in den Busch. Viel zu lange schon hatte sie Scar und die anderen nicht mehr gesehen. Sie hoffte inständig, dass oben im Regenwald keine böse Überraschung auf sie wartete.

Sanwekwe hatte immer wieder versucht, sie in Small Talk zu verwickeln, was ungewöhnlich war bei ihm. »Ein guter Tag für den Aufstieg, nicht wahr, Miss Carter?«

»Es regnet Bindfäden, Sanwekwe.«

»Jake hat festgesellt, dass es, wenn es zur Dämmerung regnet, gegen frühen Vormittag umso schöner wird.«

Böse funkelte Ava ihn an. »Das ist eine Binsenweisheit, Sanwekwe.«

»Jake hat mal gesagt, eine Binsenweisheit ist deshalb eine Binsenweisheit ...«

Abrupt blieb Ava stehen und kappte auf zwei Meter Höhe mit Wucht eine dicke Liane, die ihnen im Weg war. »Möchtest du mir etwas Bestimmtes sagen, Sanwekwe? Andernfalls nämlich würde ich dich bitten, zu schweigen. Ich könnte sonst aus Versehen mit der Machete ausrutschen.« Wie zum Beweis wischte sie mit dem scharfen Messer durch die bodennahen Brennnesseln, die sofort allesamt umfielen. Erschrocken machte Sanwekwe einen Satz zurück und hielt sich den Rest des Marsches auf Abstand. Vielleicht hatte Jake ihn gebeten, ein bisschen auf Schönwetter zu machen. Aber darauf konnte sie wahrlich verzichten.

Gegen zehn Uhr am Vormittag stießen sie dann wirklich auf die Gruppe eins, und Ava führte ein kleines Freudentänzchen auf, als sie Small erkannte, der sich keck an die Brust seiner Mutter klammerte. Shadow wirkte inzwischen vollständig integriert. Sie wussten immer noch nicht, was die schwangere Affenmama dazu getrieben hatte, ihre Gruppe oder ihren Partner zu verlassen, aber Ava tippte darauf, dass ihrem Mann etwas zugestoßen war. Möglicherweise hatte er sich erst kürzlich als Silberrücken von seiner Gruppe abgesetzt und war im Begriff, seine eigene Familie zu gründen. Das war immer die riskanteste Zeit für die Berggorillas im Virunga-Park: wenn die Familie noch sehr klein und wenig erfahren war. Damit war sie angreifbar und konnte sich nicht gut schützen, falls Gefahr in Verzug war. Zwar hatten sie keine Leiche gefunden, aber das hieß noch nichts. Der Park war groß, Aasfresser überall, und Ava war ja auch zwei Wochen lang nicht hier oben gewesen.

Sie wischte sich eine nasse Strähne aus dem Gesicht. Sie hatte fast vergessen, wie sehr sie bei diesen Wanderungen immer schwitzte und zugleich fror. Das Klima hier oben war wirklich tückisch, und Ava glaubte, ihre ohnehin angegriffenen Lungen schon wieder zu spüren. Zumindest ein unangenehmes Brennen im Brustkorb, außerdem rasselte ihr Atem. Sie bedauerte, dass sie für einen Facharztbesuch auf jeden Fall bis nach Kigali müsste. Gute Ärzte gab es, wenn überhaupt, nur in der Hauptstadt.

Sie beobachtete die Gorillas, die dabei waren, ihr Tagesnest zu bauen. Fünfzehn Tiere gehörten nun zu Majors Familie, Shadow und Small schon eingerechnet. Ava schlich zu Ngana hinüber, der sich wie immer im Hintergrund hielt und mit keiner Geste verriet, dass sie erst kürzlich eine beinahe private Unterredung geführt hatten. Sanwekwe wollte sie lieber aus dem Weg gehen. Sie hatte wenig Lust, sich anzuhören, was wohl Jake zu ihrer Frage gesagt hätte ...

»Was meinst du, können wir Hope und Onkel Tom dieser Gruppe anvertrauen? Oder wäre Clarks Familie die bessere Option?«

Nachdenklich legte Ngana den Kopf schief. Als er nach einer halben Minute noch immer nichts sagte, hakte Ava nach. Bee und Shira haben selbst noch keinen Nachwuchs, könnten aber bald schwanger werden. Vielleicht würden die beiden sich um die jungen Rowdies kümmern. Majors Gruppe ist größer, ich vermute, sie wären hier vielleicht besser aufgehoben, oder?«

»Wie kommst du darauf, dass du die beiden behalten kannst?«, sagte Ngana dann.

Entgeistert starrte Ava den Tracker an. »Was? Was meinst du?«

»Die beiden haben Papiere. Sie sind an einen deutschen Zoo verkauft. Ich kann mir nicht vorstellen, dass diejenigen, die dafür bezahlt haben, die Ware so einfach vergessen ...«

»Die *Ware*? Du warst doch dabei, als die Tiere halb tot zu uns gebracht wurden. Wer auch immer damit sein Geschäft machen wollte, hat das Recht darauf verwirkt.« Nervös sah Ava sich um. Der Gedanke, dass eines Tages jemand ins Camp spazieren und ihre aufgepäppelten Affen zurückhaben wollte, war ihr überhaupt noch nicht gekommen.

»Ich meine ja nur«, erwiderte Ngana ruhig. »Du solltest zumindest darauf gefasst sein.«

Ava schüttelte den Kopf. »Dann ist die Frage umso dringlicher: Majors oder Clarks Familie?«

»Majors – aus den von dir genannten Gründen. Aber sei vorsichtig, Ava. Wer immer die Tiere haben will: Gibst du sie nicht freiwillig her, wird man versuchen, sie zu holen. Wie das ausgehen kann, weißt du …«

Ava schluckte. Oh ja, das wusste sie.

Um sich auf andere Gedanken zu bringen, robbte sie sich vorsichtig an das Nest von Shadow und Small heran. Shadow kannte sie noch nicht und war entsprechend vorsichtig, drohte ihr aber auch nicht, als sie mitbekam, dass der Rest der Familie sich von Avas Präsenz nicht beirren ließ. Bis auf einen Meter kroch sie zu der jungen Mutter heran, um so zumindest einen besseren Blick auf das kleine Affenbaby zu bekommen, das gerade schmatzend an der Brust saugte. Es war erstaunlich, wie sehr das Tier in den zweieinhalb Wochen schon gewachsen war. Die stakseligen Gliedmaßen, die nach der Geburt fast menschenähnlich gewesen waren, waren jetzt rund und drall. Die Stirnvorwölbung hatte sich im Ansatz bereits ausgeprägt, die große Nase stand markant im Gesicht, und vor allem hatte der Kleine Haare, als hätte er gerade in eine Steckdose gefasst. In alle Richtungen stand sein Fell ab, was ihn noch kräftiger erscheinen ließ, als er letztlich war. Ava schmunzelte. Sie hätte sich gewünscht, ihn einmal beim Spielen oder Sich-groomen-Lassen beobachten zu können, um eventuell einen Blick auf sein Geschlecht zu erhaschen, denn obschon sie meinte, dass sie es mit männlichem Nachwuchs zu tun hatte, konnte sie sich keineswegs sicher sein. Hoden und

Penis waren selbst bei Silberrücken nicht besonders ausgeprägt, bei den Jungtieren von daher kaum auszumachen. In den ersten Wochen, solange die Kinder sich meist an der Brust der Mutter festkrallten, war es fast unmöglich, eine valide Aussage zu treffen. Nun, diese Untersuchung musste warten. Wichtig war nur, dass der kleine Kerl gesund und fidel zu sein schien.

Vorsichtig robbte Ava zurück. Der Nebel hatte sich verdichtet. Aber in einer halben Stunde würde man ihn nicht einmal mehr erahnen, auch wenn es im Moment noch nicht danach aussah. Die Sonne würde durch die Wolken brechen und mit aller Kraft die Feuchtigkeit vom Boden aufsaugen. Genau wie Sanwekwe gesagt hatte.

Hin- und hergerissen zwischen dem Wunsch, jetzt noch die Gruppe R2 zu suchen und mit Glück endlich wieder auch Scar Hallo zu sagen, und der Lustlosigkeit, die ihre kurze Unterredung mit Ngana in ihr ausgelöst hatte, entschied sie sich, wenn auch schweren Herzens, für heute Schluss zu machen. Sie musste mit ihren Ressourcen haushalten, und ihre brennenden Lungen signalisierten ihr eindeutig, dass sie hier im Busch zu oft und zu lange über ihre körperlichen Grenzen ging. Sie musste an Jake denken, und die Erinnerung an ihn versetzte ihr einen Stich. Sein spitzbübisches Grinsen, seine selbstsichere Art. Wie er sich mit einem Blick zu ihr immer rückversicherte, dass sie okay war. Ava musste lächeln. Er war so bemüht gewesen, dass sie es nicht mitbekam. Aber natürlich war es ihr nicht entgangen. Er hatte auf sie aufgepasst. Unnötigerweise, aber er hatte es getan. Und jetzt, wo er weg war, spürte Ava, dass ihr das fehlte. Dass *er* ihr fehlte.

Ava zuckte zusammen. Über den Baumkronen zogen krächzend ein paar Kapuzengeier ihre Bahnen. Sie mochte diese besondere Spezies der Aasfresser nicht. Mit ihrem rosafarbenen runzligen Hals, dem langen schlanken Körper und dem Hackschnabel sahen sie aus wie böse Alte, die nur darauf warteten, dass es ein Tier ins Verderben riss, um sich daran zu laben. Ava konnte nur hoffen, dass in der Nähe ein Waldschwein oder ein altersschwacher Büffel verendet war. Oder ein zu gieriger Wilderer. Nichts anderes. Sie würde auf dem Weg ins Camp die Augen nach weiteren Fallen offen halten. So könnte sie den Abstieg wenigstens sinnvoll nutzen.

Als sie zwei Stunden später im Camp eintrafen, kam Keza freudestrahlend auf sie zugeeilt.

»Du hast Besuch, Ava.«

Avas Herz machte einen Satz. Konnte es sein, dass …? Sie spürte, wie ihre erhitzten Wangen noch etwas mehr Farbe annahmen. »Ach ja?«, sagte sie möglichst beiläufig. »Wer ist es denn?« Ein ungebetener Gast würde es schon nicht sein, sonst würde Keza nicht so geheimnisvoll grinsen.

»Ich weiß es nicht genau, aber sie warten in deiner Hütte«, erwiderte die Köchin.

»Sie?« Ava hob die Brauen. »Es sind mehrere?«

Keza nickte. »Ein Mann und eine Frau.«

Ava überlegte. Wer konnte das sein? Sie kannte hier doch niemanden. War womöglich Raghib zurückgekommen, um sich nach Hope und Onkel Tom zu erkundigen? Nein, den hatte Keza ja gesehen. »Schwarz oder weiß?«, fragte Ava.

»Beides«, erwiderte die junge Tutsifrau strahlend.

Um dem Ratespiel ein Ende zu setzen, marschierte Ava energischen Schrittes auf ihre grüne Hütte zu, aus der im selben

Moment eine hochgewachsene weiße Frau mit Tropenhut hervortrat. Ava glaubte, ihren Augen nicht zu trauen, und lief mit ausgebreiteten Armen auf sie zu. »Susan!«, rief sie. »Was für eine Überraschung! Was verschlägt dich denn hierher?«

Sie hatte Susan, die Frau des Tierfilmers Richard Smith, der sie seinerzeit bis nach Tansania begleitet hatte, nur einmal gesehen, aber sie war ihr mit ihrer besonnenen und freundlichen Art von Anfang an sympathisch gewesen. Es mochte auch daran liegen, dass sie, wie sie selbst, Amerikanerin war, allerdings von der Ostküste.

»Ein lauschigeres Plätzchen hättest du dir nicht suchen können, was?«, begrüßte die blonde Frau sie und umarmte sie fester, als man es ihr bei der schlanken Figur zugetraut hätte. In der kakigrünen Steppweste und den cremefarbenen Safarihosen, die an den Waden eng, am Oberschenkel jedoch weit waren, sah sie aus, wie dem Prospekt einer luxuriösen Safari-Lodge entsprungen. Sie nahm ihren Hut ab und wischte sich den Schweiß von der Stirn. Die Haare hatte sie kunstvoll hochgesteckt. Allerdings hatten sich ein paar Strähnen auf dem Weg ins Camp gelöst. »Lass dich anschauen«, sagte Susan und musterte sie, die ausgestreckten Armen an Avas Schultern. »Dir fehlt ganz offensichtlich ein ordentliches T-Bone-Steak und eine Badewanne«, meinte sie halb im Scherz, halb ernst und sah sich um. »Scheint aber beides nicht in erreichbarer Nähe.«

Ava lachte. »Stinke ich?«

Susan zog die Nase kraus. »Ein bisschen vielleicht.« Sie nahm die Forscherin bei der Hand und zog sie in Richtung ihrer Hütte. »Ich habe jemanden mitgebracht.«

Ja, dessen war sich Ava bewusst. Doch sie hatte keine Ahnung, wer da auf sie wartete. Ihrem Gefühl nach wäre sie auch lieber draußen geblieben, nur mit Susan. Und dieses Gefühl bestätigte sich, als sie auf die Schwelle trat und fast rückwärts zurückgestolpert wäre. »Lester!«, rief Ava. »Was machst du denn hier?«

ZWEIFEL

»Ava, nimm doch endlich Vernunft an!«, sagte Lester zum gefühlt hundertsten Mal in der letzten Stunde. Nachdem Ava
ihren ersten Schock überwunden und Keza um Tee und Tro-
ckengebäck gebeten hatte, saß sie mehr oder weniger stumm an
dem Tisch in ihrer Hütte und wartete darauf, dass diese Suada
endlich ein Ende fände. Sie hatte sich noch nicht entschieden,
ob sie es Susan übel nehmen sollte, dass sie ihren Verlobten ohne
Ankündigung bis hierher geführt hatte. »Sieh dich doch an! Du
haust hier ja selbst schon wie ein Tier, und, mit Verlaub, so siehst
du auch aus.« Grob zog er an ihrer Hand, um auf die entzünde-
ten Pusteln auf ihrem Unterarm hinzuweisen, die sie wirklich
mal behandeln sollte. Unsanft entwand sie sich ihm. »Komm
nach Hause! Oder wenigstens nach Cambridge. Mach deinen
Doktor und ernte die Lorbeeren. Ruiniere dich und deinen Ruf
nicht weiter. Es hat sich schon bis nach Kalifornien herumge-
sprochen, welch fragwürdige Fehde du gegen die Einheimischen
hier führst.«

»Pff!«, machte Ava nur. Was wusste Lester denn schon? Diese
sogenannten Einheimischen waren brutale Tierquäler und Pro-
fitgeier. Was wollte er überhaupt hier? Sie hatte ihm seit drei
Monaten keinen Brief mehr geschrieben. War das nicht Zeichen
genug?

»Kannst du den Affen nicht mal aussperren?«, fragte Lester halb ängstlich, halb genervt und schob das Tier halbherzig zur Seite. Während seines Vortrags hatte Hope immer wieder versucht, an die blinkende silberne Gürtelschnalle heranzukommen, die an Lesters Hosenbund prangte.

Ava verkniff sich ein Grinsen. »Mach den Gürtel ab und gib ihn ihr. Dann hast du Ruhe«, erwiderte sie nüchtern und biss in einen Keks.

»Lester hat nicht ganz unrecht, Ava«, mischte sich nun Susan ein, die zunächst geschwiegen hatte. »Richard und ich machen uns Sorgen um dich. Die Gegend hier ist ohnehin gefährlich. Du hast Aufstände, schlechte Nahrung, die klimatischen Bedingungen sind eine echte Herausforderung.« Sie machte eine Pause und legte ihre Hand auf Avas. Ava ließ es zu. »Du hast mit deinen Gorillas schon so viel erreicht! Gönn dir eine Pause, bis sich die Wogen geglättet haben.«

Ava horchte auf. »Welche Wogen?«

»Ava, du lebst hier wirklich in einem Wolkenkuckucksheim. Winter hat es uns erzählt, Jake war da etwas dezenter ... aber du hast deinen Ruf weg. Du bist die *Nyiramacibily* – die einsame Frau aus den Nebelwäldern. Und die Leute meinen das nicht nett. Du attackierst die Lebensgrundlage der Menschen hier, du bedrohst die Jäger mit Waffen, wenn sie dir vor die Flinte kommen. Es gibt Gerüchte, nach denen regelrecht Kopfgelder auf dich ausgesetzt werden. Wusstest du das?«

Das wusste Ava nicht, aber in gewisser Weise gefiel ihr die Vorstellung. »Susan, ich schätze es wirklich sehr, mit dir Tee zu trinken und über alte Zeiten zu plaudern, aber wenn ihr auch nur im Entferntesten glaubt, mich von hier wegholen zu können, habt ihr den langen Weg leider umsonst gemacht. Schade! Weißt du, wenn die Leute mich so ernst nehmen, dass sie schon eine Prämie auf meinen Kopf aussetzen, muss ich ja auch irgendwas richtig machen, meint ihr nicht? Und ihr bestätigt mir meine Theorie – das weiß ich zu schätzen, denn die Menschen, die heute Tiere abschlachten, töten morgen die Menschen, die ihnen dabei im Weg stehen. Genau das wollt ihr mir beide doch zu verstehen geben, oder?« Ava erhob sich und wandte sich an Lester. »Und du, mein Lieber, solltest jetzt, wo du den langen Flug schon auf dich genommen hast, ein bisschen Urlaub machen. Der Kruger-Nationalpark in deiner Heimat soll recht schön sein. Oder du begleitest Susan zurück nach Kenia. Das hat auch hübsche Ecken. Aber so, wie ich schon vor einem Jahr dankend auf das Essen mit deinen Eltern verzichtet habe, ziehe ich auch heute die Gesellschaft des Waldes und der Gorillas deiner vor.«

Wie zur Bestätigung hielt Hope tanzend die Gürtelschnalle in die Luft, die Lester ihr wohl oder übel überlassen hatte. Onkel Tom, der den Reiz des glitzernden Silberverschlusses nun auch entdeckt hatte, versuchte ihn ihr abzuluchsen, was dazu führte, dass ein paar Bücher und Papierstapel in dem Getobe zu Boden gingen. Ihre Hütte war einfach zu klein, dachte Ava.

Kopfschüttelnd stand Lester auf. »Das ist doch hier das reinste Irrenhaus!«, meinte er. »Und du bist auch nicht mehr ganz bei Trost, Ava! Glaub mir, man erkennt dich nicht wieder, völlig verwahrlost. Das wird kein gutes Ende nehmen, das schwöre ich dir.«

Äußerlich ruhig, merkte Ava doch, wie sie innerlich erbebte und ihr Puls sich beschleunigte. Lester als der assimilierte Native American und geradezu Vorzeigeamerikaner war schon immer etwas bieder und konservativ gewesen. Er bezahlte seine Steuern pünktlich, ging regelmäßig zur Maniküre und hatte wahrscheinlich noch nie einen Strafzettel bekommen. Sein Job als Sekretär bei der noch jungen Menschenrechtsorganisation Amnesty International hätte nicht passender sein können. Vermeintlich Gutes tun und dabei nicht auffallen. Als sie sich kennenlernten, vor inzwischen knapp zehn Jahren, hatte er sich noch als Journalist versucht. Aber ihm fehlten Biss und politische Überzeugungen. Am besten hatte Ava an ihm gefallen, dass er sie anhimmelte, zumindest am Anfang hatte er das getan. Seit dem Tod ihres Vaters hatte es keinen Mann mehr gegeben, der ihre Wildheit belächelt und ihre Entschlossenheit bewundert hatte. Und, ähnlich wie heute mit Jake, nur unerfahrener, wurde sie umso stärker und entschlossener, je mehr sie um den ruhigen Fels in der Brandung in ihrem Rücken wusste. Irgendwann aber war es auch Lester zu viel geworden. Er begann, sie zurechtzuweisen und zu kritisieren, und sein Heiratsantrag hielt Ava für den Versuch, sie im Hafen der Ehe irgendwie gefügiger zu machen. Insofern war ihre Beziehung, das wusste sie heute, schon vorbei, bevor sie den afrikanischen Kontinent das erste Mal betreten hatte.

Und dennoch! Sie sah auf ihre zerschundenen Hände, die rissigen Nägel, unter denen der Schmutz klebte. Dennoch berührten Lesters Worte etwas in ihr. Er hielt ihr einen Spiegel vor, und Ava war nicht sicher, ob sie das ganze Bild mochte. Sie trank ihren Tee, wenn nicht gleich den Whiskey oder nur abgekochtes Wasser, aus verbeulten Blechbechern, nicht wie Susan oder Cynthia deBreun aus feinen Porzellantassen. Sie trug fast immer dieselben Hosen, die sie fast schon in die Ecke stellen konnte, so starr vor Dreck waren sie. Die Haare wusch sie sich einmal die Woche, weil ihr die tägliche Pflege bei ihren widerspenstigen Locken einfach zu aufwendig war. Vielleicht sollte sie sie ganz abschneiden. Tatsächlich hatte sie überall Hämatome, entzündete Insektenstiche oder kleinere Wunden, von ihrem Asthma ganz zu schweigen. Sie lebte für die Gorillas, und Ava beschlich das Gefühl, dass sie sich fast schon wie einer verhielt. Mehr Tier als Mensch.

Ava machte einen Schritt auf Lester zu und wollte ihre Hand auf seinen Arm legen, doch der zuckte zurück. Fand er sie so abstoßend? Ava atmete tief durch. »Es tut mir leid, Lester. Ich weiß deine Fürsorge wirklich zu schätzen.« Sie überlegte, wie sie weiterreden sollte. Sollte sie an seine Empathie appellieren oder an ihre eigene Vision erinnern? Sie entschied sich für den Mittelweg. »Aber du kennst mich. Ich kann doch jetzt nicht einfach aufhören. Mal ganz davon abgesehen, dass ich auch vertraglich gebunden bin. In den USA wartet nichts auf mich …«

Lester senkte den Kopf. »Vielleicht wartet in dem Sinne *nichts* auf dich, aber vielleicht jemand«, sagte er leise.

»Ach Lester.« Ava schluckte trocken. Mit sentimentalen Gefühlen konnte sie noch nie gut umgehen. Nun nahm sie ihren Freund doch in den Arm, und er ließ es zu, versteifte sich jedoch.

Susan räusperte sich. »Was haltet ihr davon, wenn wir jetzt einfach nach Kinigi fahren und dort ein anständiges Abendessen zu uns nehmen. Wir wohnen im *Auberge*«, sagte Susan und lachte kurz auf. »Wo auch sonst?«

Ava streichelte Bella, die ihre Nase an ihren Oberschenkel drückte, über das Fell. Sie hatte eigentlich keine Lust, heute noch ins Dorf zu fahren und Small Talk zu betreiben. Anderererseits wollte sie die beiden auch nicht weiter vor den Kopf stoßen. »Eine gute Idee. Dann erzählt ihr mir bei einem schlechten Glas Wein, wie es euch so ergeht.«

Erleichtert, eine halbwegs anständige Lösung gefunden zu haben, ging sie nach draußen. Die Sonne schien. Im Busch war alles ruhig. Morgen müsste sie endlich nach Gruppe R2 suchen. Sie wollte sich versichern, dass Scar und seine Familie ebenfalls wohlauf waren.

—

Das *Auberge* war gut gefüllt. Erstaunlich für einen Dienstag und eine Jahreszeit, in der kaum Touristen unterwegs waren. Zu feucht. Sie entschieden sich für einen hinteren Tisch, nicht ganz am Rand, aber auch nicht in der Mitte. Innocent, der Wirt, begrüßte Ava freundlich. »Miss Carter, Sie heute kommen mit Freunden? Das ist sehr gut.« Sie kannten sich ja bereits, und offenbar hatte er ihr den damals wenig rühmlichen Auftritt nicht verübelt – oder er ließ sich nichts anmerken. Sein offenes Lachen tat Ava gut. »Was steht denn heute auf der Speisekarte, Innocent? Was kannst du uns empfehlen?«

»Lamm in frischer Erdnusssoße. Oder Huhn.«

Ava nickte. »Das Huhn mit was?«

Innocent runzelte die Stirn. »Erdnusssoße«, sagte er und grinste wieder. Und Tomaten-Stampfkartoffelmus.«

Ava breitete die Arme aus und sah ihre Freunde einladend an. »Na, das klingt doch köstlich, oder?« Und sie schob hinterher: »In New York wäre Innocent ein Sternekoch, das könnt ihr mir glauben.«

Während Susan auf das Spiel einging und sich schon über den

Bauch rieb, wirkte Lester ein wenig verloren. »Gibt es auch eine Karte?«, fragte er dann. Der Wirt eilte zum Tresen und kam mit einem laminierten, doppelseitig bedruckten Blatt zurück. Nach einem Blick darauf meinte Lester: »Da stehen aber nur Getränke drauf. Und Milchreis.«

Ratlos sah Innocent Ava an. Offenbar verstand er den Einwand nicht. Ava nickte kurz. »Weißt du Lester, die *Karte* wechselt täglich, je nachdem, welche Köstlichkeiten Innocent frühmorgens ganz frisch vom Großmarkt holt. Nicht wahr, Innocent?«

Der kratzte sich nur am Kopf, aber auch so hatte Lester offenbar verstanden. Es gab, was da war, und wie es schien, war das nicht selten Huhn in Erdnusssoße.

Ava wollte gerade den Wein abstimmen, als eine dunkle Stimme aus dem Hintergrund erklang: »Manchmal gibt es auch frisches Gorillasteak!«

Ava schnürte es die Kehle zu, und die Karte in ihren Händen begann zu zittern. Auch Susan neben ihr versteifte sich sofort. Lester hob den Kopf.

Langsam, fast wie in Zeitlupe, wandte Ava sich zu dem Tisch hinter sich um, von dem die Bemerkung gekommen war. Drei finstere Gestalten in schmutzigen Hemden und zerrissenen Hosen saßen dort zusammen mit einem Parkranger, den Ava bereits ein paarmal gesehen hatte. Sie grinsten sie an, und einer kaute auf einem Zahnstocher herum. »Soll gut sein, habe ich gehört«, sagte der Mann daneben schmatzend. Alle vier Männer starrten sie düster an. Selbst der Ranger wirkte feindselig.

Während Lester besorgt von einem zum anderen schaute, legte Susan ihre Stirn in Falten. Mit versteinerter Miene musterte Ava die vier. Niemand konnte ihr ansehen, was in ihr vorging. »Ich würde ja gern sagen«, hob Ava gefährlich leise an, »dass Poacher am Spieß auch ganz köstlich sein soll, doch ich habe gehört, dass davon selbst die Schweine krepieren, wenn man es ihnen vorwirft, so giftig ist das. Einen toten Wilderer verbrennt man besser.«

Nachdem Ava den Satz beendet hatte, herrschte Totenstille. »Habt ihr das verstanden?«, fragte sie. »Ansonsten kann euer Aufpasser da«, sie zeigte auf den Parkwächter, »für euch übersetzen.«

»Hör auf, Ava!«, drängte Lester, doch die ignorierte ihn. Stattdessen rief sie nach dem Wirt: »Innocent, mein Bester, die Herren wollten gerade gehen. Könntest du wohl den Tisch abräumen und kassieren. Es stinkt hier sonst zu sehr.« Hilfesuchend sah der Wirt sich um. Er wusste offenbar nicht, auf welche Seite er sich stellen sollte. Da erhob sich schließlich der Parkwächter. »Schon gut, Inno, wir wollen hier keinen Ärger machen. Wir gehen.« Er wandte sich an Ava. »Aber wir sehen uns, Madame. Sie haben noch immer zwei Tiere bei sich, die Ihnen nicht gehören. Und so langsam möchte der rechtmäßige Eigentümer Sie wiederhaben. Und wie ich hörte, haben Sie sie ja gut aufgepäppelt. Dann sind sie fit für die lange Reise nach Deutschland. Ich werde morgen früh mit ein paar Kollegen kommen und sie abholen. Und ja keine Tricks, du Hexe«, zischte er noch. »Sind die zwei morgen früh unerklärlicherweise nicht da, holen wir uns vier andere aus dem Busch. Haben wir uns verstanden?«

Ava war puterrot angelaufen und hatte die Hände zu Fäusten geballt. »Das können Sie nicht machen, Sie Barbar. Haben Sie denn gar kein Herz? Die Tiere werden den Transport nicht überleben.« Ava kämpfte mit den Tränen. Mehr vor Wut als vor

Trauer. Am liebsten wäre sie diesem widerlichen Schnösel mit dem feisten Grinsen ins Gesicht gesprungen.

»*Your choice!*«, erwiderte der drahtige kleine Mann selbstzufrieden. »Morgen früh um sechs. Wir hätten das schon längst erledigen sollen, aber offenbar haben Sie hier doch noch den einen oder anderen Freund. Was sich mit gerade eben erledigt hat. Das schwöre ich Ihnen. Guten Abend!« Er nahm seinen Hut, lupfte ihn zum Gruß und schob die drei Männer, die offensichtlich genauso angespannt waren wie Ava und die ihr sicher nur zu gern ein Messer in den Rücken rammen würden, nach draußen. »*Nyiramacibily*«, zischte der eine Wilderer beim Rausgehen und spuckte auf den Boden. Der unmittelbar folgende strich sich mit Blick auf Ava mit dem Zeigefinger einmal über die Kehle. Ava hatte keinen Zweifel, dass er, ohne mit der Wimper zu zucken, ernst machen würde, wenn sich die Situation ergab. Sie fragte sich, wer vom Nationalpark ihr angeblich noch den Rücken freigehalten hatte. Marcus Willems? Sie kannte den neuen Leiter des Nationalsparks auf ruandischer Seite noch nicht persönlich, hatte aber von Winter einiges Gute über ihn gehört. Mit einem Belgier konnte man über ihr Problem vermutlich besser reden als mit seinem Vorgänger Thabo Abebe. Vielleicht hatte sie ja Glück, und der Ranger hatte nur eine leere Drohung ausgestoßen. Wie sollte er auch so kurzfristig den Transport von zwei Gorillakindern organisiert bekommen. Bestimmt hatte er ihr nur drohen wollen. Beinahe erleichtert sah sie nun die beiden anderen an, die noch immer unter Schock zu stehen schienen.

»Dann können wir ja jetzt endlich den Wein bestellen und den Abend genießen, oder?«, sagte Ava betont heiter und setzte sich. »Inno, wir nehmen eine Flasche von dem südafrikanischen

Merlot.« An die beiden anderen gewandt fuhr sie fort: »Kennt einer von euch Marcus Willems? Susan, vielleicht hast du Lust und …«

»Ava«, unterbrach Susan die Freundin eine Spur zu laut. »Begreifst du wirklich überhaupt nichts? Diese Männer *hassen* dich! Sie wollen dich umbringen. Sie sehen in dir nur den Feind, der ihnen für irgendwelche pelzigen Affen ihre Rechte abspricht: Bäume zu fällen, deren Holz sie zum Bau ihrer Hütten und zum Kochen brauchen, Tiere zu jagen, damit ihre Familien essen können, Landwirtschaft zu betreiben, um zu überleben.« Susan rieb sich mit einer Hand über das Gesicht. »Und aus ihrer Sicht kann man ihnen das nicht mal verübeln.«

»Susan hat recht«, pflichtete Lester ihr bei. »Du bist schlimmer als jeder Kolonialherr. Tust so erhaben und überlegen. Und benimmst dich dabei wie eine verwöhnte amerikanische Göre. Geh nach England und mach dort deinen Doktor. Je mehr du dich unter Menschen mit deinen Ansichten bewegst, desto mehr kannst du auch im Sinne deiner Gorillas bewegen. Die Leute werden dir zuhören. Hier hört dich keiner, Ava. Hier sieht man nur einen hasserfüllten Waldgeist.«

Ava schnaubte. »Seid ihr beide nun fertig? Dann können wir vielleicht diese Mahlzeit hinter uns bringen, bevor sich unsere Wege wieder trennen. Wo sollte ich in England denn meine Forschungsarbeit leisten? Im Londoner Zoo? Oder besser direkt auf den blasierten Abendgesellschaften reicher Wichtigtuer?« Ava machte eine wegwerfende Handbewegung, während Innocent die ersten Schüsseln auf den Tisch stellte und den Wein servierte. »Du kannst die Gorillas nicht erforschen, wenn du nicht in der Lage bist, sie zu beschützen. Und ich fürchte, in einem

Land wie diesem brauchen sie meinen Schutz mehr als die nächste x-beliebige Charity-Veranstaltung zu ihrem Wohl. Prost!« Ava hob das halb volle Glas und leerte es in einem Zug. Sollte Lester doch denken, dass sie all ihre Manieren im Dschungel verloren hatte. Es war ihr egal. Sie hätte diese Beziehung schon längst offiziell beenden sollen. Dass Susan ihr nicht mehr beistand, tat ihr schon eher leid, aber letztlich war auch sie als Reporterin und Fotografin nur teilnehmende Beobachterin des afrikanischen Wildlife. Ob sie einen Elefanten vor die Linse bekam oder eine Giraffe, war ihr vermutlich einerlei. Und am Ende wäre sie noch dankbar, so ein Massaker hautnah ablichten zu können. Das auflagenstarke Gemetzel. Ava schüttelte den Kopf. Was sie viel mehr umtrieb, war die Sorge, dass sie die Tiere gar nicht so gut beschützen konnte, wie sie gerade behauptet hatte. Vielleicht schon in weniger als zehn Stunden würde sich genau das zeigen. Einsilbig brachten sie das – überaus schmackhafte – Abendessen hinter sich, und Susan nahm sie zum Abschied fest in den Arm. »Ich halte für falsch, dass du so viel riskierst, aber ich verstehe es, Ava. Versprich mir, dass du auf dich aufpasst, okay?« Susan drückte sie erneut an sich, bevor Ava im Dunkel der Nacht verschwand. Sie hatte einen etwa eineinhalbstündigen Marsch vor sich. Lester hatte sie lediglich mit verschränkten Armen alles Gute gewünscht.

Als sie in ihrem Feldbett lag und die Affen und Bella um die Wette schnarchen hörte, schlief sie ein. Den aufgeregten Ruf eines Käuzchens nahm sie nur noch unterbewusst wahr.

SCHREIE IN DER NACHT

Sie kamen noch vor Sonnenaufgang. Ava hörte sie fast zeitgleich mit Bella, die leise zu knurren begann, kurz bevor Ava das Rascheln hörte. Die Männer versuchten leise zu sein, aber das Raunen und Nuscheln der Menschen, das Schnauben und Tapsen der Hunde verwob sich zu einem Klangteppich, der nicht hineinpasste in die Stille der Regenwaldnacht.

Ava stand auf und schlüpfte in ihre Wanderstiefel. Sie hatte sich vor ein paar Stunden nicht die Mühe gemacht, sich einen Pyjama anzuziehen. Sie nahm das Jagdgewehr vom Haken an der Tür, öffnete diese leise, ermahnte Bella, drinnen zu bleiben, und zog die Tür hinter sich zu. Die Laternen in den Händen der Männer, sechs zählte Ava, kamen zuckend näher. In einem Abstand von zehn Metern blieben die Ankömmlinge im Halbkreis vor Avas Hütte stehen. Ava erkannte den Parkwächter und die drei anderen. Außerdem waren zwei weitere Männer dabei, die Ava noch nie gesehen hatte. Drei richteten ihre Pistolen auf sie, die beiden anderen drückten die Spitze ihrer Macheten in den Boden. Nur der Ranger schien nicht bewaffnet. Vielleicht wollte er sich nicht die Finger schmutzig machen. Hinter ihnen erkannte Ava im Halbdunkel zwei Metallkäfige.

»Ava Carter!«, erhob er die Stimme. »Ich empfehle Ihnen, keinen Widerstand zu leisten und uns die beiden Gorillajungen ohne viel Aufhebens zu übergeben. Dann sind wir weg, noch bevor die Sonne aufgeht, und Sie können wieder Ihrer Arbeit nachgehen.«

»Und wenn nicht?«, fragte Ava mit harter Stimme. Aus der Hütte hörte sie den Hund bellen.

Der Lärm musste ihr Team geweckt haben, denn aus dem Augenwinkel erkannte Ava, dass sich ihre Leute, einer nach dem anderen, auf dem Hof versammelten. Ngana stand in vorderster Reihe.

»Ich würde es nicht darauf ankommen lassen, Miss.«

Ava überlegte fieberhaft. Ihr Herz raste. Was hätte Jake jetzt getan? Sie bekam kein Bild auf diese Frage. Kein gutes Zeichen. »Sie haben kein Recht, die Tiere einfach so abzuholen. Willems muss das genehmigen, und ich bin sicher, das hat er noch nicht getan.«

»Sie irren, Miss Carter.« Der Ranger zog ein paar zusammengefaltete Papiere aus seiner Innentasche, machte die nötigen Schritte auf Ava zu und reichte sie ihr. Mit zitternden Händen nahm sie sie entgegen und blätterte sie durch. »Das ist ein Kaufvertrag aus dem Januar. Und er ist zwischen dem Leipziger Zoo und einer Privatperson aus Rihengeri geschlossen. Wir sind hier aber in einem geschützten Nationalpark. Da gelten diese Dokumente nicht.« Ava schöpfte neue Hoffnung.

»Sie irren sich schon wieder.« Der Ranger bleckte seine Zähne. Offenbar genoss er seinen Triumph. »Mister Uwamahoro, der Eigentümer, war so freundlich, Ihnen die Tiere für die Dauer ihrer Genesung zu überlassen. Sie sind bei Ihnen zu Gast, unterstehen aber nicht dem Artenschutz des Parks. Sie wurden damals außerhalb seiner Grenzen gefangen.«

Was? Hilfesuchend sah Ava zu ihren Leuten hinüber. San-wekwe zuckte leicht mit den Schultern. Er wusste es offenbar nicht.

»Das ist zunächst nur eine Behauptung«, sagte Ngana nun. »Solange sie es nicht beweisen können, gehören die Tiere uns.«

Der Ranger zückte ein weiteres Blatt Papier, auf dem ein genehmigter Tiertransport, abgestempelt durch den kongolesischen Zoll, dokumentiert war.

Ava hatte das Gefühl, jeden Moment zusammenzubrechen. Wenn die Gorillas wirklich aus dem Kongo waren, hatte sie keine Chance. Ngana schien das genauso zu sehen, denn er kam auf Ava zu und legte ihr vorsichtig den Arm um die Schulter. »Ava«, sagte er leise. »Es wird ihnen gut ergehen. Sie werden dieses Mal auf sie aufpassen. Sanwekwe holt jetzt deine beiden Freunde, und ich bringe dich in die Küche. Du musst das nicht mitansehen.« Mit den Augen machte er dem Tracker ein Zeichen. Der ging leise in Avas Hütte. Sofort kam Bella herausgesprungen und lief aufgeregt um Ava herum. Deren Blick war verschleiert. Sie sah nur noch verschwommene Schemen. »Wenn wir das tun, Ngana, habe ich sie verraten. Sie vertrauen mir doch.« Ava schluchzte auf und ließ sich beinahe in die Arme des großen Schwarzen fallen.

Kurz darauf hörte sie das leise Belchen und Keckern der beiden Affen. Ava hörte den ängstlichen Unterton genau. Sie wusste, dass die Affen die Gefahr spürten. Als Sanwekwe sich den Käfigen näherte, wurde das Schreien lauter. Sie kreischten. Sie erkannten dieses Instrument ihrer Folter. Ein paar Männer brüllten etwas auf Kinyarwanda. Ava drehte sich kurz um und sah Onkel Tom, der die Zähne bleckte und sich losreißen wollte, aber da war bereits einer der düsteren Männer bei ihm und jagte ihm eine Spritze in das Fell. Die Dosis musste sehr hoch gewesen sein, denn Hopes Bruder sackte sofort in sich zusammen. Völlig hysterisch warf sich Hope auf ihn, weinte, kreischte, bis auch sie die Betäubung lähmte. Ava hatte sich losgemacht und war zu den beiden Jungtieren gelaufen, die reglos und mit flachem, schnellem Atem im Matsch lagen. Sie weinte, schluchzte und schrie, umklammerte die Tiere, grub ihr Gesicht in das Fell, bis Ngana sie bestimmt wegzog und in die Küche zerrte. Sie hörte noch das Quietschen des Metalls, als sich die Käfigtüren schlossen und sich der Tross in Bewegung setzte.

Ava schluchzte und biss sich in die geballten Fäuste. Speichel und Tränen rannen ihr den Hals hinab, die Bella wegzulecken versuchte. Kraftlos drückte sie das Tier von sich und vergrub ihren Kopf zwischen den Knien. Das würde sie sich nie verzeihen. Niemals. Sie hatte ihre besten Freunde verraten. Was war sie für ein schwacher, schlechter Mensch. Eine sanfte Frauenhand strich ihr behutsam über die Haare. Das konnte nur Keza sein.

»Geh weg«, sagte sie, »geht alle weg.«

UNRUHEN

Juni 1968

»Punkt!«, sagte Ava mit einem breiten Lächeln, während ihr rechter Zeigefinger auf die Tastatur niederschoss. Sie kurbelte an ihrer Olympia, bis das Blatt aus der Halterung rutschte. Dann griff sie danach, las stolz das Wort ENDE und legte das Papier fein säuberlich mit der weißen Seite nach oben auf den Stapel, der dort bereits lag. Sie nahm ihn, stieß die Unterkante ein paarmal auf die Tischplatte, ruckelte rechts und links, bis die Papiere ordentlich übereinanderlagen.

Das Kommunikationsverhalten frei lebender Berggorillas während der Tageswanderung
Von Ava Carter

Den Titel hatte sie noch leicht modifiziert, aber da war er nun: ihr erster fertiger Vortrag für die University of Cambridge. Achtundvierzig Seiten lang und wie mit Prof. Hinde abgesprochen untergliedert in zwei Teile, was gleichbedeutend mit zwei vollwertigen Semesterarbeiten war. Dank der Unterstützung und eines fachlichen Gutachtens von Winter war es ihr gelungen, sich die Zeit im Kongo anerkennen zu lassen. Damit hatte sie nun ihr erstes Forschungsjahr hinter sich, und wenn alles gut ging, konnte sie bereits im Herbst 1969 ihre Doktorarbeit vorlegen. Material hatte sie genug, daran lag es nicht, aber so sparte Ava sich zwei nervige Reisen nach England und hatte ihren Titel zudem noch früher in der Tasche als geplant. Wenn Hinde nichts Grundlegendes an ihrer Arbeit auszusetzen hatte, was Ava nicht vermutete, würde sie in diesem September einmal nach Cambridge fahren und erstmals in ihrem Leben selbst auf der Bühne eines Hörsaales stehen und über das Kommunikationsverhalten ihrer Schützlinge berichten. Und auch wenn sie nicht unbedingt viel Lust hatte, Ruanda und den Busch zu verlassen, so spürte sie doch ein aufgeregtes Kribbeln bei der Vorstellung, der Welt ihre absolut bahnbrechenden Erkenntnisse über das Sozialverhalten der Berggorillas zu vermitteln.

Seit vierzehn Tagen hatte sie Unterstützung durch die zwei amerikanischen Studenten, die sich im Frühjahr bei ihr für die Semesterferien gemeldet hatten. Sie schien Glück gehabt zu haben: Brenda und Steve machten beide einen sehr guten Eindruck; keiner meckerte über das Essen oder das Klima, beide waren mit Leidenschaft bei der Sache und selbst bereits angehende Doktoranden, so dass sie ein gutes Vorwissen mitbrachten. Brenda studierte Zoologie in Houston, und wäre da nicht ihr breiter texanischer Akzent, wäre sie für Ava ein typisches Ostküstenmädchen gewesen: zart, hellhäutig, still und ein wenig vornehm. Steve dagegen, ein Biologe, war genau das, was er war: ein Sunnyboy aus Kalifornien, der einem mit dem breitesten Grinsen erklärte, dass seiner Meinung nach noch viel zu wenig Menschen »in der Scheiße wühlten«. Steve hatte sich nämlich auf das Studium von Bakterien und parasitären Strukturen bei Wildtieren spezialisiert, wozu natürlich auch die Analyse von Dunghaufen gehörte – und so einen konnte sie hier wahrlich gut gebrauchen. Insgeheim hoffte sie, neben den eigenen Forschungsergebnissen auch seine Thesen und Erkenntnisse mit in ihre Arbeit einfließen zu lassen. Zumindest wäre das der Einhaltung ihres Zeitplans förderlich.

Ava reckte sich und streckte die Arme in die Luft. Es passierte ihr nicht oft, dass sie freie Tage genoss, heute aber war ein solcher. Sie hatte diesen Samstag allein der Fertigstellung ihrer Arbeit gewidmet, und da es erst kurz nach Mittag war, musste sie nicht mal ein schlechtes Gewissen haben, wenn sie eine kurze Tour zu den Wasserfällen unternahm. Jetzt, im Juni, hatte auch die große Trockenheit begonnen. Das hieß, dass es bis September kaum regnete, und selbst hier oben maß das Thermometer immerhin angenehme einundzwanzig Grad. Das war doch mal was. Ihr Blick huschte zu dem anderen, kleineren Stapel auf ihrem Schreibtisch. Postkarten und Briefe von Jake. Er hatte sich offenbar vorgenommen, ihr wöchentlich eine Nachricht zukommen zu lassen. Meist waren seine Briefe kurz, Statusmeldungen über den Fortschritt der Ausgrabungen, Fotos von frisch geborenen Löwenbabys oder ein spektakulärer Sonnenuntergang in der Savanne der Masai Mara mit Elefant vor dem wohl berühmtesten Baum Afrikas, dem Marula-Baum. Immer hatte er in eine Ecke auch eine kleine Skizze gezeichnet, die wohl Ava darstellen sollte, zumindest sah sie eine Frau mit wild abstehenden Locken in Kombination mit einem oder mehreren Gorillas. Und immer schloss er seine Nachrichten mit einem mehr oder weniger persönlichen Gruß: »Ich vermisse dich«, »Es wäre schön, wir könnten das zusammen sehen«, einmal sogar: »Ich küsse dich«. Aber nie schrieb er etwas über seine Rückkehr. Avas Nachrichten an Jake waren ähnlich kurz, aber nicht ganz so häufig. Und persönlich wurde sie nie. Dass auch sie ihn vermisste, behielt sie lieber für sich.

Sie hatte Winter kurz nach Jakes Abreise telegrafiert, ob er ihr einen neuen Fotografen schicken würde. In seiner Antwort hatte er ihr zu verstehen gegeben, dass das nicht nötig sei, woraus Ava nur schließen konnte, dass er sicher war, dass Jake zurückkam, denn eins war klar: Die große Fotostory in der *National Geographic* stand noch aus. Schließlich war sie ein Auftrag der Zeitschrift selbst. Insofern ...

Ava setzte sich ihren Tropenhut auf und schnipste nach Bella, die sofort schwanzwedelnd von den Überresten des Gorillacamps in der Hütte aufsprang und hechelnd auf sie zulief. Ava hatte es nicht übers Herz gebracht, die Schlafplätze von Hope und Onkel Tom einfach zu entsorgen. Auch wenn es albern war, kam es Ava so vor, dass es den beiden gut ginge, solange Ava hier noch auf sie aufpasste. Idiotisch, das wusste sie, aber sie musste es ja nicht an die große Glocke hängen.

Tatsächlich hatte sie erst kürzlich, unabhängig voneinander, sowohl von Raghib, dem Medizinstudenten aus Ruhengeri, und Marcus Willems gehört, dass die beiden Gorillas in Deutschland angekommen waren und sich im Zoo unter Ihresgleichen angeblich gut eingelebt hätten. Die Pfleger dort liebten sie, weil sie solche Spaßkanonen wären. Ava wusste nicht, ob sie das wirklich glauben sollte, aber es machte sie zumindest auch nicht mehr so traurig, wenn sie an ihre Schützlinge dachte.

Ava öffnete die Tür und atmete tief durch. Die Augen geschlossen, sog sie die feuchtwarme Luft in ihre Lungen, die nicht wirklich erfrischte. Da hörte sie Stimmengewirr aus den Hütten. Sie lauschte. Es war Samstag. Der Busch war ruhig. Was war los?

»*Vuba, vuba*«, hörte sie die Männer in der Landessprache rufen. Schnell, schnell. So viel verstand sie inzwischen. Sie eilte zur Feuerstelle, wo sich sechs ihrer Männer mit Macheten und Messern bewaffnet versammelt hatten. Sanwekwe und Ngana waren unter ihnen. Wo war Keza? Hatte sie sie heute Morgen nicht gesehen? Zuletzt war sie an den Wochenenden immer hier gewesen, weil ihr Mann in der Nordprovinz zu tun hatte und ihre Eltern auf die Kinder aufpassten. Ava wusste, dass es Keza das Herz zerriss, aber eine erwachsene Esserin weniger am Tisch war so etwas wie die halbe Miete für die Familie. Und doch war sie nicht da. Galt ihr die Aufregung?

»Sanwekwe«, rief Ava, »Sanwekwe, was ist los?«

Der Tracker eilte auf sie zu, fuchtelte wild mit den Händen in der Luft, wie sie es nicht von ihm kannte. »Keza«, rief er mit erstickter Stimme.

Ava hielt den alten Mann, der so gerne Pfeife rauchte, an beiden Armen fest. »Was ist mit ihr? Nun sag schon«, befahl Ava mit hartem Blick.

»Ihre Familie ...«, grunzte Sanwekwe nur ...

»Sanwekwe, reiß dich zusammen, was ist mit ihrer Familie?«

»Ihr Vater war hier und hat sie abgeholt.« Sanwekwe atmete schwer. »Es gab Unruhen in Butaka und Kareba.« Ava überlegte. Die beiden Dörfer lagen auf ruandischer Seite südlich vom Nationalpark, keine dreißig Kilometer entfernt. »Milizen haben die Häuser gestürmt und die Familien getötet. Das Vieh. Man spricht von fast hundert Toten. Ein schreckliches Blutbad. Und Kezas Tante und Onkel ...«, der hartgesottene Sanwekwe schluchzte auf, »sie sind wohl auch tot. Ihre Cousine ebenso. Der elfjährige Sohn hat schwer verletzt überlebt. Und nun will die

Familie nach Uganda. Sie glauben, sie sind hier nicht mehr sicher.«

Ava schüttelte den Kopf. Warum taten Menschen so grausame Dinge? »Wieso glaubt Kezas Vater eigentlich, dass er das Ziel solcher Übergriffe werden könnte? Die Familie hat doch nichts getan. Es sind einfache Bauern.«

»Aber sie sind Tutsi!«, erwiderte Sanwekwe, als würde das alles erklären.

»Das darf doch alles nicht wahr sein! Komm mit, wir versuchen, unsere Köchin zurückzuholen«, sagte Ava entschlossen. Sie wusste um die seit Jahrzehnten schwelenden Konflikte zwischen den unterschiedlichen Stämmen im Land, geschürt auch durch die Kolonialmächte, die das Volk besser im Griff hatten, wenn sich die ethnischen Gruppen gegenseitig bekämpften. Aber diese ganze Fehde kam Ava so sinnlos vor. Noch sinnloser, als Kriege ohnehin waren. »Wie lange ist sie schon weg?«

»Wir haben es nicht genau mitbekommen. Das Ganze ging wohl ziemlich leise vonstatten. Aber einer der Männer hat sie vor etwa einer Stunde auf halber Höhe im Busch getroffen. Er war Beeren sammeln. Da hat sie es ihm auf die Schnelle erzählt.«

»Dann lass uns keine Zeit verlieren.« Ava ging zu der Feuerstelle, wo sich inzwischen das ganze Team versammelt hatte, einschließlich Brenda und Steve. Ava musterte die Mienen der Männer. Gab es unter ihnen welche, die sich womöglich auch Kezas Tod wünschten? Hutus, die sich unterdrückt fühlten von der überlegenen Minderheit der Tutsi? Sie hoffte es nicht.

»Ihr habt gehört, was passiert ist«, hob sie an. »Eine schlimme Sache. Sanwekwe und ich gehen runter ins Dorf und schauen mal, was wir tun können.« Sie machte eine Pause und beobachtete ihre Leute erneut. Leichtes Kopfnicken von den meisten. Nur zwei Gesichter blieben reglos. »Ich gehe mal davon aus, dass wir alle, ich betone *alle*, ein Interesse daran haben, dass Keza und ihre Familie bleiben. Oder?«

Ngana machte einen Schritt nach vorne. »Wir wünschen dir viel Glück, Ava. Wir sind in Gedanken bei Kezas Familie.«

Ava nickte und verstand die Geste als Zeichen der Solidarität. Ngana gehörte ganz sicher dem Stamm der Hutus an. »Ich danke euch. Wir sehen uns zum Abendessen.«

⌒

Ava wusste nicht, was sie erwartet hatte: Aufbruchstimmung, Panik, eiliges Treiben ... Dass sie aber ein Haus betreten würde, in dem sieben Menschen saßen und man eine Stecknadel hätte fallen hören können, damit hatte sie sicher nicht gerechnet.

Sanwekwe wusste, wo Kezas Familie wohnte; ein kleines fensterloses Häuschen am Rande von Kinigi in einer staubigen Seitenstraße. Die grüne Metalltür war nur angelehnt, und das einzige Geräusch, das nach draußen drang, war unterdrücktes Schluchzen und leises Kindergebrabbel. Sanwekwe klopfte und steckte seinen Kopf durch die Tür. Ava folgte ihm. Ihr Blick fiel zuerst auf Keza, die auf dem Boden kauerte, den Kopf auf die Beine ihrer Mutter gelegt. Jerome saß schweigend in einer Ecke, die dreijährige Zuri versuchte, einen Avocadokern in eine wie zum Tor aufgestellte Blechbüchse zu kullern.

Neben der Frau, die Ava für Kezas Mutter hielt saßen zwei weitere Erwachsene auf dem zerschlissenen Sofa, das ehemals gelb gewesen sein musste. Auf dem Sessel gegenüber saß ein älterer Mann, sicher der Vater, das Gesicht mit den Händen bedeckt, eingesunken. Kezas Mann war offenbar nicht da.

Als die Familie die Besucher bemerkte, wollte Kezas Mutter sich erheben, doch Sanwekwe gebot ihr mit einer Geste, sitzen zu bleiben. Keza wandte sich zu ihnen um, Tränen in den Augen. »Sie haben doch nichts getan«, flüsterte sie und griff nach einem vergilbten Foto, das in die Sofaritze gerutscht war. Darauf sah man ein gutes Dutzend lachender Menschen in festlicher Kleidung. Im Zentrum stand ein sechsjähriges Mädchen mit einer kunstvollen Flechtfrisur. Sie trug ein weißes Kleid. »Das war zu Lelikias Einschulung vor zwei Jahren. Sie war so stolz. Die Eltern hatten ein Stück Land verkauft, um das Schuldgeld zu bezahlen.«

Ava schluckte. Sie kam sich völlig fehl am Platz vor, wusste nicht, was sie sagen oder tun sollte. »Wie geht es ihrem Bruder?«, fragte sie dann. Es hieß ja, er habe überlebt.

»Er ist in Ruhengeri im Krankenhaus. Kaino ist auf dem Weg zu ihm«, sagte Keza. »Wir wissen noch nichts.«

Wahrscheinlich waren sie deswegen alle so still und reglos. Ohne ihren Neffen würden sie gewiss nicht nach Uganda gehen.

»Misses, Mister ...« Siedend heiß bemerkte Ava, dass sie Kezas Nachnamen gar nicht kannte, und auch nicht den ihrer Eltern.

»Fofana ...«, half Sanwekwe aus, der ihr Dilemma offenbar bemerkt hatte.

Ava warf ihm einen dankbaren Blick zu. »Misses und Mister Fofana, wenn es irgendetwas gibt, das wir tun können, dann lassen Sie es mich bitte wissen. Ich verspreche Ihnen ...«

Kezas Vater, der bislang nicht aufgeschaut hatte, wandte sich nun zu ihr um. In seinem Blick lag etwas Gebrochenes. »Miss

Carter, bei allem Respekt, aber hüten Sie Ihre Zunge! Wägen Sie gut ab, was Sie versprechen, denn Sie müssen es halten können. Die Schwester meiner Frau, mein Schwager, seine Tochter ... Sie kamen nachts hinterrücks in ihr Haus und haben sie einfach abgeschlachtet. Ohne Vorankündigung. Ohne jede Chance. Was, denken Sie, hätten Sie meiner Familie versprechen können, damit sie heute noch am Leben wären?«

Ava spürte, wie sie rot wurde. Sie nahm ihren Rucksack und wühlte am Boden nach ihrem alten Lederetui. Sie holte es heraus und entnahm im drei Zwanzigdollarscheine. »Sie haben recht, Mister Fofana. Für Ihre Sicherheit garantieren kann ich nicht. Aber ich verspreche Ihnen, dass ich mit dem Parkdirektor reden werde. Und ich verspreche Ihnen, dass Sie, Ihre Familie und Ihre Nachbarn keine Not mehr leiden müssen, solange Sie hier in Kinigi bleiben.« Sie legte die Scheine auf den Tisch. Sie kamen fast einem Jahreseinkommen gleich. »Nehmen Sie das als Zeichen meiner Dankbarkeit und des Mitgefühls. Und überlegen Sie sich Ihre Pläne noch einmal. Ich bin fest davon überzeugt, dass die Menschen hier sicher sind. Das gesamte Virunga-Gebirge liegt zwischen dem Kongo und diesem Dorf. Der Weg für die Milizen ist zu weit. Bitte. Überlegen Sie es sich.«

Die zwei Frauen tuschelten aufgeregt, als sie die Geldscheine sahen. Auch Keza bekam große Augen. Ihr Vater berührte sie kurz mit den Fingerkuppen. »Vielen Dank, Miss Carter. Wir würden jetzt gern allein bleiben.«

Sanwekwe murmelte noch ein paar Worte auf Kinyarwanda, klopfte dem Mann einmal auf die Schulter und zog sich dann mit einer Verbeugung zurück. Ava tat es ihm nach.

»War das eine gute Idee?«, fragte Ava, als sie auf der Hauptstraße angekommen waren. »Ich bin nicht sicher.«

»Das war eine gute Idee«, erwiderte Sanwekwe nur und zog das Tempo an. Ava kannte das schon. Wenn Sanwekwe so schnell ging, dass man kaum hinterherkam, brauchte er seine Ruhe oder musste nachdenken. Ava sollte es recht sein. Sie dachte an das Bild dieser still trauernden Familie. Wahrscheinlich hatte Kezas Vater sie deswegen aus dem Camp geholt: nicht, damit sie schnellstmöglich nach Uganda fliehen konnten, sondern um gemeinsam zu trauern. Familie, dachte Ava. Sie stand in diesem Land noch über allem. Ava wusste nicht einmal, ob sie den Tod ihrer Mutter – dem einzigen Menschen, den sie noch zur Familie zählen konnte – überhaupt betrauern würde, geschweige denn zusammen mit jemandem.

EIN VERSCHOLLENER SILBERRÜCKEN

Am nächsten Morgen hatten sie Glück: die Gruppen eins und zwei wanderten laut Ngana fast parallel, nur durch etwa einhundert Höhenmeter getrennt, an der Ostseite des Mount Visoke entlang. Das war relativ ungewöhnlich, und es zeigte Ava wieder einmal, dass die Baumrodungen und Ausweitung der landwirtschaftlichen Nutzflächen die Gorillas zwangen, ihre Reviere zu verkleinern. Allerdings konnte es auch bedeuten, dass sich die Bestände aufgrund der strengeren Kontrollen und vielleicht auch dank ihres unermüdlichen Einsatzes gegen die Wilderer langsam ein wenig erholten und sich neue Familien gründeten, die sich dann den Platz im Virunga-Gebirge teilen mussten.

Die Forschertruppe fand mehrere Dunghaufen, bevor sie das Rascheln und Keckern der ersten Affen im Gebüsch hörte. Steve sammelte begeistert ein paar Proben. »Mal schauen, was wir da drin so finden«, sagte er strahlend. »Parasiten und Würmer sind wunderbare Indikatoren. Sie können dir so ziemlich alles über die Krankheiten sagen, wenn ein Gorilla stirbt. Lungenentzündung, Nephrose, Fadenwurmbefall, der die Tiere förmlich verhungern lässt. Gleichzeitig enthalten sie aber auch wichtige Mineralien, die unsere Vegetarier im Grünzeug nicht finden. Also nicht wundern, wenn sie ihren eigenen Mist futtern.«

Ava betrachtete den von Fliegen umschwirrten Dunghaufen und wandte sich ab. Es gab Bilder, die brauchte sie vor dem Frühstück nicht.

Sie kämpften sich ihren Weg weiter durch das Dickicht. Der Schweiß lief Ava den Rücken hinab. Selbst bei der Hitze hatte der Regenwald eine Feuchtigkeit von bis zu achtzig Prozent. Es war, als würde man Wasser atmen. Trotzdem merkte sie, dass ihre Lungen die Sommermonate besser mitmachten als die feuchten und kalten Winterzeiten. Sie waren heute zu fünft unterwegs – Sanwekwe, Ngana, Steve, Brenda und sie –, und Ava hob den Arm zum Zeichen, dass sie sich die nächsten Meter leise und langsam weiterbewegen sollten. Sie hoffte, dass die schwarzen Flecken, die sich langsam durch die Stauden bewegten, zur Gruppe R2 gehörten, denn sie hatte, warum auch immer, Clarks Familie schon länger nicht zu Gesicht bekommen. Sie war froh, dass sie ihren Vortrag endlich abgeschlossen und sich so wieder mehr auf die Feldstudien konzentrieren konnte.

Sie wanderten eine Weile an der Flanke der Gruppe entlang, bis diese begann, sich ein Tagesnest zu bauen. Clark gab ganz klar das Kommando dazu, und sofort hörte man das Lachen und Toben der Jungtiere. Ava legte sich flach auf den Boden, ignorierte die Distel unter ihr, und holte ihr Notizbuch und Fernglas aus dem Rucksack.

Sie wusste, dass zu dieser Gruppe lediglich acht Tiere gehörten. Das war wenig, verglichen mit der normalen Population, aber Clark war auch noch ein relativ junger Anführer. Sollte es diese Familie die nächsten fünf bis zehn Jahre geben, würde sie sicherlich auf vierzehn und mehr Tiere anwachsen. So war der Lauf der Dinge.

Der Standort für die Mittagsrast war für die Forschertruppe absoluter Luxus, denn die Affen hatten sich rund um einen großen Termitenhaufen positioniert, der für sie einem Festmahl gleichkam. Mit kleinen Stöcken bewaffnet bohrten sich die Damen ihren Weg in die Eingänge des Hügels und lutschten die Stiele dann genüsslich ab. Begeistert hielt Ava sich die Hand vor den Mund. Cynthia hatte ja damals schon erzählt, dass ihre Schimps Werkzeuge benutzten, um an die nährstoffreiche Kost zu kommen. Ava hatte es ja auch schon erfolgreich bei Hope und Onkel Tom ausprobiert. Aber noch nie hatte sie in freier Wildbahn erlebt, dass die Gorillas diese Technik tatsächlich beherrschen und sie so selbstverständlich ausüben. Sie erkannte Daisy und Dean sofort. Der Racker war in den letzten Wochen ordentlich gewachsen und tobte um seine Mutter herum. Santa, die Mutter mit dem Neugeborenen Smash, der sich ebenfalls gut entwickelt hatte, wartete etwas entfernt noch ab und stillte ihren Kleinen. An der köstlichen Quelle sah sie dann noch … Moment? Da waren neben Daisy noch drei andere Tiere, allesamt erwachsene Weibchen. Zwei kannte sie schon, Lindy und Mandy – Ava vermutete ein Geschwisterpaar. Aber da war doch noch ein erwachsenes Weibchen?

Sie pirschte sich zu Sanwekwe und zeigte auf drei Uhr. Mit dem Finger malte sie ein Fragezeichen in die Luft. Der Tracker nahm sein Fernglas und sah zu dem Termitenhügel. Er stellte es scharf, nahm es herunter, setzte erneut an. Das fremde Weibchen nahm nun den Stab und marschierte in entspanntem Knöchelgang in Richtung des Silberrückens. Drei Meter vor ihm blieb sie stehen, neigte den Kopf und hielt ihm den kleinen Holzstab hin. Eine Geste der Unterwerfung?

»Das ist Snoot«, flüsterte Sanwekwe.

»Snoot?« Ava holte ihr eigenes Fernglas heraus. Sanwekwe hatte recht. Snoot war ein geschlechtsreifes Weibchen aus Majors Familie, die einen leichten Unterbiss hatte. So sah es aus, als würde sie ständig eine Schnute ziehen – weswegen sie diesen Namen bekommen hatte.

War es möglich, dass Tiere die Familie wechselten? Offenbar. Aber warum? Dafür konnte es nur einen Grund geben: Snoot wollte Nachwuchs, aber Major zog ihr andere Weibchen vor. Sie hoffte nun, bei Clark mehr Glück zu haben.

Vorsichtig beschnupperte der Silberrücken den gereichten Holzstab. Dann nahm er ihn und lutschte ihn ab. Den Stab gab er dann Snoot zurück, die ihn, den Blick immer noch auf den Boden gerichtet, abnahm. Sie ging jedoch nicht weg, sondern verharrte in ihrer Position. Der Silberrücken näherte sich ihr, legte ihr seine Pranke kurz auf den Kopf und schubste sie dann zurück in Richtung Mitte des Platzes. Snoot beeilte sich, einen neuen Leckerbissen zu ergattern.

Was für ein Schauspiel, dachte Ava. War sie gerade Zeugin eines Aufnahmerituals geworden? Es sah ja fast danach aus. Sie hielt Ausschau nach Scar, der sich als Einziger und wie so oft oben in den Bäumen tummelte. Sie glaubte, dass er sie noch nicht gesehen hatte, und beschloss, nicht weiter an die Gruppe heranzurobben. Auch wenn es sie in den Fingern juckte, wollte sie die Gruppendynamik nicht stören. Mit den Fingern machte sie eine Gehbewegung und Sanwekwe gab das Zeichen zum Aufbruch. Es war noch so früh, dass sie vielleicht auch Majors Gruppe noch zu Gesicht bekamen. Und wenn Ngana meinte, dass sie etwas oberhalb in der Nähe war, sollte das klappen.

Immer wieder erstaunte es Ava, mit welchem Instinkt Ngana die Tiere fast schon »erschnupperte« und damit zuweilen der bessere Tracker war als der erfahrene Sanwekwe. Aber seine Geschichte hatte ihn vielleicht gelehrt, ganz anders auf der Hut zu sein. Bei ihm gehörte der Instinkt zum Überleben.

Nach einem knapp einstündigen Marsch – Ava hatte bereits ihr gesamtes Wasser ausgetrunken – hörten sie nicht weit entfernt merkwürdige Rufe. Gorillas, ganz klar, doch sie klangen nervös, beunruhigt. Avas Puls begann sofort zu rasen. Sie hatten nach wie vor Probleme mit den Wilderern, aber zu den Affen hatte sich länger keiner mehr gewagt. Sanwekwe entsicherte sein Gewehr, Ngana gebot der Truppe, anzuhalten. Er lauschte in den Busch, der von Vogelschreien und Geraschel erfüllt war, dazu die irritierten Laute der Gorillas. Kein Bellen, kein Rufen war zu hören. Was war es dann, das die Tiere in Panik versetzte.

Leise und doch so schnell sie konnten, bewegten sich die fünf weiter hoch Richtung Gipfel. »Da vorn ist Blut«, sagte Brenda dann. Sie bückte sich, und die anderen schlossen zu ihr auf. Nur zwei, drei Tropfen. Sehr wenig. Das konnte keine große Wunde sein, aber jetzt, wo sie genauer hinsahen, erkannten sie die Spur, Tropfen auf pelzigen Blättern und auf dem Gras darunter. Und vor allem erkannte sie die Schneise. Ein großes Tier musste sich hier durchgeschleppt haben. So dicht am Boden, mit Gewächsen, die kaum einen Meter hoch waren, konnte das kein Büffel sein. Vielleicht ein Waldschwein, aber Ava vermutete etwas anderes. Und auch die anderen schienen an einen verletzten Gorilla zu glauben. Die Rufe der Tiere passten dazu. Steve zermahlte ein beflecktes Blatt zwischen seinen Fingern. »Das Blut ist frisch, aber auch wieder nicht. Es enthält Spuren von Sekret. Eiter vermutlich. Seht ihr?« Ava betrachtete es genauer. Der Student hatte recht. Das Blut wirkte klebrig und war von bräunlichen Spuren durchsetzt. Schon wollte Ava losrennen, doch Ngana hielt sie zurück. »Langsam, Ava. Verlier nicht den Kopf. Wir nähern und vorsichtig.«

Als würde er mit den Füßen kaum den Waldboden berühren, schlich Nagana voran, den Rufen entgegen. In den aufgeregten und nervösen Klang mischte sich ein Hauch von Aggressivität. Was auch immer da oben geschah, die Affen wussten nicht, wie sie damit umgehen sollten, und es machte sie sauer. Ngana hatte recht, sie mussten vorsichtig sein.

Sich schlichen sich weiter voran, waren jetzt schon ganz nah, und da erklang erstmals das alles übertönende Brüllen des Silberrückens. War doch eine Büffelherde unterwegs? Aber für die waren dreitausendsechshundert Meter eigentlich viel zu hoch. Und andere natürliche Feinde hatte der Berggorilla hier oben nicht. Sie pirschten noch ein bisschen weiter, legten sich ins Unterholz, und da endlich war der Blick frei auf eine Szenerie, die Ava das Blut in den Adern gefrieren ließ. Noch nie hatte sie dergleichen gesehen.

In der Mitte der Familie saß vollkommen zusammengesackt ein junger Silberrücken, mehr tot als lebendig. Er war völlig abgemagert. Das Fell hing ihm wie ein zu großer Mantel schlaff am Körper. An seinem rechten Fußgelenk schien er eine Wunde zu haben, nicht frisch, aber nie ausgeheilt, vermutlich entzündet und von Fliegen, Würmern, Pilzen und sonstigen Parasiten befallen. Ava konnte von Weitem nur vermuten, dass er sich seit mindestens Wochen damit herumtrug.

Ein Weibchen, Shadow, Smalls Mama, rannte kreischend um ihn herum und versuchte die anderen Tiere, die den kranken Gorilla mit Tritten attackierten und boxten, abzuwehren. Gelang ihr das für einen Moment, ging sie zu ihm, küsste ihm das Gesicht, stupste ihn in die Seite. Dann begannen die Angriffe der anderen vom Neuem. Zuweilen stöhnte der kranke Silberrücken auf, bis er einfach auf die Seite fiel. Ein anderes Tier, Duke, ein etwa achtjähriges Männchen, war besonders aggressiv, sprang ihm nun auf den Bauch, Shadow schrie, wollte den Rivalen verscheuchen, und Major brüllte ein weiteres Mal. Er lief auf die Gruppe zu, baute sich vor Duke auf, fletschte die Zähne und gebot ihm, in die zweite Reihe zurückzutreten. Der wich auch sofort zwei Schritte zurück, aber nicht ohne ein wütendes Bellen, was sehr ungewöhnlich war für ein untergeordnetes Männchen, noch dazu Majors Sohn. Major näherte sich dem kranken Silberrücken nicht weiter, ließ aber zu, dass Shadow zu ihm ging, den kleinen Small wie immer vor der Brust. Beinahe sanft strich sie ihm über den Kopf. Das kranke Tier versuchte, sich aufzurichten, doch es gelang ihm nicht.

Ava und die anderen hörten sein Stöhnen, und ihr war klar, dass es nur noch Minuten dauern würde, bis das Tier von seinen Leiden erlöst wäre. Gebannt und erschrocken beobachtete sie die Szenerie, wie Shadow den alten Silberrücken immer wieder anstupste, aufforderte, sich aufzurichten, ihn streichelte. Ava war sich sicher, dass vor ihr ihr toter Mann lag, der Vater von Small. Anders konnte es gar nicht sein. Aber warum hatten sie das Tier nie zuvor gesehen? Warum erst jetzt, wo es sich in einem verzweifelten letzten Kraftakt offenbar aufgerafft hatte, sich sterbend von seiner Frau zu verabschieden? Ava schluckte. Das hier war harter Tobak. Das brutale Verhalten von Duke und den anderen genauso wie Shadows liebevolle Gesten.

Keiner von ihnen machte Anstalten, den Rückweg anzutreten. Es schien ohne Worte klar, dass sie abwarteten, bis die Familie sich früher oder später in Bewegung setzte und das tote Männchen zurückließ. Also harrten sie noch gut eine Stunde aus, bis Major das Zeichen zum Aufbruch gab. Die drei Weibchen, Bee, Shira und Leila, hatten regelrecht Mühe, die trauernde Shadow von dem Leichnam wegzuführen. Sie wimmerte auf eine Art, wie Ava es noch nie gehört hatte. Sie trauert, dachte Ava, und hatte selbst einen Kloß im Hals. Wenn sie sie doch fragen könnte, was sie vor drei Monaten bewogen hatte, ihren Mann zu verlassen und sich, hochschwanger, einer neuen Familie anzuschließen.

Als die Tiere außer Hörweite waren, gingen Ava und die anderen zu dem toten Silberrücken. Ava schlug sich die Hand vor den Mund, als sie das geschundene Tier sah. Sein rechter Fuß war halb abgetrennt, dick geschwollen und entzündet. Maden krabbelten in der Wunde herum. Auch an den Händen und an der Brust hatte er einige rissige Verletzungen, die jedoch nicht so tief waren wie die am Gelenk.

Steve bückte sich zu dem Tier, nahm Proben von der Wunde, besah sich die Verletzung. »Das war eine Schlingfalle«, sagte er und zeigte auf die striemenartigen Einschnitte.

»Das glaube ich nicht«, erwiderte Brenda. »Das erklärt noch nicht die vielen Risse an Händen und Oberkörper. Ein Drahtseil schneidet auch nicht derart sternförmig in die Haut.«

Ava wandte sich ab, sah hinauf in die Baumwipfel, über denen erste Aasfresser kreisten und sich schon auf ihre Mahlzeit freuten. Sie würden mit den Augen beginnen, Nase und Mund, dann die Wunden auspicken und die Genitalien. Das weichste Fleisch zuerst. »Sie haben Stacheldraht benutzt«, sagte Ava. »Daher die Form der Schnitte. Er hat versucht, sich zu befreien.« Ava nahm die Machete und schlug dreimal kreuz und quer durch die Bambusstämme. »Los, Leute, wir müssen eine Bahre bauen. Ich lasse Lost Daddy nicht hier.«

Schweigend flochten und banden sie bis nach Einbruch der Dunkelheit. Zu fünft wäre das immer noch sicher hundert Kilo schwere Tier kaum zu tragen, aber sie mussten es einfach schaffen. Niemals würde sie es den Geiern überlassen. Es wäre das zweite Kreuz auf dem Friedhof hinter ihrem Camp.

DAS WIEDERSEHEN

Es war fast Mitternacht, als sie entkräftet, durstig und schmutzig endlich das Camp erreichten. Ein kleines Feuer brannte. Ava runzelte die Stirn. Aus ihrer Hütte drang leise Musik von Ella Fitzgerald.

»Ist es nicht ein bisschen zu ungemütlich für eine Mitternachtswanderung?«, erklang eine melodische Stimme aus dem Dunkel, zu der sich vor dem Feuer langsam eine Silhouette abhob. Konnte das …? War das etwa …?

»O nein, Jake! Was machst du denn hier?« Das Team hatte die Bahre mit dem toten Gorilla bereits am Rand des Camps hinter den Hütten abgelegt, und Ava stürmte Jake entgegen. Sie hatte sich das Widersehen anders vorgestellt. Ganz fest hatte sie sich vorgenommen, ein wenig distanziert zu bleiben, etwas kühl, und es Jake überlassen, ein paar Schritte auf sie zuzugehen. Aber nach diesem Tag dachte sie noch nicht mal mehr an ihre ohnehin vielleicht etwas kindischen Vorsätze. Sie lief ihm in die Arme und umklammerte ihn fest, mehr als dass sie ihn umarmte.

»Hopplahopp«, sagte Jake und erwiderte die Umarmung. »Was ist denn mit dir passiert? So stürmisch heute? Ich hätte mit Miss Trotzkopf gerechnet.«

Ava schluchzte und lachte, und erst da horchte Jake auf. Er

schob sie ein Stück von sich weg und hob ihr Kinn an, so dass sie ihn anschauen musste. »Was ist los?«

Sie zeigte nach hinten in die Dunkelheit. »Ein Silberrücken. Er geriet in eine Schlingfalle, die offensichtlich mit Stacheldraht gespannt war. Er muss sich drei Monate mit seinen Verletzungen gequält haben ...« Ava erzählte die ganze Geschichte. Von Shadow, die Jake ja noch kannte, und wie sie geweint hatte, und von Dukes brutalen Übergriffen. Auch von Snoots Gruppenwechsel berichtete sie. Ein wirklich ereignisreicher Tag! Jake nahm sie in seine Arme, und schweigend standen sie eine gefühlte Ewigkeit zusammen in der Nacht. Im Hintergrund hörte sie, wie die Männer Lost Daddy zum Schutz vor Tieren mit einer Plane abdeckten. Sie würden ihn morgen begraben. Ein paar Funken stoben knisternd nach oben.

Sie wollte es nicht sagen, es kam ihr einfach über die Lippen. »Liebe mich, Jake. Bitte, liebe mich.«

»Was hat dich denn nun zurückgeführt?«, fragte Ava. Sie lag, nackt und nur bis zum Bauchnabel mit einem Laken bedeckt, ein Bein über seines geschlungen, an ihn geschmiegt im ein Meter breiten Feldbett.

Jake stützte sich auf dem Ellbogen ab, küsste sie auf ihre Brustspitze und sah sie an. »Und wenn ich jetzt sage, du?«

Ava lachte kehlig. »Dann glaube ich dir das nicht.«

»Du musst nicht immer von dir auf andere schließen, Sweetheart. Es gibt Menschen, denen sind Menschen wichtiger als Tiere.«

»Deine sind ja auch bloß aus Stein«, neckte sie ihn und merkte dennoch, wie sie innerlich erzitterte. Er war doch nicht ihretwegen zurückgekommen, oder?

»Und was ist mit deiner Frau?«

»Olivia ... oh, ich glaube, es geht ihr blendend.«

»Du glaubst?«

»Seit sie mit diesem Sir Ralph Patel ihre Lodge am Indischen Ozean bewohnt, scheint es ihr an nichts zu fehlen.«

»Ihre was?« Ava richtete sich auf und versuchte einen Blick auf Jakes Hände zu erhaschen. War der Ring wirklich weg? »Wann hat sie dich denn verlassen?«, fragte sie entgeistert.

»Wie kommt ihr Frauen eigentlich darauf, dass es immer das weibliche Geschlecht ist, das sich trennt?« Jake hob in gespielter Empörung die Brauen. »Sie ist bereits vor über einem Jahr zu ihm gezogen. Oder sagen wir: mit ihm gegangen. *Sir Ralph* war ein guter Freund. Erst von mir. Später dann wohl mehr von Olivia.«

»Oh«, machte Ava. »Das tut mir leid.«

»Heuchlerin. Warum sollte es dir leidtun?«, sagte er, kitzelte sie an den Rippen und küsste ihren Bauch. Ava stöhnte auf. »Du warst doch die ganze Zeit total eifersüchtig.«

»War ich gar nicht«, schmollte sie.

»Na klar warst du.« Seine Lippen wanderten etwas tiefer ihren Bauch hinab. Er schob das Laken sanft zur Seite.

»Aber warum hast du mir das nie erzählt?«, presste sie mühsam hervor, da eine Welle der Lust sie überkam. Sie hatte die wohltuende und vitalisierende Wirkung von Sex wirklich schon vergessen.

Mit einem Seufzer schob Jake das Laken wieder hoch. »Du kannst so eine Nervensäge sein, weißt du das?« Mit Bedauern sah Ava Jake dabei zu, wie er sich erhob, zu Avas Schreibtisch ging, eine Schachtel Zigaretten und zwei Gläser mitsamt der Whiskeyflasche holte. »Zwei Menschen, Mann und Frau, allein und einsam fernab der Zivilisation, umgeben von ein paar Einheimischen und einer Horde Gorillas, die Tag und Nacht zusammenarbeiten. Was glaubst du, passiert da früher oder später automatisch?«

»Sie bringen sich gegenseitig um?«

Jake lachte und setzte sich wieder auf die Bettkante. »Genau, entweder das, oder sie gehen miteinander ins Bett. Ich wollte schlicht und ergreifend vermeiden, ab einem gewissen Punkt jedenfalls, dass wir das automatisch tun. Ich wollte sichergehen, dass wir das tun, weil wir uns etwas bedeuten, weil ich *dir* etwas bedeute. Du hättest nicht so lange gewartet, wenn du das von Olivia gewusst hättest, stimmt's? Du pflegst dir zu nehmen, was du möchtest, sofern du keine moralischen Bedenken haben musst.«

Ava schluckte. Was waren denn das für romantische Töne? Und wie schätzte er sie überhaupt ein? Ava kratzte sich am Kinn. Möglich, dass er nicht ganz falschlag. Jake reichte ihr ein Glas Whiskey und eine Zigarette, die er ihr bereits angezündet hatte. Ava war überrascht: Es war eine ruandische Marke, Intore, und sie schmeckte fast so gut wie ihre amerikanischen.

»Aber du bist nicht gestern aufgewacht und hast gedacht: Oh, ich muss schnell nach Ruanda und Ava das von Olivia und Sir Ralph erzählen, vermute ich.«

Jake nahm einen Schluck. »Klirrende Eiswürfel wären jetzt auch nicht so schlecht ...« Er zog an seiner Zigarette, und die Asche fiel auf den Mattenboden. »Nein. Wir sind seit drei Wochen mit der Dokumentation der Ausgrabungen fertig, und ich dachte, da ich dir schlecht Blumen mitbringen kann, bringe ich vielleicht etwas anderes ein, das dein Herz erfreuen könnte.«

Ava horchte auf.

»Andrew, mein Redakteur bei *National Geographic*, war ziemlich begeistert von der Story, von beiden, um genau zu sein, denn ich konnte ihm auch eine Geschichte über das Wildlife in der Masai Mara verkaufen.«

»Das freut mich für dich«, sagte Ava und wartete auf die Pointe.

»Wir kamen dann so ein bisschen ins Plaudern und ...«

»Nun mach es doch bitte nicht so spannend! Komm endlich zum Punkt!«, unterbrach Ava ungeduldig.

Jake schüttelte lächelnd den Kopf. »Cheers, meine Liebe! Du kriegst deine Coverstory in der US-Ausgabe der *National Geographic*. Voraussichtlich im Oktober!«

Ava sprang auf, und der Whiskey schwappte dabei über den Glasrand. »Waaaaas? Ist das wahr, Jake? Wir bekommen unsere Story?«

»So wahr, wie ich hier stehe!« Er grinste sie nun breit an. »Und ich dachte, nach deinem ersten Auftritt auf der Bühne der Wissenschaft könnte das doch gut passen, oder?«

»O Jake, das sind wunderbare Neuigkeiten, wirklich wunderbar.« Ava schlang ihre Arme um seinen Hals und spürte ihre nackten Brüste an seinem warmen Körper. Es tat so gut, den Widerstand aufzugeben. Jake hätte zu keinem besseren Zeitpunkt zurückkommen können.

—

Schon am frühen Nachmittag hatten sie die ersten fantastischen Bilder im Kasten: Scar, der sich von Ast zu Ast schwang, was durchaus ungewöhnlich war, weil die Berggorillas eher selten auf Bäume kletterten. Und Scar, der sich Avas Notizbuch und Stift schnappte und es ihr tatsächlich zurückreichte. Dean, der in ihrem Schoß saß und an einer Selleriestange nagte. Shadow, die Small säugte ... Und auch von Lost Daddy machten sie Aufnahmen, bevor sie ihn beerdigten. Die Öffentlichkeit musste sehen, was Wilderer diesen Tieren antaten.

Keza war noch nicht wieder aufgetaucht, und Ava erinnerte sich an ihr Versprechen. Eine gute Gelegenheit, noch an diesem Tag Marcus Willems einen Besuch abzustatten. Auch wegen Lost Daddy. Sie hoffte, er würde sich Zeit nehmen.

Sie bat Jake, mitzukommen, nachdem sie ihm von dem brutalen Überfall auf Kezas Familie berichtet hatte. Zusammen mit Bella machten sie sich auf den Weg.

Die Parkverwaltung war zum Glück wirklich nicht weit entfernt. Sie mussten nicht einmal bis Kinigi laufen, was Ava umso lieber war, da sie wenig Lust hatte, auch nur einem der Männer zu begegnen, die damals Hope und Onkel Tom abgeholt hatten. Die Erinnerung daran schmerzte sie noch immer. Die an Lester hingegen war bis zur Unkenntlichkeit verblasst.

Willems Büro war in einem schönen, heimelig anmutenden Blockhaus untergebracht, das ihr amerikanischer anmutete als alles, was sie sonst hier gesehen hatte. Eine überdachte Veranda zog sich rund um die Hütte; alles war in hellem Holz gehalten, und es roch nach Hanfpflanzenöl. Sie mussten gar nicht lange suchen, denn Willems stand direkt am Empfangstresen und reichte einer Mitarbeiterin ein paar Papiere, die er offenbar gerade fertig gemacht hatte. Als er sie bemerkte, kam er geradewegs auf sie zu, sein Mund zu einem schmalen Lächeln verzogen, das seine Augen jedoch nicht erreichte.

»Miss Carter, wie schön. Ich habe Sie lange nicht gesehen. Kommen Sie, setzen wir uns. Ich bitte Linda um ein wenig Zitronenwasser.«

Ava und Jake folgten dem großen blonden Mann zu einer Sitzgruppe mit rot- und cremefarbenen Polstern. An den Wänden hingen traditionelle Schmuckstücke und Werkzeuge.

»Vielen Dank. Darf ich vorstellen, Jake Evans. Er arbeitet für die *National Geographic*.«

Die beiden Männer reichten sich die Hand.

Nachdem die junge Frau, Linda, eine hübsche Afrikanerin von Anfang zwanzig, Tee, feuchte Tücher, Honig und Zitronenwasser gebracht hatte, lehnte Willems sich zurück, einen Arm über die Sofalehne ausgestreckt. »Also, was führt Sie zu mir?«

Ava ärgerte sich, dass sie – mal wieder – ihre Kleidung nicht gewechselt hatte. Sie kam sich schäbig vor in ihrem schmutzigen Dschungel-Outfit und den Wanderstiefeln, an denen noch getrockneter Matsch klebte.

»Sie haben sicher von dem Zwischenfall in Butaka gehört, oder?«

Willems nickte abwartend. »Eine schreckliche Sache. Aber der Junge kommt durch, zum Glück. Sie mussten ihm allerdings den rechten Unterarm amputieren. Sepsis.«

»Seine Cousine arbeitet bei uns oben im Camp. Ihre Familie hat sie abgeholt. Sie wollen nach Uganda flüchten, weil sie glauben, sie seien hier nicht mehr sicher. Was denken Sie?«

Wieder nickte Willems. »Ja, es rappelt an den Grenzen. Milizen, deren politische Ziele man nicht einschätzen kann. Manchmal frage ich mich, ob sie überhaupt welche haben.« Er beugte sich vor und nippte an seinem Tee. »Die Leute machen sich Sorgen, und ich kann das verstehen. Aber das müssen sie nicht. Hier sind wir viel zu weit von der kongolesischen Grenze entfernt. Das trauen sich die Milizen nicht. Ihnen fehlt hier die Möglichkeit zum schnellen Rückzug.«

So ähnlich hatte Ava das Kezas Eltern auch erzählt, aber sie traute dieser Einschätzung nicht ganz. »Oben in Karisoke sind wir so weit nicht entfernt von der Grenze. Ich würde sagen, wir touchieren sie oft, wenn wir sie nicht sogar kreuzen bei unserem Tracking.«

Willems nahm seine runde Nickelbrille ab und sah Ava direkt an. »Da sagen Sie etwas, Miss Carter, denn *Sie* machen ohnehin Dinge, die andere sich nicht trauen würden.«

Ava horchte auf. Wollte er sie jetzt zur Rechenschaft ziehen?

»Und damit meinen Sie was genau?«, fragte nun Jake mit tiefer Stimme.

»Ich meine damit, Miss Carter«, fuhr er an Ava gewandt fort und ignorierte Jake, »dass Sie hier unser Gast sind. Sie sind hier, um wahrlich bedeutende Erkenntnisse über unsere Berggorillas zu gewinnen und sie als Botschafterin des Artenschutzes in die Welt zu tragen. Sie sind nicht hier, um den Menschen ihre Lebensgrundlage zu zerstören, sie zu bedrohen, einzuschüchtern und Ihren persönlichen Kleinkrieg zu führen. Und auch nicht, um fremder Leute Eigentum einzubehalten.«

Ava schnappte nach Luft, doch Jake legte ihr beschwichtigend eine Hand auf das Bein. »Mister Willems, wir haben just heute einen völlig abgemagerten Silberrücken mit schwersten Verletzungen begraben, der sich in einem dreimonatigen Todeskampf gequält hat. Ich kann Ihnen morgen gern einen Abzug vorbeibringen, bevor im Oktober alle Welt das Foto sieht. Der Grund: eine Schlingfalle aus Stacheldraht. Finden Sie, das gehört zu einer Lebensgrundlage?«

»Mister ... wie war doch gleich Ihr Name ... Evans. Wenn ich recht informiert bin, kennen Sie das Land beziehungsweise den Kontinent ja recht gut und wissen sicherlich, dass hiesige Lebensumstände schwerlich mit denen in einer britischen Lodge oder einer amerikanischen Farm zu vergleichen sind. Die Menschen hier hungern, haben kein Geld, keine Arbeit, keine Bildung. Und von Moral wird man nun mal nicht satt. Wie schon Bert Brecht wusste. Also hören Sie auf, in der Wüste Rosen züchten zu wollen.«

Ava wusste nicht, was die Rosen mit dem Essen zu tun hatten, aber die Botschaft war deutlich: Willems Loyalität ihrem Projekt und seinem eigenen Park gegenüber hatte Grenzen. Erstaunlich auch, dass er über Jake offenbar Bescheid wusste.

»Aber natürlich unterstützen wir Ihr Vorhaben nach Kräften«, fuhr er versöhnlicher fort. Der Mann hatte bestimmt eine Diplomatenausbildung. »Auch wir wollen, dass sich die Bestände der Berggorillas erholen und die Wilderei eingeschränkt wird. Und dass sich die Menschen hier sicher fühlen. So habe ich auch angeregt, gemeinsam mit dem Bürgermeister von Ruhengeri am kommenden Samstag eine Informationsveranstaltung in Kinigi abzuhalten. Wir werden die Grenzposten verstärken und bekommen vom Bezirk zusätzlich zwanzig Soldaten, die auch die Berge absichern sollen. Das dürfen Sie der

Familie Fofana gern ausrichten, falls Sie sie vorher sehen sollten.«

Mit diesen Worten erhob er sich. Die Audienz war ganz offensichtlich beendet. Willems setzt sich seine Brille wieder auf und streckte Ava die Hand entgegen. »Auf Wiedersehen, Miss Carter, und weiterhin gutes Gelingen! Mister Evans.«

Als sie wieder draußen waren, atmete Ava einmal tief und laut aus. »Was für ein geleckter Typ. Ich hatte ihn gar nicht so berechnend in Erinnerung.«

Jake warf Bella, die ihm freudig hinterherjagte, ein kleines Stöckchen. »Was meinte er eigentlich mit ›fremder Leute Eigentum‹?«

Ava seufzte. Ihr wäre lieber gewesen, Jake hätte den Halbsatz überhört. Sie erzählte ihm die Geschichte von Hope und Onkel Tom, zumindest den Teil, der nötig war. Nicht jeder musste immer alles wissen. »Und jetzt besuchen wir noch einmal die Fofanas, wo wir schon mal hier sind. Ich hoffe, das reicht, um sie umzustimmen.«

DER VORTRAG

Karisoke,
September 1968

Ava schloss die Augen und lehnte sich genüsslich in dem nach hinten geklapptem Sitz ihres Erste-Klasse-Luxusplatzes in der Boing 707 zurück. Auf dem Abstelltischchen vor ihr klirrten Eisstückchen in der Bloody Mary, die die sanfte Vibration des Fluggiganten wiedergaben. Auf der gesamten Strecke hatte es keine Wolkendecke gegeben, die man hätte durchbrechen müssen. Ungehindert strahlte die Sonne auf den Planeten hinab, direkt hinein in Avas Herz.

Alles war perfekt! Über ihren Vortrag hatten alle überregionalen Tageszeitungen in England geschrieben. Auf dem *Guardian* prangte auf der Seite drei ein Foto von Shadow und Small. Die Bilder der Fallen und verletzten Affen hatten im Vortragssaal der ehrwürdigen University of Cambridge für entsetzte Aufschreie gesorgt. Was für Ava schon traurige Normalität war, sorgte in der Zivilisation für regelrechte Tumulte. Mindestens drei gewichtige Sponsoren hatten Interesse an der Unterstützung ihrer Forschungen angemeldet, darunter auch das britische Königshaus. Wenn sie das Sanwekwe erzählte! Vielleicht bekam er ja noch mal die Chance, die Queen standesgemäß zu begrüßen. Bei der Vorstellung lachte Ava amüsiert auf.

Die Anschnallzeichen leuchteten auf. Noch dreißig Minuten bis zur Landung in Kigali. Schnell leerte Ava ihr Glas. Jake hatte versprochen, sie abzuholen, und entgegen ihrer Natur würde sie ihn zu überreden versuchen, eine Nacht in der ruandischen Hauptstadt zu bleiben. Sie wollte sich einen wunderschönen Kitenge-Stoff kaufen, vielleicht sogar eine bunte Perlenkette dazu, und ihn in das erste Restaurant am Platz ausführen. Die Müdigkeit konnte warten, und da sie in derselben Zeitzone blieb, hatte sie zumindest nicht mit dem Jetlag zu kämpfen. Für einen winzigen Moment dürfte die Zeit jetzt stillstehen. Aber nur für einen winzigen Moment, denn sie hatte noch so viel vor heute.

Jake erwartete sie in Kakishorts und einem Tropenhemd. Über der Schulter trug er seine abgewetzte braune Ledertasche, die sie so an ihm liebte. Ava meinte, ihr Herz müsse gleich platzen vor Glück. Als er sie durch den Zoll kommen sah, nickte er ihr zu und hob leicht die Hand. Seine dunkelblonden Locken fielen ihm leicht in die braun gebrannte Stirn. Die muskulösen Schultern spannten unter dem Hemd. Wenn sie weiter so machte, brauchte sie gleich keinen Kitenge mehr.

»Miss Carter«, begrüßte Jake sie mit rauer Stimme. »Wie bezaubernd Sie aussehen, so ganz ohne Ameisen und Spinnennetze im Haar. Noch dazu ein Duft, zart wie Veilchenwasser. Ist Ihnen das *Eau de la jungle* ausgegangen?«

Sie legte den Kopf schief, ging auf die Zehenspitzen und küsste ihn. »Ihre respektvollen Gesten sind überaus angemessen, Mister Evans. Sie sprechen mit einer Primaten-Berühmtheit.« Sie zog den zusammengefalteten *Guardian* aus der Tasche. »Ta-daa! Haben Sie das schon gesehen?« Sie hielt ihm die Zeitung hin. »Später«, sagte er. »Lass uns erst mal raus hier.« Er streckte die Hand aus und nahm ihren kleinen Trolley – Ava hatte für die vier

Tage nur Handgepäck mitgenommen. Sie folgte Jake Richtung Ausgang.

»Was hast du denn da unten am Bein für eine Stelle?«, fragte sie.

»Was?« Jake drehte sich zu ihr um.

»Da unten an der Wade.« Ava zeigte auf die etwa vier Zentimeter große kreisrunde Fläche, wo die Haut glänzte und sich rot spannte.

»Ach das … ein Ameisenbiss, glaube ich, oder vielleicht auch eine Brennnessel. Tut nicht weh. Ist morgen wieder weg.«

»Na dann.« Bei Lily, ihrem verbeulten und staubigen, aber unverzichtbaren Land Rover, angekommen, erzählte Ava Jake von ihren Abendplänen. Für einen Moment dachte sie, er würde ihr gleich einen Vogel zeigen. Es war erst kurz vor vier. Wenn sie gut durchkamen, könnten sie noch vor Sonnenuntergang in Kinigi sein. Dann aber grinste er breit. »Ob das African Royal das geeignete Quartier für die Nacht sein könnte?«

Das African Royal war ein Grand Hotel, das seinem Namen alle Ehre machte: gerade recht für alle, die vor Macht, Ruhm und Geld nicht geradeaus laufen konnten: Scheichs aus Dubai, Könige aus Skandinavien und Stammesoberhäupter aus ganz Afrika stiegen hier ab, wenn sie etwas im Land zu tun hatten. »Ich habe mir erlaubt, die Suite zu buchen.«

Ava schüttelte gerührt den Kopf. Was hielt dieser Mann noch alles an Überraschungen bereit.

Nachdem sie eingecheckt hatten, genossen sie auf der Dachterrasse die fantastische Aussicht über die unzähligen Hügel, die Ruanda seinen romantischen Spitznamen einbrachten, »Land der tausend Hügel«. Nachdem sie das Glas Erdbeerchampagner geleert hatten, das sie sich aufs Zimmer hatten bringen lassen, machten sie sich auf zu den Märkten und Kunsthandwerks-buden der Hauptstadt. Nach der langen Zeit im Busch konnte Ava dem Leben in Luxus und Überfluss durchaus etwas abge-winnen. Solange es die Ausnahme blieb.

Ava trug ihre Haare offen, was ihr selbst so fremd war, dass sie andauernd den Kopf schüttelte, als würde das Gewicht da-durch von ihren Schultern fallen. Sie hatte hellroten Lippenstift aufgetragen und ihre Wimpern mit schwarzem Mascara ge-schminkt, was ihre dunkelblauen Augen deutlich hervorhob. Sie schlenderten Hand in Hand die 3 Avenue entlang bis zum Im-fura-Park, dann weiter hoch Richtung Norden, bis sie auf Höhe der 74. Straße nach links abbogen, hinein in das Getümmel. Ava erstand einen wunderschönen Stoff in Türkis-, Rot- und Blau-tönen, den sie sich direkt im Laden von der Verkäuferin wie einen langen Rock anlegen ließ. Ein breiter geflochtener Leder-gürtel, der weich wie Samt war, hielt die ganze Konstruktion in Form und betonte ihre schlanke Figur. Als sie fertig waren und Ava sich auch noch eine aus sieben Fäden mit blauen und weißen Perlen geflochtene Kette ausgesucht hatte, trat Jake von hinten auf sie zu, strich ihre Haare nach vorne und küsste sie in den Nacken. »*Ma Belle de Jour*«, hauchte er, und Ava drückte den Rücken durch. »Ist das eine Anspielung auf deine Wünsche für heute Nacht?«, fragte sie.

»Das ist eine Anspielung darauf, dass du noch viel schöner bist als Catherine Deneuve.«

»Und größer«, gab Ava lachend zurück.

Sie bummelten weiter, kauften auf dem Markt vakuumverpackten Schinken, Käse, Isombe – fein gehackte Blätter des Maniok-Baums –, getrockneten Fisch und Kürbiskernöl für das Camp, sahen dabei zu, wie einer jungen Frau die Haare geflochten wurden, bewunderten die seidigen geflochtenen Schalen, die es in allen nur denkbaren Farben und Größen gab. Ava kaufte drei davon für Keza, deren Familie ihren Weggang nach Uganda zumindest vertagt hatte. Kezas Kindern kaufte sie ein buntes Mobile aus Blechfiguren und ihr Cousin, Maurice, der Waisenjunge, der seinen Arm verloren hatte, bekam einen Fußball aus echtem Leder.

Schwer bepackt kehrten sie ins Hotel zurück, duschten, liebten sich kurz und intensiv und machten sich dann für das Dinner zurecht. Ava schlüpfte erneut in ihren Sarong, Jake zog sich zu beiger Leinenhose ein weißes Hemd an.

»Erzähl mal, wie war es denn nun?«, fragte Jake dann, als er fachmännisch einen Hummer zerlegt hatte und das weiche zarte Fleisch aus den Scheren gabelte.

Sie hatten einen Tisch direkt am Pool reserviert. Der weiße bodenlange Damast wiegte sich leicht im Wind, als hinter den Hügeln die Sonne unterging. Um sie herum standen vier Windlichter auf den Natursteinfliesen und tauchten die Terrasse in ein schummrig-warmes Licht. Kellner in weißen Livreen hielten sich im Hintergrund, die Serviette fachmännisch über den Unterarm gelegt, bereit, ihren Gästen jeden Wunsch von den Lippen abzulesen.

»Na den Artikel im *Guardian* hast du ja schon gelesen«, erwiderte Ava. »Aber dass die Queen als Schirmherrin für eine Wohltätigkeitsveranstaltung auftreten möchte, das weißt du, glaube ich, noch nicht«, sagte sie verschmitzt.

»Die Queen? Ist das dein Ernst?« Jake rutschte etwas nervös auf dem Stuhl hin und her.

»Mein voller Ernst. Sie will eine Patenschaft für einen Berggorilla übernehmen und damit ein Zeichen setzen.«

»*Not too bad*«, erwiderte Jake.

»*Not at all*«, erwiderte Ava. »Und irgend so ein Automobilheini hat fünfzigtausend Pfund gespendet. Ich vermute, er erhofft sich ein paar Spezialaufträge für diese Safari-Jeeps, mit denen die Touristen durch die Gegend kutschiert werden.«

Jake pfiff durch die Zähne. »Dass er mal nicht Kenia mit Ruanda verwechselt. So viel Safari kannst du hier ja nicht machen.« Er fasste sich an den Rücken.

»Sag mal, was hast du denn? Du zappelst auf deinem Stuhl herum, als hättest du Hummeln im Hintern. Ist irgendwas?« Ava hatte diese Unruhe schon seit einer Weile beobachtet, und sie hoffte, es käme heute nicht noch zu einer ganz anderen Überraschung. Die Stelle an Jakes Finger, wo vor Monaten der Ring gesessen hatte, war längst nachgebräunt.

»Keine Ahnung, alles gut. Mir tut der Rücken etwas weh. Habe mich wohl verlegen.«

Ava nickte und erzählte weiter, von dem Lob, das Professor Hinde ist ausgesprochen hatte, dem minutenlangen Applaus, der einfach nicht abebben wollte, den vielen Interviews, die sie gegeben hatte. »Dieser Ausflug hat uns so unglaublich viel weitergebracht. Wenn man bedenkt, wie ungern ich diese Reise angetreten habe ... und jetzt ... schon verrückt.«

Jake sah sie an. »Ja, so ist das im Leben. Man weiß einfach vorher nie, was man kriegt.«

Als die Kellner mit dem Dessert kamen, eine Variation aus

Himbeersorbet, Mousse au chocolat und hellem Vanillecreme-schaum, hielt Ava sich den Bauch. »Ich kann nicht mehr. Ich weiß nicht, wann ich das letzte Mal so viel gegessen habe.« Ava nahm einen Schluck von ihrem süßen Dessertwein, den Jake nicht angerührt hatte.

»Du hast recht. Mir geht es genauso. Hättest du was dagegen, wenn wir auf unser Zimmer gehen? Ich glaube, ich muss mich hinlegen.«

Verwundert sah Ava Jake an. Das passte so gar nicht zu ihm. »Ist alles in Ordnung mit dir?«

»Ja, ja, alles gut, ich bin nur müde.« Jake legte seine Serviette zur Seite und erhob sich. In dem Moment zog er laut und scharf die Luft ein, zuckte kurz zusammen, verzog sein Gesicht schmerzverzerrt, um den Bruchteil einer Sekunde in einer Starre zu verharren, bevor er langsam, wie in Zeitlupe, ins Trudeln kam und seitlich zusammenbrach. Ava war längst aufgesprungen, wollte ihn auffangen, aber das Ganze ging so schnell, dass sie nur noch hörte, wie sein Kopf auf dem Steinboden aufschlug.

»Jake! Jake, Um Himmels willen.« Sie kniete sich zu ihm hinunter, blickte sich um, sah, wie die Kellner auf sie zueilten, und rief »Hilfe! *Help!* Ein Arzt! Schnell! Holen Sie einen Arzt, einen Krankenwagen. Sofort.«

Eine Stunde später saß Ava im Warteraum des Central Hospital von Kigali und registrierte das Brummen der defekten Leucht-stoffröhre schon gar nicht mehr. Auch die schmutzig weißen Wände, die stöhnenden und jammernden Geräusche aus den angrenzenden Mehrfachzimmern ignorierte sie. Sie ignorierte, dass sie in einem maroden Krankenhaus gelandet war, dessen medizinische Standards sie nicht kannte. Stattdessen hoffte sie inständig, dass Jake geholfen werden konnte. Als sie ihn eine halbe Stunde nach dem Zusammenbruch hier eingeliefert hatten, war er schon wieder ansprechbar gewesen, auch wenn er selbst nur lallen konnte. Er klagte über Atemnot und konnte weder seine Arme noch seine Beine bewegen. Er war wie in seinem Körper gefangen. Ava hatte fieberhaft überlegt, ob Jake je über Probleme mit dem Rücken geklagt hatte, aber da war nichts gewesen. Sie tippte am ehesten auf einen Bandscheibenvorfall, aber dazu passte die Sprachstörung nicht so richtig. Die Atemnot konnte ja auch von eingeklemmten Nerven oder dergleichen herrühren. Gleich morgen würde sie zur britischen Botschaft gehen und einen Rücktransport beantragen.

Vergeblich suchte sie die Wand nach einer Uhr ab. Nicht mal die gab es hier. Die Minuten verrannen, und Ava hatte keine Ahnung, wie viele es waren, als endlich ein hoch gewachsener Arzt in einem weißen Kittel auf sie zukam. Die Tasche, in der das Stethoskop steckte, war an der Naht eingerissen.

»Guten Abend«, sagte er auf Englisch mit leicht französischem Akzent. Ava schätze ihn auf Ende dreißig. Er hatte feine Gesichtszüge und wirkte insgesamt ... jedenfalls nicht so, wie sie ihn sich vorgestellt hatte. »Ich bin Doktor Pierre Awolowo«, stellte er sich vor und reichte ihr die Hand.«

»Ava Carter«, sagte sie.

»Sind Sie die Frau des Patienten?«

Ava zögerte. »Verlobte«, sagte sie schließlich. »Was ist mit ihm? Wie geht es ihm?«

Der Arzt überlegte kurz. »Schwer zu sagen. Einen Bandscheibenvorfall können wir ausschließen. Das hat das Röntgenbild schon ergeben. Leider verfügen wir hier noch nicht über eine Magnetresonanztherapie.«

»Eine was?«

»Ein neues Verfahren zur Diagnostik, mit dem man die Struktur von Gewebe und Organen abbilden kann«, erklärte er. »Wir können also einen Hirnschlag nicht ausschließen. Dazu passen aber die Rückenbeschwerden nicht, über die er geklagt hat.« Er machte eine Pause und Ava wartete ab. »Haben Sie die Schwellung an der Wade gesehen?«

»Sie meinen diesen Ameisenbiss?«

»Das ist kein Ameisenbiss. Es gibt keinerlei Einstichstelle oder Pusteln, die auf eine giftige Pflanze hinweisen würden. Ich vermute eher eine Embolie.«

»Ein Blutgerinnsel?« Ava machte sich noch keinen Reim darauf.

»Eine blockierte Vene, ja, die die Sauerstoffzufuhr zu lebenswichtigen Organen unterbricht und sie entsprechend schädigt. Gemeinhin eine der Ursachen für Schlaganfälle oder Herzinfarkte. Beides schlägt aber nicht konkret auf den Rücken. Und wie gesagt, es ist zu früh, um das zu sagen, aber wir hatten an der Sorbonne mal einen Fall ...«

»An der Sorbonne?« Ava spürte, wie ihr die Schamesröte ins Gesicht stieg.

»Das ist die Pariser Universität«, erklärte er nachsichtig. »Wir hatten da mal so einen Fall, der mir ähnlich erscheint, und die Dame hatte eine Ischämische Myelopathie.« Erwartungsvoll sah er sie an, und Ava war sich fast sicher, dass Dr. Awolowo ihre Vorurteile gespürt hatte und sie nun ein wenig auflaufen lassen wollte. Sie tat ihm den Gefallen. »Verzeihung, was ist das?«

»Wenn Sie so wollen, ein spinaler Schock, ein Rückenmarks-infekt, ausgelöst durch eine Thrombose. Eine ausgesprochen seltene Erkrankung.«

Ava schluckte. »Und was heißt das nun? Wird er denn wieder gesund?«

»Das, Madame, ist leider das Problem. Es gibt zu wenig Fachliteratur, um Ihnen valide Angaben machen zu können, aber ich muss Ihnen sagen, dass die Gefahr einer dauerhaften Lähmung oder sogar einer Querschnittslähmung leider sehr hoch ist. Das hängt vom Grad des beschädigten Rücken-marks ab, zu dem wir hier leider nichts sagen können, da uns die technischen Mittel fehlen. Ihr Verlobter ist Brite, rich-tig?«

Ava, die noch versuchte, das Gehörte zu verarbeiten, nickte kurz. »Ich schlage vor, dass wir ihn so schnell wie möglich nach London bringen lassen. Ich vermute, in ein zwei Tagen könnte das klappen. Ich sage Ihnen aber auch, dass jede Stunde, die ohne therapeutische Maßnahmen vergeht, die Heilungschancen min-dert. Wir haben ihm nun erst einmal blutverdünnende Mittel gegeben. Die können zumindest nicht schaden. Aber die Situa-tion ist durchaus ernst.«

Ava, die überhaupt nicht begriff, was ihr da gerade gesagt wurde, stützte sich an der Wand ab. »Ich komme doch gerade aus London«, sagte sie.

»Bitte? Soll ich Ihnen Traubenzucker holen?«

Mit Tränen in den Augen sah sie zu ihm auf. »Ich habe gestern in Cambridge einen Vortrag gehalten, über die Berggorillas.«

Dr. Awolowo zog die Augenbrauen hoch. »Sie können jetzt zu ihm. Ich sehe zu, dass ich den Transport organisiert bekomme.

Zur Not fliegen wir ihn nach Paris. Da kenne ich noch ein paar Ärzte.«

»Vielen Dank, Doktor Awolowo. Vielen Dank.«

»Keine Ursache. Sie finden ihn im ersten Stock, auf der Intensiv, Zimmer zwölf.« Und mit diesen Worten ließ er sie allein in dem Raum ohne Uhr und mit kaputter Neonleuchte. Man weiß nie, was man kriegt im Leben.

DAS VERSPRECHEN

Sanft drückte Ava Jakes Hand. Unvorstellbar, dass sie vor wenigen Stunden noch verliebt und Arm in Arm durch Kigali geschlendert waren. Jetzt lag er hier in einem Zweibettzimmer, angeschlossen an Überwachungsmonitore zur Kontrolle der Herz-Kreislauf-Funktionen, mit einer Nasensonde und einer Kanüle im Handgelenk. Die technische Ausstattung wirkte etwas heruntergekommen, aber immerhin war sie vorhanden und schien ihren Dienst zu tun.

»Was machst du denn für Sachen?«, sagte Ava sanft.

»Ich hab dir voll den Tag versaut«, erwiderte Jake kaum hörbar.

»Red nicht so einen Unsinn!«, widersprach Ava. »Das war einer der schönsten Tage meines Lebens.«

»Ach, ich sterbe, und du hast den schönsten Tag deines Lebens!«

Ava hatte das Gefühl, lachen und weinen zu wollen. »Keiner stirbt hier.«

»Im Ernst, Ava, das hier ist eine ganz schöne Kacke. Was haben sie mit mir vor?«

Heimlich wischte sich Ava eine Träne aus dem Gesicht. »Wir versuchen, dich nach London zu kriegen. Da gibt es bessere Geräte, um rauszufinden, was genau los ist.«

»London? Du wärst besser gleich dortgeblieben«, meinte er scherzhaft. »Was vermuten sie denn?«

»Ach, keine Ahnung, irgendwas Mechanisches mit dem Rücken«, druckste sie herum.

»Ava, versuch gar nicht erst zu lügen. Das kannst du nämlich nicht gut. Ich sehe, dass du meine Hand drückst, aber ich spüre es nicht. Keinen Druck, kein Kribbeln. Das wirkt nicht ›mechanisch‹. Also hör auf, mir etwas vorzumachen.«

»Also gut, Jake. Doktor Awolowo meint, es könnte ein Rückenmarksinfarkt sein, ausgelöst von einer Embolie – dein vermeintlicher Ameisenbiss. Das ist eine sehr seltene Krankheit und es kann sein ...«

»Was kann sein?«

»Es kann sein, dass du gelähmt bleibst«, sagte sie und verschluckte sich an ihrem eigenen Schluchzen.

Eine Weile herrschte Stille. Nur das gleichförmige Piepen des Herzfrequenzmessers war zu hören.

»Ava, du musst jetzt tapfer sein und mir eins versprechen.« Jake machte eine Pause. Das Reden erschöpfte ihn. Ava musste ihm Ruhe gönnen. »Wenn ich nicht wieder auf die Beine komme, dann lässt du mich zurück, hörst du? Du wirst deine Forschungen in Karisoke nicht aufgeben. Du wirst noch nicht mal daran denken, es zu tun. Na, so wie ich dich kenne, tust du das ohnehin nicht ...« Er versuchte zu lachen, doch es verkam zu einem Röcheln. »Aber du musst es mir jetzt versprechen.«

Ava weinte. Es kam ihr alles so absurd vor. Was sollte das hier? Jake würde wieder gesund werden. Ganz einfach. Alles andere kam einfach nicht infrage.

»Versprich es«, wiederholte Jake müde.

»In Ordnung, Jake«, sagte Ava, so gefestigt, wie sie konnte, »ich verspreche es. Aber du musst mir jetzt auch etwas versprechen. Bevor es so weit kommt, zeigst du mir den Phoenix?«

»Den Phoenix?«

Ava merkte, das Jake bereits wegdämmerte. »Das Sternenbild, das man nur südlich des Äquators sieht. Egal wie, das zeigst du mir, okay?«

»Okay«, hauchte er. »Ich zeig ihn dir.«

Und damit schlief er ein. Ava blieb noch eine Weile still an Jakes Bett sitzen. Als der Morgen graute, stand sie auf, küsste Jake auf die Stirn und atmete draußen die kühle frische Luft ein. Sie hatte jetzt viel zu tun!

AM ZIEL

Ava machte eine Pause und atmete einmal tief durch. Bis hierhin war es gut gelaufen. Sie hatte die volle Aufmerksamkeit ihres Publikums. Das war es, was sie wollte.

Sie nahm einen Schluck Wasser. Was jetzt kam, kostete sie alle Kraft. Ihre Hand zitterte. Niemand, wirklich niemand, rechnete mit dem, was sie nun sagen würde.

»Aber wie heißt es so schön: Man soll aufhören, wenn es am besten ist.« Ein Raunen ging durch den Saal, Füße scharrten unruhig. »Vielleicht nicht für immer, aber zumindest habe ich beschlossen, die Feldforschung für einen längeren Zeitraum zu unterbrechen. Man kann von überall für den Schutz der Gorillas arbeiten, meinen Sie nicht?« Ava hatte Mühe zu sprechen. »Vor einem Jahr gab ich einem Mann ein Versprechen. Ich versprach ihm, keine Rücksicht auf ihn zu nehmen und weiter in Karisoke zu forschen, wenn es ihm nicht gelänge, wieder auf die Beine zu kommen – und das ist ganz wörtlich gemeint. Sie wissen wahrscheinlich, von wem ich spreche, und ich vermute, er sitzt heute etwa in der letzten Reihe nahe dem Ausgang, so wie ich damals bei meinem ersten Vortrag von Professor Winter am Ausgang gesessen habe, weil ich zu spät kam. Ich habe mir aber auch ein Versprechen gegeben, von dem mein lieber Jake noch nichts weiß: Ich habe mir geschworen, dass ich nicht nachlassen werde, dafür zu kämpfen, dass Jake seine Lähmungserscheinungen überwindet. Da ich selbst ausgebildete Physiotherapeutin bin, fiel mir dieses Versprechen nicht ganz so schwer ...« Ava lachte auf, schon etwas leichter ums Herz. »Nachdem die Diagnose einer Ischämischen Myelopathie, eines Rückenmarksinfarkts, die der wunderbare Dr. Awolowo in Kigali bereits vermutet hatte, in London bestätigt wurde, haben wir die besten Masseure und Ergotherapeuten der Welt engagiert. Mit erstklassigen Ergebnissen. Vielleicht würde ich heute noch ein Wettrennen mit Jake Evans gewinnen, aber ich muss ihn nicht mehr hinter mir zurücklassen.« Ava spürte, wie ihr Tränen in die Augen traten, und sie wusste, auch wenn sie es nicht sehen konnte, dass es Jake dahinten im Dunkeln genau so ging. »Ich liebe dich, du Teufelskerl, und ich werde so lange hier mit dir in England bleiben, bis wir gemeinsam nach Ruanda zurückkehren können und du *dein* Versprechen einlöst: Du wirst mir endlich den verflixten Phoenix zeigen.«

ENDE

NACHWORT

Niemand hat sich um die Erforschung und den Kampf um den Erhalt der Gorillas – den größten Primaten unter den Menschenaffen – wohl so verdient gemacht wie Dian Fossey. Spätestens mit ihrem bis heute ungeklärten Tod am 27. Dezember 1985 wurde sie zur Legende. Zu einer nicht unumstrittenen, wohlgemerkt.

Bis heute halten sich Gerüchte, wonach nicht Wilderer die gebürtige Amerikanerin in ihrer Hütte im Karisoke Research Center im Virunga-Gebirge mit der eigenen Machete niedergemetzelt haben, sondern möglicherweise Kopfgeldjäger der Regierungsbehörden oder der National Park Authorities. Man weiß es nicht.

Als ich damals im August 2022 vom Aufbau Verlag mit dem Schreiben einer Romanbiographie über die streitbare Zoologin betraut wurde, hätte ich nicht dankbarer sein können.

Mir war jedoch sofort klar, dass ich dieses Buch nicht schreiben konnte, ohne einmal vor Ort gewesen zu sein.

Ruanda, das kleine Land in Zentralafrika, das auch als die afrikanische Schweiz gilt, war mir wie der Rest des Kontinents so fremd, dass für mich eine Reise dorthin fast schon das Mindestmaß an Respekt bedeutete, den ich der Amerikanerin und ihrer Arbeit zollen musste.

Und was für eine gute Idee das war! Ohne das Eintauchen in dieses wunderschöne Land und die Begegnung mit so vielen beeindruckenden und leidgeprüften Menschen wäre dieser Text ein anderer geworden. Und ich wage zu sagen, kein besserer.

Der Genozid, der im April 1994 in Ruanda begann und den brutalen, menschenverachtenden Höhepunkt einer jahrzehntealten Fehde zwischen den rivalisierenden Hutu- und Tutsi-Stämmen markierte, hat die Menschen vor Ort noch viel tiefer und sichtbarer traumatisiert, als ich mir das je hätte vorstellen können. Achthunderttausend Menschen sind damals in nur einhundert Tagen gestorben.

Während meiner zweiwöchigen Reise durch Ruanda habe ich mehr mit den Überlebenden des Bürgerkrieges gesprochen als mit Zoologen oder Mitarbeitern des Virunga-Nationalparks. Ihre Schicksale haben mich zutiefst berührt und bewegen mich heute noch. Insofern ist dieses Buch auch durch diese Menschen geprägt und wurde durch die Begegnung mit all jenen, die darum bemüht sind, ihr noch junges Land demokratisch zu festigen, ein anderes. Eine Figur wie »Keza« etwa hatte es in dem ursprünglichen Exposé nicht gegeben.

So danke ich all jenen, denen dieses Buch auch gewidmet ist: Egide, unserem treuen Guide, der aus dem kenianischen Exil zurück in sein Land kam, weil er nicht länger ohne Heimat leben wollte. Edgar, dem zwei Meter großen Gebirgsführer, der mit mir – begleitet von zwei bewaffneten Soldaten – hinauf zu dem Grab von Dian Fossey gestapft ist und mir seinen gesamten Wasservorrat geschenkt hat. Ohne ihn hätte ich den Anstieg in der feuchten Hitze nicht geschafft. Benina, der klugen Safari-Leiterin, mit der auch Egide seine erste Löwin gesehen hat. Und

Innocent, Käpt'n und Bootsmann, der uns am Schluss der Reise über den Alagera-See geschippert hat, aus lauter Freude viel länger als geplant. Er möchte auch einmal Autor werden.

Ich danke meiner Freundin Annett, dass sie diese Reise mit mir gemacht hat. Ohne sie wäre ich nicht gefahren.

Ich danke dem Aufbau Verlag für diese großartige Chance und der Hamburger Kulturbehörde für die Unterstützung.

Und ich danke Maike Kleihauer für ihr sensibles Lektorat.

Ein letztes Wort zum Cover: Dass auf dem Umschlag Zebras zu sehen sind und keine Gorillas, versteht man nur als Verlagsinsider! Ich nehme es sportlich. Es gibt ja die großartige Autobiographie von Dian Fossey und später auch den gleichnamigen Film: *Gorillas in the Mist*. So ist das wohl auch mit dem Motiv: *Gorillas im Nebel*, man sieht nur die Zebras ...

Claudia Seidel, Mai 2024

Susanne Lieder
Agatha Christie
In der Liebe sucht sie nach Hoffnung, mit ihren Kri-
mis erobert sie die Welt
Roman
383 Seiten. Klappenbroschur
ISBN 978-3-7466-4094-5
Auch als E-Book lieferbar

»Mein lieber Poirot, Sie waren in der Tat oft eine echte Plage. Aber dank Ihnen, werter Hercule, mag ich mich nun doch Schriftstellerin nennen.«

Agatha will eigentlich Pianistin werden. Doch der große Erfolg bleibt aus. Mehr zum Zeitvertreib beginnt sie, Geschichten zu schreiben. Als sie bei ihrer Arbeit in der Apotheke mit Giften zu tun hat, drängt sich ihr die Idee zu einer Kriminalgeschichte mit einem Giftmord auf, die sie nicht mehr loslässt, bis sie sie aufs Papier gebannt hat. Der Detektiv Hercule Poirot ist fortan ihr ständiger Begleiter, auch die scharfsinnige Miss Marple gesellt sich zu ihr – und Agatha Christie wird als Krimiautorin weltberühmt.

Regelmäßige Informationen erhalten Sie über unseren Newsletter.
Jetzt anmelden unter: www.aufbau-verlage.de/newsletter

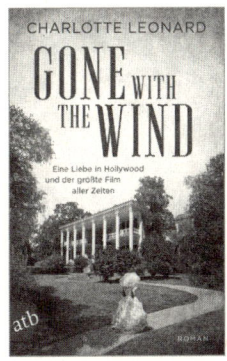

Charlotte Leonard
Gone with the Wind – Eine Liebe in Hollywood und der größte Film aller Zeiten
Roman
384 Seiten. Broschur
ISBN 978-3-7466-3892-8
Auch als E-Book lieferbar

Die Rolle der Scarlett O'Hara ist ihr Traum, doch ist Ruhm wichtiger als die Liebe?

Vivien Leigh ist Feuer und Flamme, als sie Margaret Mitchells Roman »Vom Winde verweht« liest. Wie gern würde sie die mutige Südstaatenschönheit Scarlett O'Hara in der Verfilmung spielen, aber kann sie als Britin den Produzenten von sich überzeugen? Für die Rolle und ihre Liebe zu Laurence Olivier setzt Vivien alles auf eine Karte: Sie lässt Familie und Freunde hinter sich und geht mit ihrem Geliebten in die USA. Aber der Dreh des Films und die Schattenseiten Hollywoods stellen Vivien mehr auf die Probe, als sie je hätte ahnen können.

Die faszinierende Geschichte der Dreharbeiten zu »Vom Winde verweht«

Regelmäßige Informationen erhalten Sie über unseren Newsletter.
Jetzt anmelden unter: www.aufbau-verlag.de/newsletter

Caroline Bernard
Ich bin Frida
Eine große Geschichte von Liebe und Freiheit
Roman
376 Seiten. Klappenbroschur
ISBN 978-3-7466-4069-3
Auch als E-Book lieferbar

»Ich bin meine eigene Muse!«

Frida Kahlo

Endlich ist es so weit: Frida Kahlo hat ihre erste Einzelausstellung in New York – und sie ist ein rauschender Erfolg. Manhattans Kunstwelt feiert sie. Dann begegnet sie dem Fotografen Nickolas Muray und erlebt eine leidenschaftliche Amour fou. Nachdem sie künstlerisch aus dem Schatten ihres untreuen Manns Diego getreten ist, will sie auch in der Liebe ihren Gefühlen folgen. Doch Nick verlangt etwas scheinbar Unmögliches von ihr. Frida muss herausfinden, was sie wirklich will – in der Kunst und in der Liebe.

Der neue Roman über Frida Kahlo: Einfühlsam und mit großer Kenntnis erzählt Bestsellerautorin Caroline Bernard von einer bisher unbekannten Seite der Welt-Ikone

Regelmäßige Informationen erhalten Sie über unseren Newsletter.
Jetzt anmelden unter: www.aufbau-verlage.de/newsletter

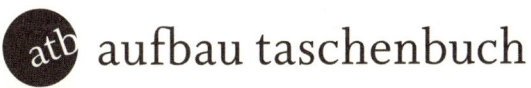